토익 스피킹 최고 강사의 동영상 강좌 할인권

(올웨이즈라이브 www.alwayslive.co.kr)

이론, 실전 10강 50,000원 → 35,000원
문제풀이 54강 30,000원 → 21,000원
이론, 실전 + 문제풀이 64강 70,000원 → 49,000원

1. 올웨이즈라이브(www.alwayslive.co.kr)에 접속해 주세요.
2. 메인페이지에 있는 쿠폰 인증하기 메뉴를 클릭해 주세요.
3. 쿠폰 인쪽의 인증번호를 입력하신 후 결제 시에 "쿠폰 적용하기" 버튼을 누르면 30% 할인됩니다.

■ 쿠폰 유효 기간: **2015년 12월 31일까지**
■ 대상 강좌: 이혜진 강사 스튜디오 녹화 강의
■ 고객센터 02-735-3326

30% OFF

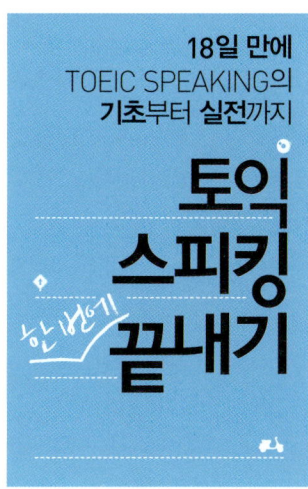

토익 스피킹 한 번에 끝내기

지은이 플랜티 어학연구소
펴낸이 안용백
펴낸곳 (주)넥서스

초판 1쇄 발행 2013년 6월 25일
초판 15쇄 발행 2015년 2월 10일

출판신고 1992년 4월 3일 제311-2002-2호
121-893 서울시 마포구 양화로 8길 24
Tel (02)330-5500 Fax (02)330-5555

ISBN 978-89-6790-338-1 13740

출판사의 허락 없이 내용의 일부를 인용하거나
발췌하는 것을 금합니다.

가격은 뒤표지에 있습니다.
잘못 만들어진 책은 구입처에서 바꾸어 드립니다.

www.nexusbook.com

18일 만에
TOEIC SPEAKING의
**기초부터
실전까지**

토익 스피킹
한 번에
끝내기

플랜티 어학연구소 지음

생생한 **학원 강의** 제공
꼼꼼한 **파트별 유형** 분석
파트별 **Practice Test 9회**
실제 시험과 가장 유사한
Actual Test 10회

넥서스

플랜티 어학연구소는 2009년 1월부터 토익 스피킹 강의를 직접 운영하며 풍부한 강의 경험과 3년간 1,000명이 넘는 학생들의 답변과 문제 분석 노하우를 차곡차곡 쌓았습니다.

본 교재는 저자 한 사람의 경험만으로 이뤄진 건 아닙니다. 플랜티 어학연구소의 모든 강사와 연구진이 합심하여 수년간 작성하고 보완하면서 결실을 본, 그야말로 제대로 검증된 교재라고 자부할 수 있습니다.

본 교재의 특징은,

손이 아닌 내 입으로 말하기를 유도하는 실질적인 학습법을 제시했습니다.

지금까지 많은 교재가 말하기에 관한 책이면서도 실제로는 암기식, 패턴식의 학습법만을 제시하고 있습니다. 말하기 시험은 단순히 암기만으로는 고득점이 불가능합니다. 파트별 이론 ⇨ 적용 ⇨ 실전 연습 단계를 거쳐 정확한 전략과 반복적 연습이 있어야 원하는 레벨과 점수가 가능합니다. 본 교재는 워크북 중심의 학습서로 현재 여러분이 가지고 있는 다른 교재와도 함께 학습할 수 있습니다. Part 1~ Part 6까지 유형 파악이 끝났다면 워크북으로 사용하시면 더욱 효과적입니다.

문제별 Level 6와 Level 7의 답변을 제공하여, 학습자의 요구와 눈높이에 맞췄습니다.

대부분 기업체에서 요구하는 토익 스피킹 점수는 Level 6 또는 Level 7입니다.
학습자의 수준과 관계없이 원어민 수준의 모범 답안만 제시하고 있는 다른 교재와 달리 답안을 보면 머리로는 이해가 가지만 직접 답안으로 써먹을 수 없는 표현 방식은 지양하고 현재 나의 수준에 맞는 단어와 표현, 문장 구조를 이용하여 단기간에 효율적으로 학습할 수 있도록 했습니다.

최근 3년간의 토익 스피킹 출제 경향을 완벽히 분석하여 반영했습니다.

교재의 출간까지 3년이라는 시간과 1,000명이 넘은 학생들의 데이터가 필요했습니다.
매 시험을 보고 그간 파악한 출제 경향과 답안에 대해 꼼꼼한 분석을 했고, 핵심 원리를 잘 정리하여 교재에 수록했습니다. 무조건 많은 문제와 모범 답안만을 공부하는 것은 시간 낭비가 될 수 있습니다.

이제 막 토익 스피킹 공부를 시작한 초보자부터 매번 작심삼일로 일찍 학습을 중단하는 중도 포기자, 시험을 앞두고 실전 연습을 해야 하는 학습자까지 토익 스피킹을 학습하는 모두에게 최적의 교재가 될 것입니다.

머리말		5
책의 구성과 특징		8
TOEIC Speaking이란?		10
학습 플랜		12

SECTION 1
파트별 유형 분석

Part 1	문장 읽기 Read a text aloud		16
Day 01	문제 접근 전략		18
Day 02	실전 예제		22
Day 03	Expressions		24
Part 2	사진 묘사 Describe a picture		26
Day 04	문제 접근 전략		28
Day 05	실전 예제		42
Day 06	Expressions		45
Part 3	듣고 질문에 답하기 Respond to questions		54
Day 07	문제 접근 전략		56
Day 08	실전 예제		68
Day 09	Expressions		70
Part 4	제공된 정보를 사용하여 질문에 답하기 Respond to questions using information provided		72
Day 10	문제 접근 전략		74
Day 11	실전 예제		90
Day 12	Expressions		96
Part 5	해결책 제안하기 Propose a solution		100
Day 13	문제 접근 전략		102
Day 14	실전 예제		111
Day 15	Expressions		114
Part 6	의견 제시하기 Express an opinion		122
Day 16	문제 접근 전략		124
Day 17	실전 예제		132
Day 18	Expressions		136

Speaking

SECTION 2
파트별 Practice Test

Part 1 문장 읽기 Read a text aloud
Day 01 — 146
Day 02 — 148
Day 03 — 150

Part 2 사진 묘사 Describe a picture
Day 04 — 152
Day 05 — 155
Day 06 — 158

Part 3 듣고 질문에 답하기 Respond to questions
Day 07 — 161
Day 08 — 164
Day 09 — 167

Part 4 제공된 정보를 사용하여 질문에 답하기
Respond to questions using information provided
Day 10 — 170
Day 11 — 173
Day 12 — 176

Part 5 해결책 제안하기 Propose a solution
Day 13 — 179
Day 14 — 182
Day 15 — 185

Part 6 의견 제시하기 Express an opinion
Day 16 — 188
Day 17 — 190
Day 18 — 192

SECTION 3
Actual Test

Actual Test 01 — 196
Actual Test 02 — 208
Actual Test 03 — 220
Actual Test 04 — 232
Actual Test 05 — 244

*Actual Test 06~10은 온라인으로 응시할 수 있습니다. (www.nexusbook.com)

Structure & Features

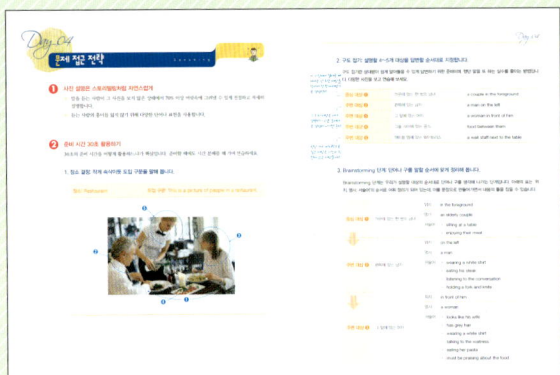

1
꼼꼼하고 친절한 파트별 유형 분석

각 파트별 문제 접근 전략을 상세하게 설명해 토익 스피킹 시험을 완벽히 파악하고 문제별 고득점 전략을 세울 수 있다.

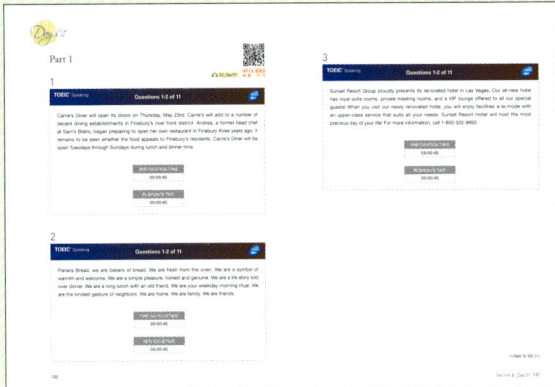

2
파트별 Practice Test 9회분

파트별로 연습할 수 있는 Practice Test가 풍부하게 실려 있어 취약한 부분만 집중적으로 학습할 수 있다.

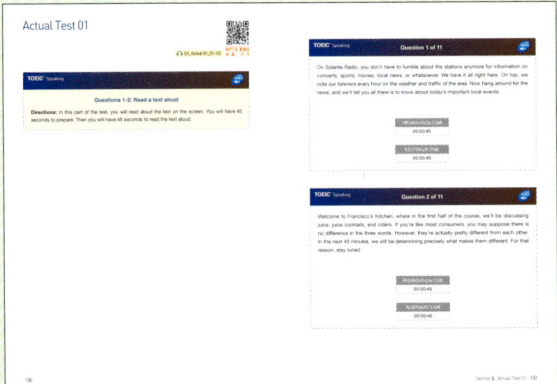

3
최신 기출을 가장 잘 반영한 Actual Test 10회분

학습한 유형과 전략을 최종 정리하면서 실전과 동일한 연습을 할 수 있는 Actual Test 10회분을 수록했다.
(5회분_www.nexusbook.com 다운로드)

4 동영상 바로 가기

실제 강의실에서 들려주는 생생한 동영상 수업

학원에 가지 않고도 실제 강의실에서 듣는 것처럼 생생한 수업을 통해 학습한다.

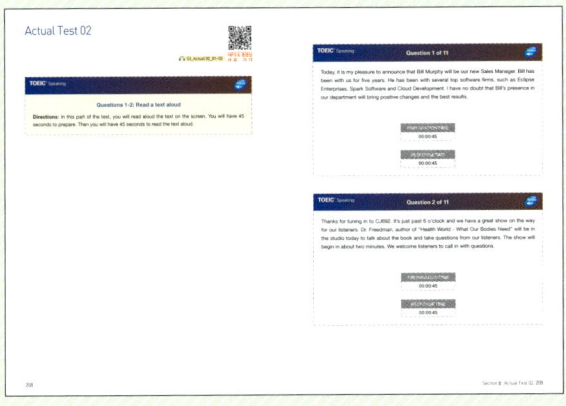

5

실제 시험 환경을 가장 잘 구현한
Actual Test 10회분_www.nexusbook.com

실제 토익 스피킹 시험과 가장 유사한 구성의 모의 Test 10회분으로 실전을 대비한다.

6  MP3 바로 가기

MP3 파일 다운로드 또는 QR 코드

모든 질문과 답변을 원어민 발음으로 녹음한 MP3 음원을 들으며 실제 발음법과 표현을 익힌다.

TOEIC SPEAKING이란?

TOEIC Speaking은 TOEIC 시험을 개발한 비영리 시험 개발기관인 ETS(Educational Testing Service)에서 개발한 말하기 능력 측정 시험이다. 업무와 관련된 상황 혹은 일상생활에서 수행해야 할 과제에 관련된 문제가 출제된다.

✪ 시험 구성

총 6개 파트, 11개 문제로 구성되어 있으며, 시험은 약 20분 정도 소요된다. 문제별 시험 구성은 다음과 같다.

구분	문제 유형	문항 수	시간
Questions 1-2	Read a Text Aloud 문장 읽기	2	답변 시간 45초 답변 준비 시간 45초
Question 3	Describe a Picture 사진 묘사	1	답변 시간 45초 답변 준비 시간 30초
Questions 4-6	Respond to Questions 듣고 질문에 답하기	3	답변 시간 15초 ~ 30초 답변 준비 시간 없음
Questions 7-9	Respond to Questions Using Information Provided 제공된 정보를 사용하여 질문에 답하기	3	답변 시간 15초 ~ 30초 답변 준비 시간 없음 (지문 읽는 시간 30초)
Question 10	Propose a Solution 해결책 제안하기	1	답변 시간 60초 답변 준비 시간 30초
Question 11	Express an Opinion 의견 제시하기	1	답변 시간 60초 답변 준비 시간 15초

✪ 시험 평가 기준

1~9번 문제는 0~3점, 10~11번 문제는 0~5점 범위 내에서 평가되며 채점 결과는 0~200점 범위로 환산되어 10점 단위로 표시된다. 문제별 평가 기준은 다음과 같다.

구분	평가 기준
Questions 1-2	• 발음　　　　　　　　　• 억양과 강세
Question 3	위의 모든 항목에 더하여 • 문법　　　　• 어휘　　　　• 일관성
Questions 4-6	위의 모든 항목에 더하여 • 내용의 일관성　　　• 내용의 완성도
Questions 7-11	위의 모든 항목

★ 시험 일정
시험은 정기시험 매주 1회, 연간 48회 시행되며 1일 총 3~4회의 시험이 진행된다. 그러나 상황에 따라 추가 시험이 시행되기도 한다.

★ 시험 접수와 응시료
시험은 오직 인터넷 홈페이지(www.toeicspeaking.co.kr)를 통해서만 접수할 수 있다. 응시료는 부가세 10%를 포함하여 77,000원이며, Writing Test를 함께 응시하는 경우 부가세 10% 포함 104,500원의 할인된 가격으로 응시할 수 있다. 인터넷 접수 시 비용 결제는 신용카드 또는 실시간 계좌이체를 통해 가능하다.

★ 성적 확인
시험 응시일로부터 약 10일 후 인터넷 홈페이지(www.toeic.co.kr)를 통해 확인할 수 있다. 성적표는 온라인과 우편을 통해 수령 가능하며 온라인 성적 발급의 경우 인터넷 홈페이지를 통해 성적과 함께 즉시 발급할 수 있다. 우편 수령 신청자의 경우 성적 발표일로부터 7~10일 이내에 성적표를 받아볼 수 있다.

★ 수험자 유의사항
반드시 입실 시간을 엄수해야 하며, 입실 통제 시간 이후에는 입실이 불가하다. 시험 당일 인정되는 신분증은 주민등록증, 운전면허증, 여권, 공무원증이며 규정 신분증을 지참하지 않은 수험자는 시험에 응시할 수 없다.

TOEIC SPEAKING 학습 플랜

✱ 18일(20일) 완성

1일	2일	3일	4일	5일
SECTION 1 Day 01 Part 1 문제 접근 전략	**SECTION 1** Day 02~03 실전 예제, Expressions	**SECTION 1** Day 04 Part 2 문제 접근 전략 Day 06 Expressions	**SECTION 1** Day 04 Part 2 인물 묘사, 장소 묘사 **SECTION 2** Day 01 지문 1개 Day 04 사진 1개	**SECTION 1** Day 05 실전 예제 **SECTION 2** Day 01 지문 1개 Day 04 사진 1개
6일	**7일**	**8일**	**9일**	**10일**
SECTION 1 Day 07 Part 3 문제 접근 전략 4, 5번 유형의 질문과 답변 요령 **SECTION 2** Day 01 지문 1개 Day 04 사진 1개	**SECTION 1** Day 07 Part 3 문제 접근 전략 6번 유형의 질문과 답변 요령 Day 08 실전 예제 **SECTION 2** Day 02 지문 1개 Day 05 사진 1개	**SECTION 2** Day 02 지문 1개 Day 05 사진 1개 Day 07~09 답변 정리	**SECTION 1** Day 16 Part 6 문제 접근 전략 **SECTION 2** Day 02 지문 1개 Day 05 사진 1개 Day 07~09 복습	**SECTION 1** Day 17~18 실전 예제, Expressions **SECTION 2** Day 03 지문 1개 Day 06 사진 1개 Day 16 답변 정리
11일	**12일**	**13일**	**14일**	**15일**
SECTION 2 Day 03 지문 1개 Day 06 사진 1개 Day 16 복습 Day 17~18 답변 정리	**SECTION 3** Actual Test 01	**SECTION 1** Day 13 Part 4 문제 접근 전략 **SECTION 2** Day 03 지문 1개 Day 06 사진 1개 Day 17~18 복습 Day 10	**SECTION 1** Day 14 실전 예제 **SECTION 2** Day 11~12 Day 01~10, 16~18 복습	**SECTION 1** Day 13 Part 5 문제 접근 전략 **SECTION 2** Day 13~15 답변 정리 Day 01~12, 16~18 복습
16일	**17일**	**18일**	**19일**	**20일**
SECTION 1 Day 15 Expressions **SECTION 2** Day 13~15 답변 녹음 Day 01~12, 16~18 복습	**SECTION 1** Day 16 실전 예제 **SECTION 2** Day 01~18 복습	18일 완성 **SECTION 3** Actual Test 02~10 20일 완성 **SECTION 3** Actual Test 02~04	20일 완성 **SECTION 3** Actual Test 05~07	20일 완성 **SECTION 3** Actual Test 08~10

✱ 10일 완성

1일	2일	3일	4일	5일
SECTION 1 Day 01~03 Part 1 문제 접근 전략, 실전 예제, Expressions	**SECTION 1** Day 04~06 Part 2 문제 접근 전략, 실전 예제, Expressions **SECTION 2** Day 01 지문 2개 Day 04 사진 2개	**SECTION 1** Day 07~09 Part 3 문제 접근 전략, 실전 예제, Expressions **SECTION 2** Day 01 지문 1개 Day 02 지문 1개 Day 04 사진 1개 Day 05 사진 1개	**SECTION 1** Day 16~18 Part 6 문제 접근 전략, 실전 예제, Expressions **SECTION 2** Day 02 지문 2개 Day 05 지문 2개 Day 07~09	**SECTION 2** Day 03 지문 2개 Day 06 지문 2개 Day 07~09 복습 Day 16~18

6일	7일	8일	9일	10일
SECTION 1 Day 10~12 Part 4 문제 접근 전략, 실전 예제, Expressions **SECTION 2** Day 03 지문 1개 Day 06 지문 1개 Day 01~09, 16~18 복습 **SECTION 3** Actual Test 01	**SECTION 1** Day 13~15 Part 5 문제 접근 전략, 실전 예제, Expressions **SECTION 2** Day 13~15	**SECTION 1** Day 01~18 복습 **SECTION 2** Day 01~18 복습	**SECTION 3** Actual Test 02~05	**SECTION 3** Actual Test 06~10

SECTION 1
파트별 유형 분석

MP3 & 동영상
바 로 가 기

Speaking

PART 1   문장 읽기 Read a text aloud
Day 01   문제 접근 전략
Day 02   실전 예제
Day 03   Expressions

PART 2   사진 묘사 Describe a picture
Day 04   문제 접근 전략
Day 05   실전 예제
Day 06   Expressions

PART 3   듣고 질문에 답하기 Respond to questions
Day 07   문제 접근 전략
Day 08   실전 예제
Day 09   Expressions

PART 4   제공된 정보를 사용하여 질문에 답하기
Respond to questions using information provided
Day 10   문제 접근 전략
Day 11   실전 예제
Day 12   Expressions

PART 5   해결책 제안하기 Propose a solution
Day 13   문제 접근 전략
Day 14   실전 예제
Day 15   Expressions

PART 6   의견 제시하기 Express an opinion
Day 16   문제 접근 전략
Day 17   실전 예제
Day 18   Expressions

토익 스피킹의 각 파트별 유형과 접근 전략, 상황별 표현을 학습합니다.

Read a Text Aloud

- **출제 경향**

  40~50개 단어로 구성된 안내문, 광고문, 방송문, 공지 사항, 관광지 안내 등의 다양한 소재가 지문으로 출제된다.

- **시험 구성**

  총 2문제가 출제되고, 각 문제당 45초의 준비 시간과 45초의 답변 시간이 주어진다.

- **채점 기준**

  1. 발음이 깨끗하고 유창하며, 문장과 문장 간의 흐름이 자연스러운가.
  2. 사소한 실수나 모국어의 영향이 있는가.
  3. 음의 고저를 적절히 이행하는가.

3점 만점 답변	발음, 강세, 강조, 억양을 적절하게 잘 지켜서 읽는다. 의미상 끊어 읽거나 묶어 읽는 부분이 자연스럽다. 전체적으로 흐름이 매끄럽고 자연스럽다.
2점 답변	발음이 잘 들리지 않거나 부정확하다. 강세나 억양을 잘못 읽는 부분이 많다.

- **고득점 Tips**

  1. 천천히 여유를 가지고 읽는다. 특히 Level 7 이상을 원한다면 여유 있게 읽는 연습이 필수이다.
  2. 강세, 강조, 억양의 3박자를 지키며 실제 지문 속의 화자가 된 듯한 느낌으로 읽는다.
  3. 쉼표에선 한 박자, 마침표에서 두 박자씩 호흡을 가다듬고 읽는다.
  4. 자신감 있는 목소리로 읽는다.
  5. 턱의 근육과 입을 많이 움직여 발음을 명확하고 또렷하게 한다.

Speaking

🔑 실제 시험 화면과 활용

TOEIC® Speaking

Questions 1-2: Read a text aloud

Directions: In this part of the test, you will read aloud the text on the screen. You will have 45 seconds to prepare. Then you will have 45 seconds to read the text aloud.

지시 화면 시간 활용
지시문을 읽어 주는 시간입니다. 이때 지시문을 듣고만 있지 말고 입을 풀어주세요.

TOEIC® Speaking   **Questions 1-2**

Art and Cook presents a line of kitchen tools that are beautiful, functional and extremely comfortable. Using these tools will make cooking an experience that can translate into fun for the whole family! Bring back the joy of cooking with these wonderful items. Your dream kitchen deserves these top-of-the-line tools!

PREPARATION TIME
0:00:45

RESPONSE TIME
0:00:45

준비 시간 활용
1. Begin preparing now.라는 지시문과 함께 삐 소리가 들리면 준비를 시작합니다.
2. 첫 문장부터 소리 내어 읽으며 강세, 강조, 억양을 생각합니다. 그 후 끊어 읽어야 하는 부분, 묶어 읽어야 하는 부분을 연습하면서 읽어 내려갑니다.
3. 중간에 막힌 부분을 되짚어 여러 번 읽으며 입에 익힙니다.
4. 자신 있게 읽어 내려가면서 스스로 귀 기울여 듣고 수정해 나갑니다.

답변 시간 활용
1. 준비 시간에 연습한 대로 천천히 또렷한 발음으로 읽어 내려갑니다.
2. 실수한 부분이 있다면 당황하지 말고 그 부분부터 수정해서 읽습니다.
3. 절대 빨리 읽지 않습니다.

MP3 & 동영상
바로 가기

문제 접근 전략 — Speaking

❶ 강세 정확히 읽기 🎧 S1_Day 01_1

2음절 이상의 단어에는 강세가 있습니다. 강세대로 잘 읽어야 정확한 의미가 전달된다는 걸 기억하세요.

접미어 강세 기본 법칙

- 접미어가 i나 u로 시작될 때 강세는 i나 u 바로 앞 음절에 있다. (-ion, -ual, -ial, -ient, -ious, -ior, -ic, -ity 등)
  ex At**lan**tic, **com**ic, su**ffi**cient, expla**na**tion, re**sid**ual

- 접미어 -ate로 끝나는 경우 첫 번째 음절에 강세가 있다.
  ex **com**plicate, **trans**late, **pop**ulate, **in**dicate

- 그 외에 다른 접미어는 강세에 영향을 미치지 않는다. (-al, -ous, -ly, -er, -ed, -ist, -ing, -ment 등)
  ex **per**manent, **per**manently, de**vel**op, de**vel**opment

❷ 강조해서 읽기

지문을 읽다 보면 사람들의 관심을 끌거나 내용 전달상 꼭 필요한 부분이라 강하게 읽어야 하는 단어가 있습니다.

- 명사+명사: 두 명사가 나란히 나올 경우 앞의 명사에 강조를 한다.
  ex **chocolate** milk, **computer** desk, **phone** card, **vegetable** garden

- 복합명사: 두 개의 명사가 하나의 단어가 되었을 때 역시 앞의 명사에 강조를 한다.
  ex **base**ball, **brain**storm, **card**board, **copy**right, **chair**man, **key**board

- 고유명사: 고유명사의 경우 똑같은 비중을 두면서 강조하며 읽는다.
  ex **Atlantic Ocean**, **Empire State Building**, **California**, **Central Park Zoo**

- 사람의 이름: 사람의 이름의 경우는 성(last name)에 강조를 한다.
  ex Victor **Hugo**, Walt **Disney**, John **Mayer**

- 숫자, 부정어, 최상급, 비교급은 강조해서 읽는다.
  ex **not**, **never**, **no**, **however**, **but**, the **most**, **best**, **more**, **better**, **$45**, **14°C**, **one** of the

Point*

강조의 중요성

화자가 전달하고 싶거나 정보를 담고 있는 단어를 강조합니다. 주로 명사, 동사, 형용사, 부사를 강하게 읽습니다. 그 외 be동사, 조동사, 전치사, 대명사, 관사는 의미상 중요하지 않으므로 약하게 읽습니다.

Day_01

❸ 억양 맞춰 읽기

문장의 강세가 아무리 잘 지켜져도 높낮이인 억양이 잘못되면 전혀 다른 느낌으로 전달됩니다. 영어 특유의 억양을 연습해 보세요.

1. 내려 읽기

평서문, 감탄문, 의문사 의문문으로 구성된 문장은 끝에서 억양을 내립니다.

평서문	We apologize for the inconvenience we've caused you. ↘ 불편을 끼쳐드린 점 사과드립니다.
감탄문	The weather is fantastic! ↘ 날씨 정말 좋군요!
의문사 의문문	• Where did you go last summer vacation? ↘ 지난 여름방학(휴가) 때 어디 가셨어요? • How often do you usually eat out? ↘ 보통 얼마나 자주 외식을 하시나요?

2. 올려 읽기

- and, or 등의 접속사 앞에서는 억양을 올립니다. 문장 중간에 쉼표가 있는 경우 억양을 유지합니다.
- be동사나 조동사 의문문의 경우 문장 끝에서 억양을 올립니다.

접속사 앞	You will get 10% off women's casual suits ↗ and 50% off dress pants. ↘ 여성 캐주얼 정장은 10%, 정장 바지는 50% 할인받으실 수 있습니다.
쉼표 앞	Luckily, → she was able to give a presentation. ↘ 다행히 그녀는 프레젠테이션을 할 수 있었습니다.
be동사 의문문	Is she going to the store to buy milk? ↗ 저분 혹시 우유 사러 가는 건가요?
조동사 의문문	• Have you been to New York? ↗ 뉴욕에 가 보신 적 있습니까? • Could you do me a favor? ↗ 부탁 좀 드려도 될까요?

3. 나열 구문

나열 구문이란 한 문장 안에 여러 개의 단어를 열거해 놓은 것입니다. 나열 구문은 A, B and C 식인데, 쉼표나 and로 연결되어 있습니다. 이때 쉼표 자리에서 억양을 올려 줍니다.

We have branch offices throughout Los Angeles, ↗ Atlanta, ↗ New York ↗ and Seattle. ↘
저희는 로스앤젤레스와 애틀랜타, 뉴욕, 시애틀 전역에 걸쳐 지사를 가지고 있습니다.

Over a million visitors take relaxing walks, ↗ play, ↗ or come picnic → with friends and family in the beautiful park. ↘ 100만 명이 넘는 방문객들이 아름다운 공원에서 가벼운 산책을 하거나 놀거나 친구, 가족들과 소풍을 즐깁니다.

Point*

나열 구문에서의 강세

많은 학생들이 틀리는 부분으로 억양에 너무 신경을 쓰다 보니 강세를 무시하는 경우가 생깁니다. Los Angeles, Atlanta, New York, Seattle의 경우 다음과 같이 읽어야 합니다.

[O] Los Angeles, ↗ Atlanta, ↗ New York ↗ and Seattle. ↘
[X] Los Angeles, ↗ Atlanta, ↗ New York ↗ and Seattle. ↘

❹ 끊어 읽기

'아버지가방에들어가신다.'처럼 한숨에 문장을 다 읽으려고 욕심을 내면 의미 전달이 되지 않습니다. 끊어 읽는 규칙에 맞춰 문장을 읽어 보세요.

1. 긴 주어와 동사의 위치를 찾는다.

동사 앞에서 일단 끊어서 한 박자 쉬고 억양은 유지해 주세요. 주로 긴 주어는 관사, 형용사, 동명사, 명사의 나열로서 동사가 한참 뒤에 나오므로 유의하세요.

The natural **surroundings** of the resi**den**tial **area** → / give you a **gor**geous **land**scape to view from your rooms. ↘ // 주거 지역 주변의 자연경관이 좋아서 당신 방에서 정말 멋진 경치를 볼 수 있습니다.

동사 give 앞에서 한 박자 쉬고, natural surroundings/ residential area/ gorgeous landscape처럼 형용사+명사인 경우 명사를 강조하고 rooms를 살짝 올렸다가 내려 주세요. 이때 복수 형태인 -s 끝까지 발음하고, view from의 경우 발음이 꼬이기 쉬우니 여러 번 발음해 보세요.

2. 절이나 구를 찾는다.

절이나 구 앞에서 한 박자 쉬고 억양은 유지합니다. 절을 이끄는 if, 접속사(before, after, even though, and, but, however 등), 관계사(that, who, where, what, which 등) 앞에서 한 박자 쉬고 억양을 유지합니다. 구의 경우는 앞의 명사를 수식해주는 부분을 찾아서 앞에서 한 박자 쉽니다.

관계사	**Stu**dents → / who **want** to get a **dis**count → / have to **show** their **student** cards **first**. ↘ // 할인을 받고 싶은 학생은 먼저 학생증을 제시해야 합니다.
If 절	Please → **sign** up on this **pa**per → / if you **want** to have an **in**terview → / which will be on **May 2**. ↘ // 5월 2일로 예정된 면접에 참가하고 싶다면 이 종이에 신청하셔야 합니다.
분사구	A **wo**man is **talking** to a **man** → / **loading** boxes on the **truck**. ↘ // 한 여자가 트럭에 상자를 싣고 있는 남자에게 말을 하고 있습니다.

3. 전치사를 찾는다.

전치사(in, at, on, above, to, of, near 등) 앞에서 한 박자 쉽니다.

The **ci**nema is → / between the **depart**ment store and the **phar**macy. ↘ //
극장은 백화점과 약국 사이에 있습니다.

4. to부정사의 목적격을 찾는다.

to부정사에는 다양한 용법이 있습니다. 그중 목적격 to부정사의 경우 앞에서 한 박자 쉽니다.

A **re**cent study has **confirmed** ↗ / a **healthy** diet, ↗ / **sufficient** sleep → / and **minimal** stress contributed → / to lead a **healthy** life**style**. ↘ //
건강한 식습관과 충분한 수면 그리고 최소한의 스트레스가 건강한 생활 양식을 유지하게 해 준다는 사실을 최근 조사에서 확인했습니다.

Day_01

❺ 의미 단위(Chunk) 읽기

청크(Chunk)는 학습자가 하나의 의미로 파악할 수 있는 단위로 의미 전달과 묶어 읽기가 정확하게 이뤄져야 합니다.

현재완료, 완료 수동태, 동사구	현재완료, 완료 수동태, 동사구 등은 여러 단어로 구성되어 있으나 하나의 의미를 갖습니다. have been p.p/ have been -ing/ be p.p/ be going to She has been borrowing the oldest books from the local libraries since she was a child. 그녀는 어릴 적부터 여러 지역 도서관에서 가장 오래된 책들을 빌려 왔습니다.

숙어	call it off/ break in(into)/ have no idea/ on your mind/ wine and dine/ give a discount
	• Tonight's game was called off because of the rain.
	  금일 경기는 우천으로 인해 **취소되었**습니다.
	• They broke into my apartment when I was gone, and they took everything.
	  제가 집에 없을 때 그들이 제 아파트에 **침입해서** 전부 다 가져갔습니다.
	• I can't find my keys. I have no idea where I put them.
	  열쇠를 못 찾겠어요. 어디에 두었는지 **모르겠어요**.
	• You have been on my mind all day. 온종일 당신이 **생각났**습니다.
	• He has been wining and dining her all month.
	  그는 그녀에게 한 달 내내 **근사하고 멋진 식사를** 대접했습니다.
	• We will give you a 30% discount on a second item up to $130.
	  두 번째 구매 물품 가격의 30%, 최대 130달러까지 **할인**받으실 수 있습니다.

전치사구	전치사 앞에서는 한 번 끊어서 쉽니다. 뒤에 나오는 장소, 시간, 그 외 정보들은 단숨에 읽어야 상대방이 정확하게 알아듣습니다. in the street market/ at the end of this month/ on the second floor • I booked a return flight from Paris to London on December 14th. 저는 12월 14일에 파리에서 런던으로 돌아오는 비행기 편을 예약했습니다.

동사구	will be held/ will be doing/ can be seen
	• The board meeting will be held at Nova Hotel in San Francisco.
	  이사회는 샌프란시스코에 있는 노바 호텔에서 열릴 예정입니다.
	• The staff member in the main office will discuss the proposal.
	  본사 직원들이 해당 제안서에 대해 논의할 것입니다.

Check

Since Mr. **Brandon** resi**gn**ed, → / the company has been consi**d**ering **two** candi**da**tes → / for the position. ↘ //
I'm very ha**pp**y to introd**u**ce our **guest** speaker, → / Ms. Amanda **Brook**, → / who is making a sp**ee**ch → / at the **25**th com**p**any ann**iv**ersary. ↘ //
We are con**f**ident → / that she will be a va**l**uable me**m**ber ~ of our **firm**. ↘ //

브랜든 씨가 사임한 이후 회사는 그 직책에 2명의 후보를 생각하고 있습니다. 회사 창립 25주년 행사에서 축사를 맡은 초청 연사인 아만다 브룩 씨를 소개하게 되어 정말 기쁩니다. 그녀가 우리 회사에 정말 중요한 일원이 될 것이라 확신합니다.

실전 예제

Speaking

아래의 문장을 강세와 강조, 억양, 끊어 읽기에 주의해서 읽어 보세요.
a. 먼저 소리 내면서 단어를 발음해 봅니다. 이때 강세에 주의하세요.
b. 강조해야 하는 단어와 발음이 어려운 단어는 여러 번 연습합니다.
c. 끊어 읽어야 하는 곳과 억양에 주의합니다.
d. 의미상 묶어 읽는 부분도 연습하세요.

1

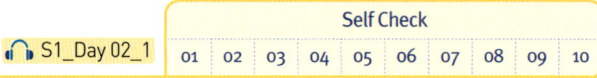

And now, the local news. The Bailey Brothers Carnival opens tonight at the city fairground. This thrill-packed show will feature clowns, acrobats, and exotic animals from around the world. Tickets go fast, so be sure to get yours soon. You don't want to miss the most exciting show on the planet!

다음은 지역 뉴스입니다. 오늘 밤 시내 박람회장에서 베일리 브라더즈 카니발 쇼가 시작됩니다. 이 전율로 가득 찬 쇼에는 전 세계의 광대, 곡예사와 보기 드문 동물들이 출연합니다. 입장권이 빠른 속도로 팔리고 있으므로 빨리 입장권을 구입하세요. 이 지상 최대의 흥미로운 볼거리를 놓치고 싶지 않으실 것입니다!

 답변 확인하기

And **now**, the **lo**cal **news**. // The **Bailey Brothers Carnival** opens to**night** → / at the **city fair**ground. // This **th**rill-pack**ed** show will fea**ture clowns**, ↗ / **acrobats**, ↗ / and **exotic animals** → / from around the **world**. // **Tic**kets go fast, → / so be sure to get yours soon. // You **don't** want to miss the most ex**cit**ing show → / on the **planet**! //

 주의해서 읽어야 할 어휘

- **And now** now를 강조해서 읽습니다.
- **news** ws는 [z]로 길게 빼면서 발음합니다.
- **Bailey Brothers Carnival** 고유명사이므로 또박또박 읽습니다.
- **city fairground** 명사+명사의 구조로 city를 강조해서 읽습니다. fairground는 복합명사로 fair를 강조합니다.
- **thrill-packed show** trill-packed가 show를 수식하므로 띄어 읽지 않고 단숨에 읽어 주세요.
- **clowns, acrobats, exotic animals** 나열 구문으로, 주로 복수 형태를 띕니다. [s], [es] 발음까지 정확하게 읽어 주세요.
- **want to** t가 연속해서 나오는 경우에는 앞의 [t]는 생략하고 뒤의 [t]만 발음합니다.

2 🎧 S1_Day 02_2

Self Check									
01	02	03	04	05	06	07	08	09	10

Ladies and gentlemen, may I have your attention please? Our flight is expected to arrive at Rexford International Airport in 45 minutes. In order to shorten the time needed for customs, immigration and health formalities on the ground, you are advised to fill out the declaration form our flight attendants will hand out. If you experience any trouble filling out the form, please ask one of our flight attendants for assistance. Thank you!

신사 숙녀 여러분 주목해 주십시오. 저희 비행기는 45분 후에 렉스포드 국제공항에 도착할 예정입니다. 도착 후 세관과 출입국 절차 그리고 검역 등에 걸리는 시간을 단축하기 위해 승무원이 나눠 주는 신고서를 작성해 주셔야 합니다. 혹시 작성이 어려우신 분들은 저희 승무원에게 도움을 요청해 주시기 바랍니다. 감사합니다.

○ **답변 확인하기**

Ladies and gentlemen, → may I have your at**ten**tion please? ↗ // Our flight is ex**pec**ted to arrive → / at **Rexford International Airport** in 45 minutes. ↘ // In order to shorten the time needed for customs, ↗ / immigra**tion** ↗ / and health for**ma**lities on the ground, → / you are advised to fill out the decla**ra**tion form → / our flight at**ten**dants will hand out. ↘ // If you experience any trouble filling out the form, → / please ask one of our flight at**ten**dants ~ for assistance. ↘ // Thank you! ↘ //

○ **주의해서 읽어야 할 어휘**

- **Ladies and gentlemen** 단숨에 읽으세요.
- **may I~** 억양을 올려 읽습니다.
- **Rex-ford** 모르는 단어는 음절별로 끊어서 발음하세요.
- **for-ma-li-ties** 강세를 살려서 [f], [es] 발음까지 정확하게 읽습니다.
- **fill out/ hand out** 숙어이므로 단숨에 읽습니다.
- **de-cla-ra-tion form** declaration이 form을 수식함으로써 한 의미를 가지니 단숨에 읽으세요.
- **assistance** 강세를 살려 읽으세요.

* Self Check에는 지문 읽기가 숙달될 때까지 연습하며 읽은 횟수를 표시하면 됩니다.

Day 03
Expressions

Speaking

❶ 기호나 약어 읽기

🎧 S1_Day 03_1

다양한 유형의 지문이 등장하므로 그 지문에 나오는 표현을 어떻게 읽는지 정확하게 알고 이해하는 게 좋습니다. 이미 토익 LC나 RC를 통해 알고는 있지만 직접 소리 내어 발음을 해 보지 않아서 발음하기에 익숙하지 않은 표현은 꼭 소리 내어 3번 이상 읽어 보세요.

표시	읽기	표시	읽기
1-800-974-1467	one eight hundred nine seven four one four six seven	1-888-55VITAL	one eight eight eight five five vital
54°F	fifty-four degrees Fahrenheit	14°C	fourteen degrees Celsius
Alexander St.	Alexander Street	St. Martin	Saint Martin
Queens Blvd	Queens Boulevard	Bay Ave.	Bay Avenue
Woodbridge Dr.	Woodbridge Drive	Wellesley Rd	Wellesley Road
www.wealth.org	Double U Double U Double U dot wealth dot org	diangardener@gmail.com	diangardener at gmail.com
$478.99	four hundred seventy eight dollars and ninety nine cents	107 FM/ 99.1 FM	one o seven FM/ ninety nine point one FM
$300/night	three hundred dollars per night	45 km/h	forty-five kilometers per hour
Lbs/ ½ lb/ 5lbs	pound(s)/ half pound/ five pounds	oz./ 45 oz.	ounce(s)/ forty five ounce(s)
*	star key (asterisk)	#	pound key
55%	fifty five percent		

> Blvd는 Boulevard의 약자로 도로 및 대로를 표현하는 단어입니다.

> 전화번호에 적힌 VITAL이라는 단어는 전화기 다이얼에 적혀 있는 알파벳에 맞춰 입력하라는 뜻입니다.

❷ 주의해야 하는 단어들

강세, 발음 등에서 실수하기 쉬운 단어들입니다. 품사에 따라 발음이나 강세가 다르다는 점을 명심하고 실수하지 않도록 연습하세요.

record	N: /rékɔːd/ V: /rikɔ́ːd/	present	Adj: /préz(ə)nt/ V: /prizént/ N: /préz(ə)nt/
live	Adj: /laív/ V: /lív/	tear	V: /téːr/ N: /tíər/
wind	V: /waínd/ N: /wínd/	address	V: /ədrés/ N: /ədrés/ or /ád-res/
suit	/súːt, sjúːt/	suite	/swíːt/
severe several	/sivíər/ /sévərəl/	order older	/ɔ́ːrdər/ /óuldər/
aboard abroad	/əbɔ́ːrd/ /əbrɔ́ːd/	staff steps	/stǽːf/ /stép/
cold cord	/kóuld/ /kɔ́ːrd/	walk work	/wɔ́ːk/ /wə́ːrk/
tune turn	/tjúːn/ /tə́ːrn/	half help	/hǽːf/ /hélp/

Describe a Picture

🔑 출제 경향
크게 야외 사진과 건물 안 사진으로 나뉘는데 장소에 따라 마켓, 사무실, 교실, 카페, 레스토랑, 서점, 공원, 도시의 주요 장소와 그 외 치과, 연구실, 미용실 등 가끔 나오는 장소가 있다. 또 이 모든 장소들이 사람이 중심인지 배경이 중심인지에 따라 구별된다.

🔑 시험 구성
총 1문제이며, 30초의 준비 시간과 45초의 답변 시간이 주어진다.

🔑 채점 기준
1. 어휘와 문장을 자연스럽게 활용하고 있는가.
2. 답변이 서론, 본론, 결론으로 체계적인 구성을 갖추었는가.
3. 핵심 동작이나 중요한 내용이 포함되어 있는가.
4. 발음, 강세, 강조, 억양, 묶어 읽기와 끊어 읽기가 잘 지켜지는가.

3점 만점 답변	스토리텔링처럼 생동감 있고 문장과 문장의 연결이 자연스럽다. 문장 구성도 다채롭고, 어휘 또한 사진과 관련이 있으며 서론, 본론, 결론에 맞추어 짜임새 있게 답변이 구성되어 있다. 발음, 강세, 강조, 끊어서 말하는 부분 등이 잘 지켜지고 있다.
2점 답변	답변과 사진은 연관성이 있으나 몇몇 단어가 사진과 연결성이 없다. 문장의 형식이 아닌 구나 단어가 반복되어 나온다. 중간에 '어' 등의 비음이 자주 들어가고 문장과 문장이 매끄럽게 이어지지 못한다.
1점 답변	목소리가 거의 들리지 않는다. 문장이 아닌 단어로 답변이 구성되어 있으며 단어와 단어 사이 멈춘 시간이 길다. 답변을 들어도 거의 무슨 말을 하는지 이해하기 어렵다.

🔑 고득점 Tips
1. 빨리 말하지 않는다.
2. 상태보다는 동작을 중심으로 설명하며 접속사와 관계사를 적절하게 이용한다.
3. 중간에 느낌이나 자기 생각도 같이 얘기한다.
4. 자신의 답변을 녹음해서 듣고 다시 여러 번 연습한다.

🔑 실제 시험 화면과 활용

TOEIC® Speaking

Question 2: Describe a picture

Directions: In this part of the test, you will describe the picture on your screen in as much detail as you can. You will have 30 seconds to prepare your response. Then you will have 45 seconds to speak about the picture.

지시 화면 시간 활용
지시문을 읽어 주는 시간입니다. 이때 지시문을 듣고만 있지 말고 입을 풀어주세요.

TOEIC® Speaking — Question 2

PREPARATION TIME
00:00:30

RESPONSE TIME
00:00:45

준비 시간 활용
1. Begin preparing now.라는 지시문과 함께 사진이 보이고 삐 소리가 들리면 준비를 시작합니다.
2. 해당 사진에서 핵심 대상 및 주변 대상을 파악하고 어느 대상에 대해 말할 건지 결정합니다.
3. 사진에서 빠지면 안 되는 어휘가 무엇인지 생각합니다. 가능한 사진과 관련 있는 단어를 많이 생각해 두세요.
4. 속삭이듯 단어나 구의 형태를 뱉어내며 연습합니다.
5. 준비 시간 역시 답변 시간과 마찬가지로 시간을 분배하여 연습을 합니다.

답변 시간 활용
1. 준비 시간에 연습한 내용을 차분하고 자신 있게 말합니다.
2. '어, 아' 등의 표현은 최대한 말하지 않습니다.
3. 45초의 답변 시간을 채워서 답변합니다.

MP3 & 동영상
바로 가기

문제 접근 전략

Speaking

❶ 사진 설명은 스토리텔링처럼 자연스럽게
- 말을 듣는 사람이 그 사진을 보지 않은 상태에서 70% 이상 머릿속에 그려낼 수 있게 친절하고 자세히 설명합니다.
- 듣는 사람의 흥미를 잃지 않기 위해 다양한 단어나 표현을 사용합니다.

❷ 준비 시간 30초 활용하기

30초의 준비 시간을 어떻게 활용하느냐가 핵심입니다. 준비할 때에도 시간 분배를 해 가며 연습하세요.

1. 장소 결정: 작게 속삭이듯 도입 구문을 말해 봅니다.

장소: Restaurant   도입 구문: This is a picture of people in a restaurant.

2. 구도 잡기: 설명할 4~5개 대상을 답변할 순서대로 지정합니다.

구도 잡기란 상대방이 쉽게 알아들을 수 있게 답변하기 위한 준비이며, 했던 말을 또 하는 실수를 줄이는 방법입니다. 다양한 사진을 보고 연습해 보세요.

이 사진에서 절대로 빠져서는 안 되는 대상을 찾아서 첫 번째 대상으로 설정한다.

중심 대상 ❶	가운데 있는 한 쌍의 남녀	a couple in the foreground
주변 대상 ❷	왼쪽에 있는 남자	a man on the left
주변 대상 ❸	그 앞에 있는 여자	a woman in front of him
주변 대상 ❹	그들 사이에 있는 음식	food between them
주변 대상 ❺	테이블 옆에 있는 웨이트리스	a wait staff next to the table

그 외의 대상은 내가 설명하기 쉬운 순서대로 설정해 나가면 된다.

항상 거의 마지막으로 짚는 대상은 사진의 뒷면에 있는 대상들이다.

3. Brainstorming 단계: 단어나 구를 말할 순서에 맞게 정리해 봅니다.

Brainstorming 단계는 우리가 설명할 대상의 순서대로 단어나 구를 생각해 나가는 단계입니다. 아래의 표는 '위치, 명사, 서술어'의 순서로 어휘 정리가 되어 있는데, 이를 문장으로 만들어가면서 내용의 틀을 잡을 수 있습니다.

중심 대상 ❶	가운데 있는 한 쌍의 남녀	위치	in the foreground
		명사	an elderly couple
		서술어	• sitting at a table • enjoying their meal

주변 대상 ❷	왼쪽에 있는 남자	위치	on the left
		명사	a man
		서술어	• wearing a white shirt • eating his steak • listening to the conversation • holding a fork and knife

주변 대상 ❸	그 앞에 있는 여자	위치	in front of him
		명사	a woman
		서술어	• looks like his wife • has grey hair • wearing a white shirt • talking to the waitress • eating her pasta • must be praising about the food

		위치	between them
주변 대상 ❹	그들 사이에 있는 음식들	명사	lots of delicious food a number of glasses a candle in the middle
		서술어	on the table/ placed on the table/ set on the table

⬇

		위치	in the background
주변 대상 ❺	테이블 옆에 있는 웨이트리스	명사	the wait staff
		서술어	• wearing a uniform and bow tie • serving wine • in a polite manner

⬇

전체적 느낌 ❻	느낌, 생각	• It reminds me of+장소~ where I+과거 동사+with+누구+to~ • It reminds me of+시간~ when I+과거 동사~

❸ 45초 동안 답변하기

1. 문장으로 연결하기

단문의 나열이 아닌 중문과 복문, 단문을 적절히 섞어야 고득점을 받을 수 있습니다. 서론이 되는 도입 구문 1문장, 본론 4~5문장, It reminds me of~로 시작하는 결론 1문장으로 구성합니다. 그렇게 하면 총 45초라는 시간에 6~7문장 이상을 말할 수 있습니다.

중심 대상 ❶	In the foreground, I can see an elderly couple sitting at the table and enjoying their meal.
주변 대상 ❷	On the left, a man in a white dress shirt is eating his steak while listening to the conversation.
주변 대상 ❸	In front of him, a woman who looks like his wife is talking to the wait staff while eating her pasta. I guess that she must be praising the food.
주변 대상 ❹	Between them, there are lots of delicious food with a number of wine glasses.
주변 대상 ❺	Beside the table, the wait staff in a uniform and bow tie is serving wine in a polite manner.
전체적 느낌 ❻	It reminds me of my mother and father's anniversary dinner at their favorite restaurant last year.

Day_04

2. 모범 답변

🎧 S1_Day 04_1

This is a picture of a couple and a wait staff in a restaurant. In the foreground, I can see an elderly couple sitting at the table and enjoying their meal. On the left, a man in a white dress shirt is eating his steak while listening to the conversation. In front of him, a woman who looks like his wife is talking to the wait staff while eating her pasta. I guess that she must be praising the food. Between them, there are lots of delicious food with a number of wine glasses. Beside the table, the wait staff in a uniform and bow tie is serving wine in a polite manner. It reminds me of my mother and father's anniversary dinner at their favorite restaurant last year.

식당 종업원과 한 커플이 레스토랑에 있습니다. 사진의 앞에 나이 든 한 쌍의 커플이 테이블에 앉아서 식사를 즐기고 있습니다. 왼쪽으로 흰색 셔츠를 입은 남자가 다른 사람들의 얘기를 들으면서 스테이크를 먹고 있습니다. 그 남자 앞으로는 그의 부인처럼 보이는 여자가 파스타를 먹으면서 웨이트리스에게 얘기를 하고 있습니다. 아마도 칭찬을 하고 있는 것 같습니다. 그들 사이에는 맛있는 음식과 몇 개의 와인잔이 놓여 있습니다. 테이블 옆에 유니폼과 나비넥타이를 한 웨이트리스가 와인을 따르고 있습니다. 작년에 식당에서 부모님의 결혼 기념일에 한 저녁 식사가 생각납니다.

인물 묘사

Speaking

인물 수에 따라 묘사하는 방법이 조금씩 다릅니다. 등장인물이 1~2명인 경우 눈에 보이는 대상만 설명한다면 45초가 길게 느껴질 것입니다. 반면 10~20명인 경우 45초가 짧게 느껴지고 무엇을 어떻게 말해야 할지 당황할 수 있습니다. 따라서 인물의 수에 따라서 묘사하는 방법을 알아 두어야 합니다.

❶ 등장인물이 2명 이하일 때

눈에 보이는 대로 대상의 행동과 상태를 설명하고 느낌을 한마디씩 더해 줍니다.

❶ 오른쪽에 검정색 정장을 입고 있는 여자가 ⇨ On the right, a woman in a black suit
회의 테이블 앞에 앉아 있습니다, 들고 있는 무언가를 보여 주고 있습니다
⇨ sitting at a conference table
⇨ and showing something on the document that she is holding
무엇인가를 그녀의 매니저에게 설명하고 있는 것 같습니다 ⇨ giving an explanation to her manager

A woman in a black suit is sitting at a conference table and showing something on the document that she is holding.
느낌 ⇨ I think that she is giving explanation to her manager.

❷ 같은 쪽에 매니저 같이 보이는 남자가 ⇨ On the same side, a man who looks like her manager
그녀의 설명을 듣고 있습니다 ⇨ listening to her explanation
스케줄을 확인하고 있는 것 같습니다 ⇨ looks very serious/ can't see any facial expression on his face

On the same side, a man who looks like her manager is sitting right next to her and listening to her explanation.
느낌 ⇨ I think he looks very serious since I can't see any facial expression on his face.

❸ 파일들과 달력, 그리고 머그컵 ⇨ some files, a calendar, and a mug cup
공식적인 회의가 아닌 듯합니다 ⇨ not a formal meeting

In front of them, there are some files, a calendar, and a mug cup on the table. I think it is not a formal meeting.

This picture was taken at an office. There are two people. A woman in a black suit is sitting at a conference table and showing something on the document that she is holding. I think that she is giving an explanation to her manager. On the same side, a man who looks like her manager is sitting right next to her and listening to her explanation. I think he looks very serious since I can't see any facial expression on his face. In front of them, there are some files, a calendar, and a mug cup on the table. I think it is not a formal meeting. It reminds me of the meeting I had last week with my manager.

이 사진은 사무실에서 찍은 사진입니다. 거기에는 2명이 있습니다. 한 여자가 검은색 정장을 입고 회의 테이블 앞에 앉아 들고 있는 문서에서 무엇인가를 보여 주고 있습니다. 제 생각으로는 무엇인가를 그녀의 매니저에게 설명하고 있습니다. 같은 쪽에 그녀의 매니저처럼 보이는 남자가 바로 옆에 앉아서 그녀의 설명을 듣고 있습니다. 그의 얼굴에 표정이 없는 것으로 보아 좀 심각해 보입니다. 그들 앞에는 파일들과 달력 그리고 머그컵이 테이블 위에 있습니다. 제 생각으론 격식을 갖춘 미팅은 아닌 듯합니다. 제 상사와 지난주에 한 미팅을 생각나게 합니다.

❷ 등장인물이 3~6명일 때

3명 이상일 경우는 공통으로 묶어야 하는 대상이 항상 있습니다. 아래 사진의 경우 오른쪽 5명의 학생을 그룹으로 묶어서 한 문장으로 설명하면 됩니다.

❶ 오른쪽의 정장을 입은 남자가 ⇒ On the right side there is a man in a black suit
2명의 요리사에게 얘기를 하고 있습니다 ⇒ talking to the two standing chefs
지시 사항을 전달하고 있는 것 같습니다 ⇒ is giving some directions to them

On the right side, there is a man in a black suit who is talking to the two standing chefs. I think he is giving some directions to them and I think he is the manager of the restaurant.

❷ 그들은 옆에 서서 카운터의 준비된 음식을 바라보고 있습니다
⇒ standing next to him
⇒ while looking at the dishes on the counter

I can see that they are standing next to him while looking at the dishes on the counter.

❸ 2명의 또 다른 요리사가 주문된 음식들을 준비하고 있습니다 ⇒ preparing dishes for customers' orders
많이 바빠 보입니다 ⇒ look very busy

This picture was taken at a kitchen in a restaurant. There are a total of five people in this picture. On the right side, there is a man in a black suit who is talking to two standing chefs. I think he is giving some directions to them. I think he is the manager of the restaurant. I can see that they are standing next to him and listening to his directions while looking at the dishes placed on the counter. There are two other chefs in white uniforms preparing dishes for customers' orders. They look very busy. In front of them, there are lots of dishes which are already prepared to serve arranged on the table. At the back of the kitchen, there are other staff members busy preparing and cleaning. It reminds me of the restaurant kitchen where I worked as a dish washer last summer.

이 사진은 레스토랑 안에 있는 주방에서 찍었습니다. 이 사진에는 5명의 사람들이 있습니다. 오른쪽으로 검은 정장을 입은 한 남자가 2명의 요리사에게 얘기를 하고 있습니다. 제 생각으로 그는 지시 사항을 전달하고 있는 것 같고 레스토랑 매니저처럼 보입니다. 그들은 매니저 옆에 서서 준비된 음식들을 보면서 지시 사항을 듣고 있습니다. 거기에는 또 다른 2명의 요리사가 손님들이 주문한 음식을 준비하고 있습니다. 많이 바쁜 듯 합니다. 그들 앞으로는 준비된 많은 음식들이 테이블 위에 준비되었습니다. 주방의 뒤에는 준비하고 치우느라 바쁩니다. 지난여름 설거지 담당을 했던 식당의 주방이 생각나게 합니다.

❸ 등장인물이 10명 이상일 때

설명할 대상이 너무 적어도 말하기 어렵지만 너무 많아도 쉽지 않습니다. 무엇을 어떻게 말해야 할지 정하기 어렵기 때문입니다. 복잡한 사진일수록 30초의 준비 시간을 차분하게 잘 활용하는 연습이 필요합니다.

아래 사진의 경우 첫 번째로 중간에 있는 진행자를 설명합니다. 그 후 뒤에 있는 스크린을 설명하고, 세 번째로 앞에 있는 많은 학생들에 대해 말합니다. 마지막으로 그 무리들 중 눈에 띄는 대상을 1~2개 설정해서 설명합니다.

🎧 S1_Day 04_4

There are many people in a seminar room. One of them seems like a presenter who is standing in front of the audience on the right side. The others seem to be participants. All of them are showing their backs and facing to the presenter. Each person has a piece of paper on their desks. Some of them have bags on the desks and others have their bags on the ground.

세미나 룸에 많은 사람이 있습니다. 오른쪽의 청중 앞에 서 있는 사람이 발표자인 것 같습니다. 다른 사람들은 참가자 같습니다. 모두의 뒷모습이 보이며 그들은 발표자를 마주 보고 있습니다. 사람들의 책상 위에 종이가 있습니다. 몇몇 사람은 책상 위에 가방이 있고 일부는 바닥에 가방을 두었습니다.

장소 묘사: 실내

Speaking

❶ 준비 시간 30초 활용하기

1. 장소 결정: 도입 구문을 말해 봅니다.

| 장소: Clothing Store | 도입 구문: This photo shows me two people in a clothing store. |

2. 구도 잡기: 설명할 4~5개 대상을 답변의 순서대로 정합니다.

중심 대상 ❶	오른쪽에 있는 여자	a woman on the right
주변 대상 ❷	앞에 있는 여자	a female customer in front of her
주변 대상 ❸	그들 사이에 있는 카운터	a counter between them
주변 대상 ❹	저 멀리	at the back
주변 대상 ❺	뒤로	in the background
전체적 느낌 ❻	작은 옷가게 같다	looks like a small clothing store

3. Brainstorming 단계: 단어나 구를 말할 순서에 맞게 정리해 봅니다.

중심 대상 ❶	오른쪽에 있는 여자	위치	on the right
		명사	a woman
		서술어	wearing a black dress
			standing in front of the counter
			giving her credit card to pay for her items

		위치	in front of her
주변 대상 ❷	앞에 있는 여자	명사	the other woman
		서술어	looks like a store clerk standing behind the counter receiving the customer's credit card
주변 대상 ❸	그들 사이에 있는 카운터	위치	between them
		명사	a debit card machine and a pink shopping bag
		서술어	placed on the table
주변 대상 ❹	바로 뒤	위치	right behind the clerk
		명사	nicely-folded clothes
		서술어	arranged on the shelves
주변 대상 ❺	카운터에서 멀리	위치	in the background
		명사	many clothes
		서술어	hanging on the rack
전체적 느낌 ❻	비싼 옷가게 같다		looks like a very upscale clothing store

❷ 45초 동안 답변하기

1. 문장으로 연결하기

	This picture shows two people in a clothing store.
중심 대상 ❶	On the right side, a woman wearing a black dress is standing in front of the counter giving her credit card to pay for her items.
주변 대상 ❷	In front of her, the other woman who looks like a store clerk is standing behind the counter and receiving the customer's credit card. I think both of them are having a good time because I can see big smiles on their faces.
주변 대상 ❸	Between them, a debit card machine and a pink shopping bag is place on the table.
주변 대상 ❹	Right behind the clerk, I can see nicely-folded clothes arranged on the shelves.
주변 대상 ❺	In the background [apart from the counter], there are many clothes hanging on the rack.
전체적 느낌 ❻	It looks like a very upscale clothing store since the atmosphere of the store is very clean and neat. It reminds me of the clothing shop where I went to buy my suit with my mother.

2. 모범 답변　　　　　　　　　　　　　　　　　　　　　　　　🎧 S1_Day 04_5

This picture shows two people in a clothing store. On the right side, a woman wearing a black dress is standing in front of the counter giving her credit card to pay for her items. In front of her, the other woman who looks like a store clerk is standing behind the counter and receiving the customer's credit card. I think both of them are having a good time because I can see big smiles on their faces. Between them, a debit card machine and a pink shopping bag are placed on the table. Right behind the clerk, I can see nicely-folded clothes arranged on the shelves. In the background apart from the counter, there are many clothes hanging on the rack. It looks like a very upscale clothing store, since the atmosphere of the store is very clean and neat. It reminds me of the clothing shop where I went to buy my suit with my mother.

이 사진에는 2명의 사람이 옷가게에 있는 모습을 보여 주고 있습니다. 오른쪽으로는 검정 드레스를 입은 여자가 카운터 앞에 서서 구매한 물건의 값을 지불하려고 자신의 신용 카드를 주고 있습니다. 그녀 앞에는 가게 점원이 카운터 뒤에 서서 손님의 카드를 받고 있습니다. 두 사람 다 웃고 있는 것으로 보아 즐거운 하루를 보내고 있는 듯합니다. 그들 사이로 카드 기계와 핑크색의 쇼핑백이 놓여 있습니다. 점원 바로 뒤로는 잘 접힌 옷들이 선반 위에 있습니다. 사진의 배경에는 많은 옷이 걸려 있습니다. 분위기가 깨끗하고 정리가 잘 된 걸로 보아 조금 비싼 옷가게인 듯합니다. 이 사진은 엄마와 정장을 사러 갔던 옷가게를 떠올리게 합니다.

장소 묘사: 실외

Speaking

Day.04

1. 장소 결정: 도입 구문을 말해 봅니다.

장소: outside a restaurant
도입 구문: This picture shows people sitting at a patio near the riverside.

2. 구도 잡기: 설명할 4~5개 대상을 답변할 때 순서대로 지정합니다.

중심 대상 ❶	4명의 여자들	four women in the foreground
주변 대상 ❷	뒤에 2명의 남자들	two men behind the table
주변 대상 ❸	테이블 옆의 웨이터	a waiter beside the table
주변 대상 ❹	작은 배, 나무와 꽃들	some small boats in the background many trees and some flowers
전체적 느낌 ❺	예전에 갔던 식당	the restaurant went with my family

3. Brainstorming 단계: 단어나 구를 말할 순서에 맞게 정리해 봅니다.

중심 대상 ❶	4명의 여자들	위치	in the foreground of this picture
		명사	four women
		서술어	sitting around the table talking to each other having a good time have big smiles on their face

Section I _Part 2 39

		위치	behind their table
주변 대상 ❷	뒤에 2명의 남자들	명사	two men
		서술어	sitting next to each other
			talking to a waiter
			ordering some dishes
		위치	beside the table
주변 대상 ❸	웨이터	명사	a waiter
		서술어	with a black apron
			writing something down on his note
			listening to their order
		위치	in the background of this picture
주변 대상 ❹	작은 배, 나무와 꽃	명사	some small boats
			many trees and some flowers
		서술어	tied up at the dock
전체적 느낌 ❺	예전에 갔던 식당	It reminds me of the restaurant where I went with my family to have seafood last week.	

❷ 45초 동안 답변하기

1. 문장으로 연결하기

중심 대상 ❶	In the foreground of this picture, there are four women sitting around the table and talking to each other. It looks like they are having a good time because I can see that all of them have big smiles on their face.
주변 대상 ❷	Behind their table, I can see two men sitting next to each other and talking to a waiter. I guess they are ordering some dishes.
주변 대상 ❸	Beside the table, a waiter with a black apron is writing something down on his note while listening to their order.
주변 대상 ❹	In the background of this picture, I can see some small boats tied up at the dock and many trees and some flowers.
전체적 느낌 ❺	It reminds me of the restaurant where I went with my family to have seafood last week.

2. 모범 답변

🎧 S1_Day 04_6

This picture shows people sitting at a patio near the riverside. In the foreground of this picture, there are four women sitting around the table and talking to each other. It looks like they are having a good time because I can see that all of them have big smiles on their faces. Behind their table, I can see two men sitting next to each other and talking to a waiter. I guess they are ordering some dishes. Beside the table, a waiter with a black apron is writing something down on his note while listening to their order. In the background of this picture, I can see some small boats tied up at the dock and many trees and some flowers. It reminds me of the restaurant where I went with my family to have seafood last week.

이 사진은 사람들이 강 근처 레스토랑의 테라스에서 앉아 있는 것을 보여 주고 있습니다. 사진의 앞부분에는 4명의 여자가 테이블에 둘러앉아서 서로 얘기를 주고받고 있습니다. 그들 얼굴에 웃음이 있는 것으로 보아 모두들 즐거운 시간을 보내고 있는 것 같습니다. 그들 뒤로 남자 2명이 나란히 앉아서 웨이터랑 얘기를 하고 있습니다. 아마도 주문을 하고 있는 것 같습니다. 그 테이블 옆에 검정색 앞치마를 두른 웨이터가 손님들의 주문을 받으면서 무엇인가를 종이에 적고 있습니다. 사진의 배경에는 작은 배들이 정박되어 있고 많은 나무와 꽃이 있습니다. 지난주에 가족들과 해산물을 먹으러 간 식당이 생각납니다.

실전 예제

Speaking

1 장소: 카페테리아

○ **답변 말하기**

What I can see from this picture is that many people are in a cafeteria. On the left, a woman who looks like a cashier in a uniform is standing behind the bar and serving employees. In front of her, a number of people are standing in a line to pay for their food. Some of them are chatting with each other while waiting. I think that they came down to have their lunch at the company cafeteria. One of them at the front of the line is giving something to the cashier across from her. I guess that she is giving her a credit card to pay for her lunch. Between them, I can see plates with some food and a bottle of water on the counter. The cafeteria looks very clean and has a warm atmosphere.

○ **Cafeteria/ Staff Lounge 사진에서 자주 쓰는 어휘**

serving employees 직원들에게 서빙하다
standing in line to pay for their food 음식 값을 지불하려고 줄을 서다
chatting with each other 서로 잡담하다
plates with some food and a bottle of water 음식 그릇과 물 한 병
getting coffee from a pot 포트에서 커피 따르기
enjoying their break time or lunch time 휴식 시간이나 점심시간 즐기기
coffee maker, kitchen appliances, toaster, fridge, coffee table, a mug or a coffee cup
커피 메이커, 주방 기기, 토스터기, 냉장고, 커피 테이블, 컵

❷ 장소: 공원

○ **답변 말하기**

In the foreground, there are four students at a park. On the right side, two people who look like a couple are sitting on the ground and listening to the music. The boy is playing with something and I can see that his girlfriend is right behind him. Next to the left, there are two men sitting next to each other. One of the boys is playing a guitar and singing a song. The other man is looking at the phone. I guess he is surfing the net. They are sitting under a big tree and behind the tree, I can see a bike standing. The season must be summer because they are wearing summer clothes and all the trees are green.

○ **공원 사진에서 자주 쓰는 어휘**

sitting on the bench 벤치에 앉다
relaxing at the park 공원에서 쉬다
riding a bike 자전거를 타다
walking side by side 나란히 걷다
walking a dog 개를 산책시키다
taking a walk with a dog 개와 산책하다
many trees with green leaves 초록 잎이 있는 많은 나무들
pushing a baby-stroller 유모차를 밀다
jogging along the path 길을 따라 조깅하다
a park near the lake 호수 근처 공원

3 장소: 농산물 장터

○ **답변 말하기**

This picture must be taken at a farmers' market. There are some people browsing the market. In the foreground, a man on the right who looks like a seller is giving a watermelon sample to the customer. In front of him, a woman who looks like a customer is getting the sample to try. I think she has some interest in buying the watermelon. Between them, I can see some fresh products displayed on a stand. Above them, there are some plastic bags hanging from the ceiling. I can see a canopy tent above them. It is providing shade from the sun. It reminds me of the farmers' market where I usually go every Saturday morning to buy some fresh vegetables.

○ **농산물 장터 사진에서 자주 사용하는 어휘**

a wide selection of/ variety of 다양한
paying for a purchase 물건 값을 지불하다
receiving a change 잔돈을 받다
asking the prices 가격을 묻다
explaining the products 상품에 대해 설명하다
looking around the market 시장을 둘러보다
displayed on the stand 선반에 진열된
looking fresh and organic 신선한 유기농 제품을 찾다
trying to buy some products 물건 몇 가지를 사려고 하다

Day 06 Expressions — Speaking

① 위치 나타내기 S1_Day 06_1

사진 설명을 하기 위해서는 위치를 나타내는 구를 알아야 합니다. 전치사만을 따로 암기하지 않고, 전치사구 통째로 표현을 익혀 두세요.

on either(both) side(s)	양쪽에	There are many stores on either side of the street. 많은 가게가 양쪽 길에 있습니다.
on the same side of	같은 편에	I can see a couple is sitting on the same side of the table. 한 쌍의 커플이 같은 쪽에 앉아 있는 게 보입니다.
on the left side	왼쪽에	On the left side of the picture, a store is shut down. 사진의 왼쪽으로 가게가 문을 닫았습니다.
on the right side	오른쪽에	On the right side of the picture, I can see a light. 사진의 오른쪽으로 신호등이 보입니다.
in the foreground of	앞에	In the foreground of the picture, an elderly man is walking down the street. 사진의 앞부분에 나이 든 남자가 길을 걸어가고 있습니다.
in the center(middle of)	중간에	A family is enjoying the picnic at the park in the middle of the picture. 사진의 한가운데 가족이 공원에서 소풍을 즐기고 있습니다.
in the background of	뒷부분에	In the background of the picture, I can see many people browsing around the market. 사진의 뒤로 많은 사람이 시장을 구경하고 있는 걸 볼 수 있습니다.
on the opposite side of	반대쪽에	A boy is looking at the opposite side of the room. 한 소년이 방의 반대편을 바라보고 있습니다.
on the other side of	다른 쪽	I am on the other side of the road. 길의 반대편에 있습니다. (건너편에 있습니다.)
next to/ beside/ by	옆/ 곁에	She is standing next to the street light. 그녀는 가로등 옆에 서 있습니다.
behind/ at the back of	뒤에	Behind him, other customers are waiting in a line. 그 남자 뒤로는 다른 손님들이 줄을 서서 기다리고 있다.
along	쭉 따라서	People are strolling up and down along the lakeshore path. 사람들이 호숫가를 (따라서) 오르락내리락하며 거닐고 있습니다.
near/ close to	근처/ 가까운	Near the park, I can see a lake. 공원 근처에 호수가 있는 것을 볼 수 있습니다.
above	위에	A white parasol above them provides shade. 그들 위로 흰색의 파라솔이 그늘을 제공해 주고 있습니다.
between	사이에	Between them, there is a counter. 그들 사이엔 카운터가 있습니다.

② 동작 묘사하기 S1_Day 06_2

바라보는 동작	looking	They are looking at the screen. 스크린을 바라보고 있습니다. He is looking for something in the room. 그는 방 안의 무엇인가를 찾고 있습니다. I think she is looking after the baby. 그녀는 아기를 돌보고 있는 것 같습니다. He is looking around the place. 그는 장소를 둘러보고 있습니다. They are sitting on the bench looking at each other(facing each other). 그들은 벤치에 앉아서 서로 바라보고 있다/ 얼굴을 마주하고 있습니다.
	eyes closed reading	She is playing the violin with her eyes closed. 그녀는 눈을 감고 바이올린을 연주하고 있습니다. He is reading a newspaper by the window. 그는 창문가에서 신문을 읽고 있습니다.
걷는 동작	walking	Two people are walking on the beach. 두 사람이 바닷가를 걷고 있습니다. They are walking with their hands in their pockets. 그들은 손을 주머니에 넣고 걷고 있습니다. She is walking the dog in the park. 그녀는 개를 산책시키고 있습니다.
서 있거나 움직이는 동작	crossing carrying pulling paddling	Some children are crossing the road. 어떤 아이들은 길을 건너고 있습니다. She is carrying a basket on her head. 그녀는 바구니를 들고 있습니다. He is pulling a baby buggy. 그는 유모차를 당기고 있습니다. One man is paddling the boat. 한 남자가 보트를 젓고 있습니다.
앉아 있는 동작	sitting resting	He is sitting on the floor. 그는 바닥에 앉아 있습니다. The boy is sitting on his knees. 그는 무릎을 꿇고 앉아 있습니다. She is sitting with her legs crossed. 그녀는 다리를 꼬고 앉아 있습니다. An old lady is resting on the sofa. 나이가 들어 보이는 여자가 소파에서 쉬고 있습니다.
구매&식사하는 동작	choosing ordering	A woman is choosing some fruits in the store. 여자가 가게에서 과일을 고르고 있습니다. I think the woman is ordering some food. 그녀가 음식을 주문하고 있는 것 같습니다.
옷 입고 벗는 동작	putting taking off	She is putting on a black coat. 그녀는 검정 재킷을 입고 있습니다. He is taking off his jacket. 그는 재킷을 벗고 있습니다.
연주하는 동작	playing	A street musician is playing the guitar in the park. 거리의 악사가 공원 안에서 기타를 연주하고 있습니다.
사진 찍는 동작	taking	They are having their picture taken. 그들은 사진을 찍고 있습니다. She is taking a picture of her friends. 그녀는 그녀 친구들의 사진을 찍어 주고 있습니다.
기타	opening talking	He is opening an umbrella. 그는 우산을 펴고 있습니다. She is talking on the phone while driving. 그녀는 운전을 하면서 전화 통화를 하고 있습니다. A flight attendant is serving drinks to the passengers. 승무원이 손님들에게 음식을 서빙하고 있습니다.

❸ 외모 묘사하기

 S1_Day 06_3

머리	has	The woman has **blond hair**. 금발 The man holding the fish has **grey hair**. 백발 The man has **a beard and a mustache**. 턱수염과 콧수염 The boy has long **curly brown hair**. 긴 갈색 곱슬머리
눈	has	The girl has **big blue eyes**. 큰 파란 눈
표정	is	She is **smiling** at the boy. 웃다 I can see a **smile** on his face. 웃다 She is **frowning** so I guess she is not happy with something. 찡그리다
체형	is	She is **tall and slim**. 키가 크고 날씬한 He is **average height and average build**. 보통의 키와 체격 He is **muscular**, so he must enjoy exercising. 근육질의
나이	looks like	I think he is about **25 years old**. 25세 She looks like she is in her **early 30's**. 30대 초반
옷차림	wearing	She is wearing **a short-sleeved T-shirt**. 반팔 셔츠 The girl is wearing **a sleeveless shirt**. 민소매 셔츠 He is wearing **a blue striped shirt**. 파란 줄무늬 셔츠 He is wearing **a long jacket**. 긴 재킷 They must be business people because they are **in suits**. 정장 She is wearing **a dotted dress**. 물방울 무늬 원피스 They are wearing **blue checkered shirts and blue jeans**. 파란 체크무늬 셔츠와 청바지 It must be summer because he is wearing **shorts**. 반바지 Those women are wearing **flower patterned swim suits**. 꽃무늬 수영복 The boy is wearing **a training suit with athletic shoes**. 운동복과 운동화 People are wearing **thick coats** so the season must be winter. 두꺼운 코트 The boy is wearing **glasses and a brown hat**. 안경과 갈색 모자

4 장소별 주요 표현: On the street

across the street	길 건너	cross the street	길을 건너다
on the street	길 위에	walk on the sidewalk	인도 위를 걷다
on the side of the road	도로 옆에	wait for a car to pass by	자동차가 지나가기를 기다리다
on the drive way	진입로에	stand in line	줄지어 서 있다
on both sides of the road	도로 양쪽에	stand to get on the bus	버스를 타기 위해 서 있다
be parked	주차돼 있다	wait at a bus terminal	버스 터미널에서 기다리다
the traffic sign reads	교통 표지판에 ~라고 쓰여 있다	walk side by side	나란히 걷다
different cars are sharing the road	여러 차들이 도로를 달리고 있다	make a telephone call on the street	길에서 전화를 하다
be crowded with cars	차로 붐비다	vehicle	자동차
bicycle rack	자전거 보관대	crosswalk	횡단보도
curb	연석	fountain	분수대
intersection	교차로	path	산책로
pedestrian	보행자	sidewalk	인도, 보도
street light	가로등	traffic signal	교통 신호
trail	오솔길		

❺ 장소별 주요 표현: In the office

give[make] a presentation	발표하다	taking notes	받아 적다
having a meeting	미팅하다	working on the computer	컴퓨터로 일을 하고 있다
talking to each other	서로 얘기하다	focusing on~	집중하다
discussing some issues	문제에 대해 논의하다	concentrating on	집중하다
having a conversation	회의를 하다	sitting in a group	여럿이 앉아 있다
be about to talk	말하려고 하다	participating	참석하다
a white screen on the wall	벽면의 스크린	a white chart	보드판
shows/ displays information	정보를 보여 주다	file cabinets	수납함
office supplies/ equipment	사무용 소모품	talking on the phone	전화하다
scattered on the desk	책상 위에 흩어진		

6 장소별 주요 표현: At the store

souvenir shop	기념품 가게	convenience store	편의점
supermarket	슈퍼	shopping plaza	쇼핑몰
bakery shop	빵집	gift shop	선물 가게
hair salon	미용실	dry cleaning shop	세탁소
clothing shop	옷가게	accessory shop	액세서리 가게
book store	서점	customer/ staff	손님/ 점원
cash register	금전 등록기	a wide selection of	다양하게 엄선한
trying on/ putting on	입어 보다	have~ in stock	창고에 있다
customer service	고객 서비스	out of stock	품절되다
display case	진열장	look around/ browsing around the store	둘러보다
checking the price	금액을 확인하다	searching for	찾아보다
hanging on the rack	받침대에 걸다	receiving	받다
paying for items	결제하다	cash/ credit card	현금/ 신용 카드
make a payment	지불하다	regular price	정가
summing up the total cost	총 금액을 합산하다		

7 장소별 주요 표현: At a street market

traditional market	전통 시장	street vendor	거리 행상인
street market	길거리 시장	owner of the shop	가게 주인
farmers' market	농산물 직거래 장터	a staff/ clerk	점원
street stalls	노점	covered with awnings	차향 막으로 덮이다
displayed on the stand/ rack	진열대에 진열하다	various kinds of~	다양한 종류
haggling the price/ bargaining the price	가격을 흥정하다	pushing a cart	카트를 밀다
aisle	통로	looking at the label	라벨을 보다
placing items into the plastic bag	비닐 봉투 안에 물건을 담다	paying for the purchase	계산하다
a cashier	계산원	grocery items/ products	식료품
measuring the weight of the items on the scale	상품의 무게를 측정하다		

8 장소별 주요 표현: At a café/ restaurant

in/ at a café	카페에서	in/ at a restaurant (family restaurant)	레스토랑에서
on the patio near the riverside/ lake	강가 옆 테라스	frames/ pictures on the wall	벽에 걸린 그림
sitting on the patio/ terrace	발코니에 앉다	glittering chandelier/ light fixtures	반짝이는 샹들리에
chairs and tables arranged	의자와 테이블이 배치된	coffee table(s)	커피 테이블
sitting on a sofa/ stools/ chairs	소파에 앉다	drinking coffee/ enjoying the coffee	커피를 마시다
unique decorations	독특한 장식	a few cups of coffee and dessert	커피와 디저트
working on the computer	컴퓨터로 일하다	cozy and warm feeling	아늑하고 온화한
sitting face to face	얼굴 맞대고 앉아 있다	feel comfortable	편안한 느낌
talking to each other/ having conversation	대화하고 있다	dinner	저녁
enjoying a comfy and cozy moment	편안하고 아늑한 순간을 즐기다	placing an order	주문하다
dining	정찬	receiving/ getting an order	주문을 받다
a waiter/ waitress/ wait staff	종업원	make a toast	건배하다
taking a moment to look at the menu	메뉴를 보고 있다	serving the dish	식사를 제공하다
selecting a dish from the menu	주문하다	a glass of water/ drink/ beer	물/ 음료수/ 맥주 한 잔
celebrating a special occasion/ event	특별 이벤트를 축하하다	nicely placed on the table	테이블이 잘 정돈되다
a bottle of wine/ beer	와인/ 맥주	utensils and plates	밥그릇과 접시

❾ 장소별 주요 표현: At a park

walking along the path/ side walk	길을 따라 걷다	in the city/ downtown/ small town	도시/ 시내/ 소도시
petting a dog	강아지를 귀여워하다	walking their dog(s)	개를 산책시키다
pushing a baby stroller	유모차를 밀다	riding a bicycle	자전거를 타다
the road is passing through the forest	숲 속으로 길이 나 있다	fountain spouting water	분수에서 물을 뿜다
peaceful and relaxing	평화롭고 여유로운	trees along the street	길을 따라 있는 나무들

Respond to Questions

- ### 출제 경향
  Part 3는 어떤 주제에 관한 상황이 주어지고 이어지는 3문제에 답하는 유형으로 주로 우리 주변에서 일상적으로 쉽게 접할 수 있는 휴가, 여행, 쇼핑, 인터넷, 독서, 외식, 재활용 등에 관해 묻는다.

- ### 시험 구성
  총 3문제가 출제되고, 4, 5번은 답변 시간 15초, 6번은 답변 시간 30초로 답변을 위한 준비 시간은 따로 주어지지 않는다.

- ### 채점 기준
  1. 주어진 15초, 30초의 시간 동안 주어진 문제에 충실하게 답변하는가.
  2. 주제와 관련된 답변을 하고 있는가.

3점 만점 답변	육하원칙에 맞게 자연스럽게 답하며 문장과 문장 간의 내용 연결성이 있다. 자신 있고 분명하게 자신이 생각하는 바를 표현할 수 있다.
2점 답변	문장으로 만들어 말하려고 하나 발음이 부정확해서 내용 전달이 명확하지 않다. 주어진 시간을 채우지 못하고 답변을 일찍 끝낸다.
1점 답변	단어만 나열한다. 중간 중간 멈추거나 말이 없다.

- ### 고득점 Tips
  1. 빨리 말하지 않는다. 여유 있고 차분하게 답하면 기본 점수는 받을 수 있다.
  2. 단답형 문장보다 좀 수다스럽게 상황을 얘기해 나가는 게 좋다.
  3. 혼자 공부할 때 질문을 소리 내서 읽는다. 이때 핵심은 읽으면서 문제를 바로 이해하는 것이다.
  4. 3개의 문제가 연결되어 나오니 처음부터 No라고 답변을 하면 다음 문제에서 답변이 꼬이는 경우가 있다. 그러므로 Yes로 답을 해서 문제를 이어가는 연습을 한다.
  5. 답변을 녹음하여 확인한다. 문법적인 실수가 있는지, 발음은 또렷하게 했는지, 답변 속도는 적당한지 등을 확인한다.

🔑 실제 시험 화면과 활용

TOEIC® Speaking

Questions 4-6: Respond to questions

Directions: In this part of the test, you will answer three questions. For each question, begin responding immediately after you hear the beep. No preparation time is provided. You will have 15 seconds each to respond to Question 4 and 5 and 30 seconds to respond to Question 6.

지시 화면 시간 활용
지시문을 읽어 주는 시간입니다. 이때 지시문을 듣고만 있지 말고 입을 풀어 주세요.

TOEIC® Speaking — Questions 4-6

Imagine that an American marketing firm is doing research in your country. You have agreed to participate in a telephone interview about books.

주제 제시 화면 시간 활용
1. 문제가 나오기 전에 디렉션에 주제에 관한 화면이 먼저 제시되고 문제가 등장한 후에도 주제는 계속 보입니다.
2. about 다음에 나오는 단어에 집중하세요. 준비 시간이 없는 Part 3에서 주제 제시 시간을 준비 시간으로 활용해야 합니다.

TOEIC® Speaking — Question 4

Imagine that an American marketing firm is doing research in your country. You have agreed to participate in a telephone interview about books.

How often do you visit a bookstore to purchase books?

RESPONSE TIME
00:00:15

문제 제시 화면 시간 활용
1. Part 3는 준비 시간 없이 질문을 듣고 바로 답변을 해야 합니다.
2. 질문은 계속 화면에 나타나며 프로그램에서 문제를 읽어 줄 것입니다.
3. 이때 듣지만 말고 작게 소리 내어 질문을 읽어 내려가면서 이해하도록 하세요.

TOEIC® Speaking — Question 5

Imagine that an American marketing firm is doing research in your country. You have agreed to participate in a telephone interview about books.

How many books did you buy this year compared to last year?

RESPONSE TIME
00:00:15

TOEIC® Speaking — Question 6

Imagine that an American marketing firm is doing research in your country. You have agreed to participate in a telephone interview about books.

What are the advantages of buying books at the bookstore?

RESPONSE TIME
00:00:30

MP3 & 동영상 바로가기

문제 접근 전략

Speaking

❶ 틈새 시간 10~11초를 노려라!

Part 3의 경우는 준비 시간이 주어지지 않아 순발력 있게 답변해야 합니다. 주제 제시 화면이 나오는 틈새 시간을 활용해 답변을 준비하는 것이 관건입니다.

> **TOEIC® Speaking**   Questions 4-6 of 11
>
> Imagine that an American marketing firm is doing research in your country. You have agreed to participate in a telephone interview about **(Keyword 주제)**.

지문을 읽어 주는 시간이 약 10~11초 주어집니다. 이때 지문을 듣지만 말고 문장의 끝인 about 이후의 keyword 단어로 어떤 주제가 나올지 생각합니다. 주제별로 나올 수 있는 질문과 답변에 대해 평소에 연습해두면 어떤 주제든 당황하지 않고 자신 있게 답변할 수 있습니다.

❷ 육하원칙(5w 1h) 질문&답변에 익숙해지기

주제별로 자주 출제되는 질문&답변 기출 유형을 여러 번 읽어 보고 생각을 정리해 두어, 준비 시간이 없는 실제 시험에서 당황하지 않고 바로 답변할 수 있도록 연습합니다.

1. 4, 5번 유형의 질문과 답변 요령

4, 5번 문제는 빈도, 시간, 장소, 기간과 같은 간단한 정보를 1~2가지 물어보는 유형입니다. 질문이 주어지고 바로 답해야 하기 때문에 당황해서 문법 실수를 하거나 어순을 틀리는 경우가 많습니다. 답변 시간은 15초로 약 15~20개 단어 정도를 말할 수 있는 시간이므로 2~3개 문장이 답변으로 적당합니다. 자주 출제되는 질문과 답변 방법을 연습해 보세요.

How Often

'얼마나 자주 ~을 하느냐?'라고 특정 활동의 빈도를 묻는 질문이며 현재 시제를 이용하여 답합니다.

How often do you use online shopping websites? 얼마나 자주 온라인 쇼핑 사이트를 이용합니까?

일단 질문을 보고 주어와 동사를 찾아서 동사+주어 순서를 주어+동사 순서로 바꾸어 생각합니다.

◆ 답변 문장 구조

how often에 대한 내용은 문장의 시작이나 끝에 모두 올 수 있습니다.

| 주어 + 동사 + 빈도 | I use online shopping websites **once a week**. |
| 빈도, 주어 + 동사 | **Once a week**, I use online shopping websites. |

◆ How often 질문에 답할 수 있는 표현

| once a day | once in a while | every weekend | always | every day |
| when I feel it is necessary | occasionally | as often as possible | on special occasions |

Check

아래의 질문을 소리 내어 읽은 후 다양한 표현을 이용하여 답변해 보세요.

1. How often do you send text messages? 얼마나 자주 문자 메시지를 보내시나요?
2. How often do you go to restaurants? 얼마나 자주 식당에 가시나요?
3. How often do you drive? 얼마나 자주 운전을 하시나요?

Answer 1. I always send text messages. 2. I usually go to a restaurant on special occasions. 3. I drive every day.
1. 저는 항상 문자 메시지를 보냅니다. 2. 저는 주로 특별한 날에만 식당에 갑니다. 3. 저는 매일 운전을 합니다.

Where

🎧 S1_Day 07_2

'어디서 ~을 하느냐?'라는 뜻으로, 특정 활동을 하는 장소로 답합니다. 이때 동사의 시제가 과거인지 현재인지 확인하세요.

> **Where** do you usually use online shopping websites? 주로 어디에서 온라인 쇼핑 사이트를 이용하나요?

✦ **답변 문장 구조**

일단 질문을 보고 주어와 동사를 찾아서 동사+주어 순서를 주어+동사 순서로 바꾸어 생각합니다.

> 주어 + 동사 + 장소   I usually use online shopping websites **at home**.

Check

4번이나 5번 문제에서 2가지의 육하원칙이 묶여서 나오는 경우가 많습니다.

아래의 질문을 소리 내어 읽은 후 다양한 표현을 이용하여 답변해 보세요.

1. Where do you usually get restaurant information? 어디서 주로 식당 정보를 얻습니까?

2. How often do you purchase sweets and where do you usually purchase them?
   얼마나 자주 사탕류를 구입하시나요? 그리고 어디서 주로 구입하시나요?

   질문이 영어 있다고 어렵게 생각하지 말고 하나씩 천천히 풀어서 답변하세요.
   → How often do you purchase sweets? ⇒ 답변
   Where do you usually purchase them? ⇒ 답변

3. How often do you go on business trips and where was the last place you went to?
   얼마나 자주 출장을 가시나요? 그리고 마지막으로 갔었던 장소가 어디인가요?

   질문이 영어 있다고 어렵게 생각하지 말고 하나씩 천천히 풀어서 답변하세요.
   → How often do you go on business trips? ⇒ 답변
   Where was the last place you went to? ⇒ 답변

Answer   1. I usually get restaurant information from Internet travel sites.   2. I purchase sweets almost every day and I usually purchase them at a convenience store.   3. I go on business trips once a year and the last place I went to was Peru.

1. 저는 주로 식당 정보를 인터넷 여행 사이트에서 얻습니다.   2. 저는 사탕류를 거의 매일 구입합니다. 그리고 주로 편의점에서 구입합니다.   3. 저는 일 년에 한 번 정도 출장을 갑니다. 마지막으로 간 장소는 페루입니다.

When

 S1_Day 07_3

'언제 ~을 하느냐?'라는 내용의 질문입니다. 특정 활동을 하는 시간(때)으로 답하세요.

> **When** was the last time you used online shopping websites?
> 온라인 쇼핑 사이트를 마지막으로 이용한 게 언제인가요?

✦ 답변 문장 구조

When으로 시작하는 질문은 시제에 주의해서 답변하세요.

주어 + 동사 + 시간	The last time I used online shopping websites was **two weeks ago**.
시간 + 동사 + 주어	**Two weeks ago** was the last time I used online shopping websites.
It + 동사 + when + 주어	It was **two weeks ago** when I used online shopping websites.
주어 + 동사 + 시간	I used online shopping websites **two weeks ago**.

✦ When 질문에 답할 수 있는 표현

in	at	on	during	while	after	before
in the morning	at night	on Monday	during the holidays
when I feel it is necessary	when I feel depressed	when there is a special occasion

Check

4번이나 5번 문제에서 2가지의 육하원칙이 묶여서 나오는 경우가 많습니다.

아래의 질문을 소리 내어 읽은 후 다양한 표현을 이용하여 답변해 보세요.

1. **When do you usually use online shopping websites?** 언제 주로 온라인 쇼핑 사이트를 이용하시나요?
   ↳ 동사의 시제가 현재이므로 답변도 현재형으로 합니다.

2. **When was the last time you used a plastic bag?** 마지막으로 비닐봉지를 사용한 때가 언제입니까?
   ↳ 동사의 시제가 과거형임에 유의하세요.

3. **When was the last time you wore a suit?** 마지막으로 언제 정장을 입었습니까?

Answer 1. I usually use online shopping websites when I feel depressed. 2. I used a plastic bag yesterday. 3. The last time I wore a suit was yesterday.

1. 저는 주로 제가 우울할 때 온라인 쇼핑 사이트를 이용합니다. 2. 저는 어제 비닐봉지를 사용했습니다. 3. 마지막으로 정장을 입은 것은 어제입니다.

Who

'~와 함께 ~하는가?'라는 내용의 질문으로 특정 활동을 함께 하는 사람으로 답합니다.

> **Who** do you usually use online shopping websites with?
> 누구와 주로 온라인 쇼핑 사이트를 이용하십니까?

◆ 답변 문장 구조

이름, 직책이나 관계 모두 답변으로 가능합니다.

> 주어 + 동사 + 사람   I usually use online shopping websites with **my friend**.

◆ Who 질문에 답할 수 있는 표현

| my family | friends | colleagues | peers | parents | brother and sister | alone |
| by myself | one of my kids |

Check

아래의 질문을 소리 내어 읽은 후 다양한 표현을 이용하여 답변해 보세요.

1. Who does the grocery shopping in your household? 가족들 중 누가 장을 보시나요?
2. Who in your family knows how to drive a car? 가족들 중 누가 운전을 할 줄 아나요?
3. Who do you usually exchange messages with? 메시지를 주로 누구와 주고받습니까?
4. How often do you go to a restaurant and whom do you usually go with?
   얼마나 자주 식당에 가시나요? 그리고 누구와 주로 가시나요?

Answer   1. My mother does the grocery shopping in our household.   2. My father knows how to drive a car.   3. I usually exchange messages with my friends.   4. I go to a restaurant once a week and I usually go there with my family.

1. 저희 어머니께서 장을 보십니다.   2. 저의 아버지께서 운전을 할 줄 아십니다.   3. 저는 주로 친구와 메시지를 주고받습니다.   4. 일주일에 한 번 정도 식당에 가고 주로 가족들과 함께 갑니다.

Why

주로 문제에 대한 이유나 부연 설명을 하는 질문 유형입니다.

Why do you use online shopping websites? 왜 온라인 쇼핑 사이트를 이용하십니까?

◆ 답변 문장 구조

시제에 주의해서 답변하세요.

주어 + 동사 + (목적어)	+ because + 주어 + 동사
I use online shopping websites	because it is convenient.
	it is cheaper than a regular store.
	there is more of a selection.

주어 + 동사 + (목적어)	+ since + 주어 + 동사
I use online shopping websites	since there are more options to choose from.

주어 + 동사 + (목적어)	+ to + 동사
I use online shopping websites	to use delivery service.
	to find more of a selection and lower prices.

주어 + 동사 + (목적어)	+ for + 명사
I use online shopping websites	for my own convenience.

◆ Why 질문에 답할 수 있는 표현

> It is convenient   it helps me to   It gives me pleasure(satisfaction)   There are some issues
> I am a type of person who likes to

Check

아래의 질문을 소리 내어 읽은 후 다양한 표현을 이용하여 답변해 보세요.

1. Why do you think people should eat healthy food? 왜 사람들이 건강에 좋은 음식을 먹어야 된다고 생각하시나요?
2. Why do people need to use the Internet? 왜 사람들이 인터넷을 이용해야 할까요?
3. Why do people go camping? 왜 사람들은 캠핑을 갑니까?
4. Why do you eat out at a restaurant? 왜 외식을 하나요?

Answer 1. I think people should eat healthy food because there are some advantages. It helps people to live healthy lives. And if people feel that they are healthy, they can focus on their job or studies. 2. People need to use the Internet because it is convenient. It helps people find information more easily and in a short period of time. Moreover, there is a lot of information that can be found. 3. People go camping because there are many benefits. First, people can enjoy a great vacation for a much lower cost than what you could if you stayed in a hotel. Also, people will be able to watch some of nature from the campground and feel much closer to nature. And lastly, people can bring their family closer through camping. While camping is a wonderful thing, you can find many benefits from camping. 4. I eat out at a restaurant because it is convenient. I don't have to spend time to prepare food and clean. Moreover, I am a type of person who likes to try unique dishes since I am an epicure. So I try to eat out whenever I have a chance to eat with my friends or family.

1. 여러 가지 장점이 있기 때문에 사람들이 몸에 좋은 음식을 먹어야 한다고 생각합니다. 사람들이 건강한 삶을 살 수 있게 도와주고 자신들이 건강하다고 생각할 땐 더 열심히 일이나 공부에 집중을 할 수 있기 때문입니다. 2. 사람들은 편리하기 때문에 인터넷을 이용해야 합니다. 짧은 시간 안에 훨씬 쉽게 정보를 찾을 수 있기 때문입니다. 3. 사람들이 캠핑을 가는 이유는 도움이 되는 것이 있기 때문입니다. 첫 번째로는 사람들이 호텔에서 머무는 것보다 조금 더 저렴한 가격으로 멋진 여행을 즐길 수 있기 때문입니다. 또한 사람들이 캠프장에서 좀 더 가까이에서 자연을 보고 느낄 수 있기 때문입니다. 마지막으로는 캠핑을 하는 동안 가족들이 좀 더 가까워질 수 있습니다. 캠핑은 멋진 경험이기 때문에 사람들은 캠핑을 통해 많은 혜택을 볼 수 있습니다. 4. 저는 편리하기 때문에 식당에서 외식을 합니다. 음식을 준비하고 치울 시간이 없습니다. 더군다나 저는 미식가이기 때문에 독특한 음식을 좋아하는 타입입니다. 그래서 저는 기회가 있을 때마다 친구나 가족과 함께 외식을 하려고 합니다.

2. 6번 유형의 질문과 답변 요령

🎧 S1_Day 07_6

6번 문제는 30초 동안 보통 4문장 정도로 답변하되 개별적인 문장이 아닌 서론, 본론, 결론 구성으로 답변하는 게 좋습니다. 서론 1문장, 본론 2문장, 결론 1문장으로 답하면 됩니다. 서론과 결론은 주어진 문제를 이용하여 자신의 의견을 강조하고, 본론에서 이유나 장점에다 자신의 의견을 부연 설명하면 완벽한 답변이 됩니다.

Where do you find information~?

'정보를 어디에서 찾습니까?'라는 질문에 답변으로 활용할 수 있는 표현을 익혀 두어야 합니다.

> **Where do you** usually **find information** for online shopping websites?
> 온라인 쇼핑 사이트에 대한 정보를 어디서 주로 얻습니까?

✦ 답변 문장 구조

서론: 주어진 질문을 이용하여 본인의 의견을 말합니다.

주어 + 동사 + 목적어 + 장소
> I usually find information on the Internet on which online websites to use.

본론: 자신의 의견을 뒷받침할 수 있는 이유 2가지를 말합니다. 첫 번째 이유는 first, first of all, one of the reason is that, I think that, most of all I think, 두 번째 이유를 말할 땐 문장의 시작을 secondly, second of all, the other reasons is that, also, and, moreover 등으로 하면 됩니다.

> First, I can find various information on the products I will buy.
> Also, I can compare online shopping websites by reading users' comments and reviews.

결론: 서론에서 말한 의견을 다시 한 번 강조한다는 생각으로 다시 정리하면 됩니다. 이때 결론을 맺는 as a result, so, therefore, thereof, because of those, according to these reasons that 등의 표현을 익히세요.

> These are the reasons that I usually find information from the Internet.

완성 답변

> I usually find information on the Internet on which online websites to use. First, I can find various information on the products I will buy. Also, I can compare online shopping websites by reading users' comments and reviews. These are the reasons that I usually find information from the Internet.
>
> 저는 주로 어떤 온라인 사이트를 이용할지 인터넷을 통해 찾습니다. 첫 번째, 구매할 물건에 대한 다양한 정보를 얻을 수 있습니다. 또한, 사용자들의 코멘트나 리뷰를 읽고 온라인 쇼핑 사이트를 비교할 수 있습니다. 이러한 이유로 저는 주로 인터넷을 통해 정보를 얻습니다.

◆ Where do you find information 질문에 답할 수 있는 표현

> Internet 인터넷   friends 친구들   specialist 전문가   newspaper 신문   advertisement 광고
> read comments and reviews from online 온라인에서 코멘트와 리뷰를 읽습니다
> read reports or stories in the newspaper 신문에서 리포트나 기사를 읽습니다
> ask around to friends 친구들에게 물어보다
> get help from a specialist 전문가에게 도움을 얻다
> look at advertisements for information 정보를 찾을 때 광고를 봅니다
> very convenient to+동사 ~하기에 많이 편리하다
> more reliable than other sources 다른 자료보다 믿을 만하다
> easy to compare information 정보를 비교하기 쉽다
> much quicker than any other source 다른 출처보다 좀 더 빠르다

Check

아래의 질문을 소리 내어 읽은 후 다양한 표현을 이용하여 답변해 보세요.

1. Where do you find information when you look for a career? 직업을 찾을 때 어디서 정보를 얻습니까?
2. Where do you usually get restaurant information? 식당 정보를 어디서 주로 얻습니까?
3. Where do you usually find information before you buy books? 책을 구입하기 전에 주로 어디서 정보를 찾습니까?

Answer   1. I find information from a specialist when I look for a career. First of all, it is much more reliable than other sources. They are experts in the field so I can trust their advice. Second of all, they have a wide range of information, where I will have more options or choices to choose from. These are the reasons that I will find information from a specialist when I look for a career.   2. I usually get restaurant information from the Internet. One of the reasons is that I can read some comments or reviews from other users. So, I can make a better decision. Also, it is very convenient to find information and is much quicker than any other source. So, I like to get restaurant information from the Internet.   3. I usually find information from the Internet before I buy books. First of all, I would like to read some reviews or comments. It is the most convenient way to do it. Second of all, I can compare prices since there are different prices offered from various online stores for the same book. These are the reasons I usually find information from the Internet before I buy books.

1. 직업을 찾을 때 주로 전문가로부터 정보를 얻습니다. 첫 번째, 그 어떤 정보보다 믿을 수 있습니다. 그들은 이 분야에서 전문가이고 그들의 조언을 믿을 수 있습니다. 두 번째로 그들은 다양한 정보를 갖고 있으므로 저에게 다양한 옵션과 선택권을 줍니다. 이런 이유로 제가 직업을 찾을 때 전문가로부터 정보를 얻습니다.   2. 저는 주로 식당 정보를 인터넷에서 얻습니다. 한 가지 이유는 다른 사용자들이 쓴 코멘트나 리뷰를 읽어 볼 수 있습니다. 그래서 좀 더 좋은 결정을 할 수 있습니다. 또한 다른 어떠한 출처보다도 편리하고 좀 더 빠른 방법으로 정보를 찾을 수 있습니다. 그래서 저는 인터넷에서 식당 정보 찾는 것을 좋아합니다.   3. 책을 구입하기 전에 주로 저는 인터넷에서 정보를 찾습니다. 첫 번째로는 리뷰나 코멘트를 읽어 보고 싶습니다. 그게 가장 편리한 방법입니다. 두 번째, 같은 책도 온라인 상점마다 가격이 다르기 때문에 가격을 비교할 수 있습니다. 이런 이유로 저는 책을 사기 전 인터넷에서 주로 정보를 찾습니다.

What would you consider the most~?

🎧 S1_Day 07_7

어떤 것에 대해 가장 고려하는 점을 묻는 질문입니다.

What would you consider the most when you decide to use online shopping websites to make purchases? 물건을 구입하려고 온라인 쇼핑 사이트를 이용하는 데 있어 가장 고려하는 사항이 무엇인가요?

◆ 답변 문장 구조

서론: 주어진 질문을 이용하여 본인의 의견을 말합니다.

> 주어 + 동사 + 목적어 + the most + when~
> I would consider its reputation the most when I decide to use online shopping websites to make a purchase.

> Mostly, 주어 + 동사 + 목적어 + when~
> Mostly, I consider its reputation when I decide to use online shopping websites to make a purchase.

본론: 자신의 의견을 뒷받침할 수 있는 이유 2가지를 말합니다. 이때 첫 번째 이유로는 first, first of all, one of the reason is that, I think that, most of all I think 등을, 두 번째 이유를 말할 땐 secondly, second of all, the other reasons is that, also, and, moreover 등으로 문장을 시작합니다.

> One of the reasons is that there are many online shopping websites which can't be trusted. Also, generally if they have a good reputation, they offer many items with good prices and have good delivery service.

결론: 서론에서 말한 의견을 다시 한 번 강조한다는 생각으로 다시 정리하면 됩니다. 이때 결론을 맺는 표현으로는 as a result, so, therefore, thereof, because of those, according to these reasons that 등이 있습니다.

> These are the reasons that I consider its reputation when I decide to use online shopping websites to make purchases.

완성 답변

> I would consider its reputation the most when I decide to use online shopping websites to make a purchase. One of the reasons is that there are many online shopping websites which can't be trusted. Also, generally if they have a good reputation, they offer many items with good prices and have good delivery service. These are the reasons that I consider its reputation when I decide to use online shopping websites to make purchases.
>
> 저는 온라인 쇼핑 사이트를 이용할 때 평판을 가장 고려하겠습니다. 첫 번째 이유는 많은 온라인 쇼핑 사이트들이 있는데 다 믿을 수 없습니다. 또한 일반적으로 평판이 좋으면 좋은 가격으로 많은 상품들을 제공하고 배달 서비스도 좋습니다. 이러한 이유 때문에 저는 온라인 쇼핑 사이트를 이용하여 물건을 구입할 때 평판을 가장 고려합니다.

◆ What do you consider the most 질문에 답할 수 있는 표현

> location 위치   price 가격   brand 브랜드   menu 메뉴   service quality 서비스의 질
> design 디자인   function 기능   features 특성   warranty service 보증 서비스   reputation 평판
> easy to access public transportation 쉽게 대중교통을 이용할 수 있습니다
> don't have to waste time on traveling 이동하는 시간을 낭비하지 않아도 됩니다
> get pocket money from parents 부모님으로부터 용돈을 받습니다
> tight budget 빠듯한 예산
> quality is the best 품질이 최고입니다
> use it for a long time 오래 사용할 수 있습니다
> very stylish and has a better design 아주 멋있고 더 나은 디자인
> prefer a unique style 독특한 스타일을 좋아합니다
> don't like what others already have 다른 사람들이 갖고 있는 것을 좋아하지 않습니다
> can exchange and refund without any hassles 번거로움 없이 교환하거나 환불을 할 수 있습니다

Check

아래의 질문을 소리 내어 읽은 후 다양한 표현을 이용하여 답변해 보세요.

1. If you have to choose a restaurant to dine in, what do you consider the most?
   외식을 해야 할 레스토랑을 고를 때 무엇을 가장 고려하겠습니까?
   Location, menu, service 위치, 메뉴, 서비스

2. What do you consider the most when you buy flowers? 꽃을 구입할 때 가장 고려하는 사항이 무엇입니까?

Answer   1. If I have to choose a restaurant to dine in, I will consider the location the most. The first reason is since I don't have a car, the restaurant must be near the subway station. The second reason is that I don't like to take the subway more than 30 minutes. So the restaurant location must be close to where I live. Location is the most important factor that I will consider when I have to choose a restaurant to dine in.   2. When I buy flowers, I would consider price the most. First, flowers are very beautiful and everyone loves flowers, but they are too expensive these days. Also, they won't last long, and they die within a week. There is no point of buying expensive flowers. Therefore, I will consider the price the most when I buy flowers.

1. 외식을 해야 할 레스토랑을 고를 때 저는 위치를 가장 고려하겠습니다. 첫 번째 이유로는 차가 없기 때문에 레스토랑은 지하철 근처에 있어야 합니다. 두 번째 이유로는 지하철을 30분 이상 타는 것을 좋아하지 않습니다. 그래서 레스토랑의 위치는 제가 사는 곳 근처에 있어야 합니다. 외식을 할 때 레스토랑을 선택하는 데 있어서 위치가 가장 중요한 사항이라고 생각합니다.   2. 꽃을 구입할 때 가격이 가장 중요하다고 생각합니다. 첫 번째로 꽃은 아름답고 모든 사람들이 좋아합니다. 하지만 요즘 너무 가격이 비쌉니다. 또한 그것은 오래가지 않으며 일주일 안에 죽습니다. 비싼 꽃을 살 이유가 없습니다. 그러므로 저는 꽃을 구입할 때 가격을 가장 고려하겠습니다.

Point

What would you consider the most when you decide to use online shopping websites to make purchases other than price?
이 질문은 가격 말고 다른 의견을 제시하라는 것입니다. 최근 자주 등장하는 유형이니 답변 구성에서 가격 외에도 다양한 답변을 연습해 두세요.

What are some advantages and disadvantages~? 🎧 S1_Day 07_8

사물에 대한 장점과 단점을 묻는 질문입니다.

> **What are some advantages** of making purchases from online shopping websites?
> 온라인 쇼핑 사이트를 이용하여 물건을 구입하는 장점은 무엇인가요?

◆ 답변 문장 구조

서론: 주어진 질문을 그대로 이용하여 본인의 의견을 말합니다.

질문에 등장한 What을 There로 바꾸어 말합니다.

> There + 동사 + some advantages of + making purchases from online shopping websites.
> There are some advantages of making purchases from online shopping websites.

본론: 자신의 의견을 뒷받침할 수 있는 장점들 또는 단점들을 나열하면 됩니다. 이때는 first, one of the advantage is, first of all, second, the other advantage is 등을 이용합니다.

> First, it is more convenient. I can stay home and make purchases with a few clicks. Second, I can purchase items at much cheaper prices than offline stores since there are more sales and discount offers.

결론: 서론에서 말한 의견을 다시 한 번 강조한다는 생각으로 결론 부분에서 다시 정리하면 됩니다. 이때 결론을 맺는 표현 as a result, so, therefore, thereof, because of those, according to these reasons 등을 이용합니다.

> These are some of the advantages of making purchases from online shopping websites.

완성 답변

> There are some advantages of making purchases from online shopping websites. First, it is more convenient. I can stay home and make purchases with a few clicks. Second, I can purchase items at much cheaper prices than offline stores since there are more sales and discount offers. These are some of the advantages of making purchases from online shopping websites.

온라인 쇼핑 사이트를 이용하여 물건을 구입하는 데 몇 가지 장점이 있습니다. 첫 번째, 더 편리하기 때문입니다. 집에서 몇 번의 클릭으로 물건을 구입할 수 있습니다. 두 번째, 일반 가게에서 구입하는 것보다는 세일이나 할인이 있기 때문에 좀 더 싼 가격에 구입을 할 수 있습니다. 이러한 이유들이 온라인 쇼핑 사이트에서 물건을 구입하는 이점입니다.

Check

아래의 질문을 소리 내어 읽은 후 다양한 표현을 이용하여 답변해 보세요.

1. What are some advantages of eating at a cafeteria? 구내식당에서 먹으면 어떤 이점들이 있습니까?
2. What are some advantages of carpooling? 카풀의 장점은 무엇이 있습니까?

Answer 1. There are some advantages of eating at a cafeteria. First of all, it is much cheaper than eating at a regular restaurant, so I can save some money. Also, I don't have to waste my time to look for a restaurant to eat at. These are the advantages of eating at a cafeteria. 2. There are some advantages of carpooling. One of the advantages is that it is much cheaper than driving my own car. I think it is a waste of money and gas if I drive a car alone. A second advantage is that I can have someone to talk with while sharing a car. I can enjoy driving. These are the advantages of carpooling.

1. 구내식당에서 먹으면 몇 가지 이점이 있습니다. 첫 번째로는 일반 식당에서 먹는 것보다 가격이 저렴합니다. 그래서 돈을 아낄 수 있습니다. 또한 어느 레스토랑에서 먹을지 찾아보지 않아도 되기 때문에 시간을 낭비하지 않습니다. 구내식당에서 먹으면 이러한 장점이 있습니다. 2. 카풀을 이용하는 데는 몇 가지 장점이 있습니다. 장점 중 한 가지는 나의 차를 운전하는 것보다 돈이 덜 듭니다. 만약에 혼자서 차를 운전한다면 돈과 기름 낭비라고 생각합니다. 두 번째 장점은 차를 함께 타는 동안에 누군가와 얘기를 할 수 있습니다. 운전을 즐겁게 할 수 있습니다. 카풀에는 이러한 장점이 있습니다.

Point

Do you use online shopping websites more or less than before?
온라인 쇼핑 사이트를 전보다 더 이용하시나요 아니면 덜 이용하시나요?

Do you prefer to make a purchase through the same online shopping website more than once?
물건을 구입할 경우 같은 온라인 쇼핑 사이트를 한 번 이상 이용하는 것을 선호하시나요?

이런 문제는 advantage와 disadvantage의 질문과 다른 유형이라고 생각하기 쉽습니다. 두 질문이 다른 것 같아도 online shopping website의 장단점을 안다면 답변할 수 있으므로 결국 같은 질문이라고 할 수 있습니다. 예를 들어, I use online shopping websites more than before.라고 서론을 시작했다면 본론에서는 자연스럽게 결국 장점에 대해 답변하게 될 것입니다.

즉, 본론과 결론에서 First, it is much more convenient. I can stay home and make purchases with a few clicks. Second, I can purchase items with much cheaper price than regular stores since there are more sales and discounts. So, I use online shopping websites more than before because of these reasons.라고 답변하게 됩니다.

Day 08 실전 예제

Speaking

1 Keyword: Text Messages 🎧 S1_Day 08_1

주제가 제시되면 10~11초 동안 어떠한 질문들이 나올지 생각해 보세요.

Q4 How often do you send text messages?

Q5 Who do you usually text?

Q6 Which do you prefer to use more, calling or texting someone?
- 본론
- 이유
- 결론

Answer   **A4.** I text very often. I usually send text messages to my friends and family to talk.   **A5.** I usually message friends and family. We exchange some information or talk about personal issues in our messages.   **A6.** I prefer to text more. One of the reasons is that, I can't always call people when I am in public. Also, text messages are much cheaper than calling plans. These are the reasons that I prefer to text more.

A4. 저는 문자를 자주 보냅니다. 주로 친구들이나 가족들과 얘기하기 위해 문자 메시지를 보냅니다.   **A5.** 저는 주로 친구나 가족들과 메시지를 주고받습니다. 저희는 주로 어떤 정보나 개인적인 일을 문자로 주고받습니다.   **A6.** 저는 문자 보내는 것을 더 선호합니다. 그 이유로는 제가 공공장소에 있을 때에는 항상 사람들에게 전화를 할 수 없기 때문입니다. 또한 문자 메시지 서비스는 전화 사용보다 훨씬 더 가격이 저렴합니다. 이러한 이유 때문에 저는 문자 보내는 것을 더 선호합니다.

2 Keyword: Books

 S1_Day 08_2

주제가 제시되면 10~11초 동안 어떠한 질문들이 나올지 생각해 보세요.

Q4 What kind of book did you read most recently, and how did you get the book?

먼저 질문을 소리 내어 읽은 후 녹음기로 자신의 답변을 녹음해서 들어 보세요.

자신의 답변을 빈칸에 정리해 보세요.

Q5 Do you like to read the same kinds of books all the time, or read various kinds of books?

먼저 질문을 소리 내어 읽은 후 녹음기로 자신의 답변을 녹음해서 들어 보세요.

자신의 답변을 빈칸에 정리해 보세요.

Q6 If you have to buy books, what would you consider the most among these three choices? Reviews from other readers, recommendations from friends, popularity.

먼저 질문을 소리 내어 읽은 후 녹음기로 자신의 답변을 녹음해서 들어 보세요.

- 본론
- 이유
- 결론

자신의 답변을 빈칸에 정리해 보세요.

Answer **A4.** I read a magazine most recently and I got it at the convenience store on the way to work last Friday. The name of the magazine was Voyage. **A5.** Yes, I like to read the same kinds of books all the time. Every time I read it, I always find new things and it gives me such a pleasure. **A6.** If I have to buy books, I would consider reviews from other readers. First of all, I can read their reviews to find out the stories. I can choose better books this way. Also, by reading the readers' comments, I may be able to figure out whether the book is worth buying. These are the reasons that I will consider the reviews from other readers.

A4. 최근에 잡지를 읽었는데 지난주에 집으로 오는 길에 편의점에서 구입했습니다. 잡지 이름은 보이지입니다. **A5.** 네, 저는 항상 같은 책 읽는 것을 좋아합니다. 매번 읽을 때마다 항상 새로운 것을 찾을 수 있고 저에게 즐거움을 줍니다. **A6.** 책을 사기 전에 다른 사람들의 리뷰나 코멘트를 고려합니다. 첫 번째는 그들이 쓴 리뷰나 코멘트를 읽어 보고 내용을 알 수 있습니다. 좀 더 좋은 책을 고를 수 있습니다. 또한 읽어 본 사람들의 코멘트를 보면 책을 살 가치가 있는지를 알 수 있습니다. 이러한 이유로 저는 리뷰나 코멘트를 고려합니다.

Day 09
Expressions
Speaking

주제에 따라 출제되는 문제별 답변

 S1_Day 09_1

◆ 여행 · 장소

Business trip 얼마나 자주 가고, 주로 어디로 갑니까?
I usually visit Japan once a week for a business trip, and I go with my co-workers.

Museum 언제 방문했고, 어디를 갔습니까?
I went to Washington D.C. for vacation with my family last year and I visited the American History Museum.

Travel agency 얼마나 이용하고, 장점은 무엇입니까?
I look for package tours for every vacation and I use the travel agency because of the special prices they offer.

Coffee shop 얼마나 자주 가고, 가면 무엇을 먹습니까?
I usually go to a coffee shop near my school to get an Americano once a day.

◆ 쇼핑 · 구매

Car 자동차의 어떤 점이 좋고, 무엇이 중요합니까?
I think a car is convenient to commute and when I buy a car I will consider the price due to my tight budget.

Music device 가장 최근에 구매한 게 언제이고, 어디에서 샀습니까?
I bought an MP3 player at Yong-San Digital Media Center last week with my friend.

Clothes 어떤 유형의 옷을 좋아하고, 어디에서 삽니까?
I prefer sportswear because it's comfortable and I usually go to the Doll sportswear to buy them.

Jewelry 최근 구매 경험과 주로 어디에서 구매합니까?
I went to the Shin Department Store to buy earrings for my mother's birthday present yesterday.

Watch 언제 샀고, 자주 착용합니까?
I have a white watch which is my favorite and I have always worn it since I bought it last month.

Computer 얼마나 자주 사용하고, 어디서 이용합니까?
I have to go to work every day and I usually work using the computer for 8 hours.

Book 한 달에 몇 권 읽고 어디서 책을 삽니까?
I read three books a month during my commute and I usually order the books online.

◆ 비즈니스

Meeting 어디서 미팅하고, 주로 몇 시에 합니까?
The meeting usually takes place in the conference room at 2 p.m.

News 얼마나 자주 보고 어떤 뉴스에 관심이 있습니까?
I always watch the sports news to check the score of the baseball game on the Internet with my smartphone.

Advertisement 얼마나 자주 접하며 어떤 광고가 가장 인상에 남습니까?
I always see advertisements everywhere such as TV, magazines, and the Internet and I remember a beverage advertisement I watched when I was child.

Newspaper 신문을 읽는 이유와 추천하는 이유는 무엇입니까?
I usually read the newspaper on my way to work. If I use my smartphone to read the newspaper, it is easy to read on the train. I usually like to read the essay section because its articles are nice and short.

◆ 가정·생활

Cleaning the house 집 청소를 얼마나 자주 하고 무엇으로 청소합니까?
My family members and I clean the house every month and I use the vacuum to clean the floor.

Educational experience 중학교 때 좋아했던 과목과 그 이유는 무엇입니까?
My favorite class in middle school was Japanese class because I like learning foreign languages.

Watching TV 언제 주로 보고 어떤 프로를 좋아합니까?
My parents and I watch TV together every evening and my favorite program is the Music program which introduces various kinds of music.

Health & Exercise 얼마나 자주, 어디서 운동합니까?
I go swimming every day at the swimming pool in my apartment.

Sleep 보통 몇 시에 잠들고 몇 시간 잡니까?
I go to bed at around 12 a.m. and I sleep for 6 to 7 hours depending on my daily schedule.

Taking photo 얼마나 자주, 무엇으로 찍습니까?
I go to the park once a week to take a picture of the scenery and I use my camera.

Internet 얼마나 자주, 무엇을 합니까?
I always prefer to shop online, so I regularly shop online once a week.
By using the computer, I can do complicated tasks in a short amount time.

Holiday & vacation 왜 휴가를 가고, 어디로 갑니까?
There are many advantages of traveling, such as getting away from everything that causes stress. There are many tourist attractions in Kyungju. I rarely have a chance to travel overseas on vacation.

Hobbies & Free time 취미가 무엇이고 어떻게 시간을 보냅니까?
Watching movies is good for relieving stress. My colleagues usually spend their free time drinking coffee at a cafe.

Music 가장 좋아하는 음악가는 누구이고 추천하는 이유는 무엇입니까?
My favorite singer is Whitney Houston because I love her music. The title of my favorite song is *I Will Always Love You*. I am into music, so I even have music playing while I am sleeping at night.

Television & Theater/ plays 텔레비전을 왜 선호하고 장점은 무엇입니까?
I always watch soap operas and reality TV shows to improve my English. The newspaper and Internet provide an opportunity to keep up to date with the news. I can increase my knowledge by watching documentaries and programs on practical subjects such as cooking.

Respond to Questions Using Information Provided

- ## 출제 경향
  제시된 정보를 이용하여 질문에 답하는 파트로 최근 변화가 많은 유형이다. 일정(Schedule), 출장 일정(Business trip itinerary), 송장 주문서(Invoice & order sheet), 교육 프로그램(Class Program), 광고(Advertisement) 등은 꾸준하게 출제되고 있다.

- ## 시험 구성
  총 3문제가 출제되며, 7, 8번은 15초, 9번은 30초의 답변 시간이 주어지며 답변을 위한 별도의 준비 시간은 없다.

- ## 채점 기준
  1. 주어진 15~30초라는 답변 시간 동안 주어진 문제에 충실하게 답변하는가.
  2. 도표에 필요한 어휘를 사용하여 정보를 전달하는 입장에서 답변하는가.

3점 만점 답변	질문에 적절하게 답변한다. 일정표에서 정확한 정보를 얻어낸다. 정보 전달에 적합한 구문을 사용한다.
2점 답변	답변이 질문과 연관은 있으나 정보가 부족하거나 부정확하다. 발음의 부정확함으로 인해 완전히 알아듣기에는 다소 어려움이 있다.
1점 답변	일정표에서 얻어낸 정보가 부정확하다. 말이 오랫동안 멈추거나 단어 나열에 불과하다.

- ## 고득점 Tips
  1. 질문에 나온 주어, 동사를 활용해 답변하면 문법 실수를 줄일 수 있다.
  2. 부연 설명을 하고 자연스럽게 말한다.
  3. 전치사나 시간, 숫자를 자연스럽고 매끄럽게 읽는다.
  4. 30초 준비 화면에서 포인트를 찾는 것을 연습하여 습관화한다.

🔑 실제 시험 화면과 활용

TOEIC® Speaking

Questions 7-9: Respond to questions using information provided

Directions: In this part of the test, you will answer three questions based on the information provided. You will have 30 seconds to read the information before the question begins. For each question, begin responding immediately after you hear a beep. No additional preparation time is provided. You will have 15 seconds each to respond to Question 7 and 8 and 30 seconds to respond to Question 9.

지시 화면 시간 활용
지시문을 읽어 주는 시간입니다. 이때 지시문을 듣고만 있지 말고 입을 풀어 주세요.

TOEIC® Speaking   Questions 7-9

Seminar Schedule
Saturday, April 19
Venue: Auditorium

All presentations are free of charge, courtesy of our sponsors.

All day	One-on-one Mock Interviews
11:30 - 12:30	60 Second Interview Presentation: "How to Approach Employers at the Event" - by Tomorrow's Workplace
12:30 - 13:30	"When, How & Why to Expand Your Workforce" - by Strategy Leaders For Employers
14:00 - 15:00	"Behavioral Interviewing" - by Strategy Leaders For Employers
15:00 - 16:00	"Setting Expectations for New Employees" by Strategy Leaders For Employers

7. RESPONSE TIME 00:00:15
8. RESPONSE TIME 00:00:15
9. RESPONSE TIME 00:00:30

준비 화면 시간 활용
1. 답할 내용은 지문에 있습니다. 단, 완벽한 문장으로 제시되지는 않습니다.
2. 각 7, 8, 9번 문제의 유형을 미리 알고 준비 시간에 유형에 맞춰 읽어 내려가세요.
3. *가 있다면 관련된 문제가 나오니 꼭 알고 넘어가세요.

문제 제시 화면 시간 활용
1. 듣기 문제가 순간적으로 지나가므로 집중해서 들으세요.
2. 내레이션이 나오고 2초 정도 지나서 7번 문제가 나옵니다. 문제가 끝나자마자 답변해야 합니다.
3. 7, 8번은 15초, 9번은 30초 동안 답하는 점 숙지하세요.

MP3 & 동영상
바로 가기

문제 접근 전략

Speaking

❶ 지시문 유형별 접근

Part 4에서는 준비 시간 활용과 유창하게 답변하는 요령을 터득하는 것이 관건입니다. 듣기 연습을 하기 전에 표가 어떤 내용인지 정확하게 파악해야 합니다.

1. 일정 (Schedule)

일정(Schedule)의 종류에는 Conference, Workshop, Orientation, Business Trip Itinerary, Meeting 등이 있으며 Part 4의 표 중에서 가장 다양하고 시험에서도 가장 많이 출제되므로 문제의 핵심을 꼭 파악하고 준비하는 게 좋습니다.

Business Beyond Tomorrow: City-Wide Initiatives
미래의 비즈니스를 위하여: 시 전체 계획

Date: Saturday, October 28
날짜: 10월 28일 토요일

Admission charge: $50
입장료: 50달러

눈여겨봐야 하는 부분으로, 8번과 관련한 문제가 출제될 수 있습니다.

Venue: Auditorium 210, Nestle Building
장소: 네슬레 빌딩 강당 210호

7번 문제 경향에 답변하는 내용

10:00~11:00	Registration 접수 및 입장
11:00~11:45	Keynote Address: Lorelei Anderson (Head Manger of Belinda's Restaurant) 기조연설-로렐레이 앤더슨 (벨린다 레스토랑 수석 매니저)
12:00~12:15	Break 휴식
12:15~1:30	Panel Series 1: Impact Investing or Food - Dafena Cottrella 패널 시리즈 1: 사회 목적 투자 혹은 식량-다페나 코트렐라
1:30~2:30	Lunch* 오찬
2:30~3:30	Panel Series 2: Transportation or Waste - Zelda Fitzerland 패널 시리즈 2: 수송 혹은 폐기물 – 젤다 핏저랜드
3:30~3:45	Break 휴식
3:45~4:00	Closing Comments and Cocktail 폐회사와 칵테일

8, 9번 문제 경향에 답변하는 내용

*Belinda's Restaurant is sponsoring the lunch buffet in room 211.
*벨린다 레스토랑은 211호에서 점심 뷔페를 제공합니다.

*Pick-up Panel Discussion handouts & packages at the door
*패널 토론 배부 자료와 패키지는 입구에서 받으실 수 있습니다.

눈여겨봐야 하는 부분으로 8, 9번 답변이나 부연 설명에 이용할 수 있습니다.

◆ 준비 시간 30초를 이용한 답변 준비 단계

Step 1 먼저 동사를 생각해 보세요. 도표에선 앞으로 있을 일에 관하여 말해야 하니 will be+-ing/ will+동사원형/ be going to+동사원형을 이용하세요.

Step 2 한 줄 정도는 도표의 정보를 이어서 문장으로 만들어 보세요. 또한 고유명사나 어려운 발음은 여러 번 반복해서 읽어 보세요. 그래야 답변할 때 실수를 줄이면서 유창하게 답변할 수 있습니다.

Step 3 7, 8, 9문제의 유형을 파악하세요. 아주 중요한 요소입니다. 만약 듣지 못한 상황에서 아무 대답도 못하고 있으면 0점이지만 예상한 답변이라도 자신 있게 답한다면 기본 점수를 받을 수 있습니다.

◆ 단계별 적용하기

Step 1 앞의 Business Beyond Tomorrow 도표를 보고 언급하게 될 동사를 나열해 보세요. 이때 도표의 중심 내용을 말할 수 있는 핵심 어휘도 생각해 냅니다.

will be taking place	will be held	will start/ will finish
will begin/ will end	will last until	will talk about a topic
will give a speech on a topic	will present	

Step 2 도표의 한 줄 정도 정보를 연결하여 문장으로 만들어 보세요.

There will be Panel Series 1. Dafena Cottrella will present Impact Investing or Food from 12:15 to 1:30 p.m.

답변 TIP

Part 4에서는 능동태, 수동태 모두 씁니다. 일단 익숙한 능동태를 익히세요. 능동태는 행위자를 주어에 두므로 Dafena Cottrella를 먼저 말하고 동사구 will present topic을 이어줍니다. Panel Series의 경우는 주어가 없으므로 지시 대명사 there is/ are 또는 we will have라고 표현합니다.

> 이 경우는 개최하는 입장에서 우리라고 말을 하기 때문에 we will have입니다.

Step 3 문제를 듣지 못했어도 무엇인가 말을 해서 답안을 제출해야 기본 점수를 받을 수 있습니다. 이때 높은 점수가 나올 확률이 많은 것을 답하는 게 좋습니다. 그렇기 때문에 준비 시간에 출제 빈도가 높은 문제들을 예상하고 듣지 못했어도 자신감 있게 말할 수 있도록 준비하세요.

◆ 질문에 따른 답변 유형 파악하기

a. 7번 문제 유형

7번에서는 가장 기본적인 육하원칙 질문이 나옵니다. 예를 들어서 when, where, what time, who, what이 주로 등장합니다. 따라서 도표의 상단에 해당하는 부분이 바로 7번 답인 경우가 많습니다. 이때 질문을 못 들었다 하더라도 무조건 자신 있게 말하세요.

문제별 답변 정리 🎧 S1_Day 10_1

- **When is the conference and where will it be held?**
  회의는 언제 어디서 열리나요?
  The conference will be held on Saturday, October twenty eighth at Auditorium 210, in the Nestle Building. It will start at 10 a.m. and last until 4 p.m. → 날짜는 서수로 표현합니다.
  회의는 10월 28일 토요일에 네슬레 빌딩 강당 210호에서 열립니다. 오전 10시에 시작해서 오후 4시까지 진행됩니다.

- **How much is the admission?**
  참가비는 얼마입니까?
  We charge 50 dollars for admission and panel discussion handouts and packages will be available to pick up at the door.
  참가비는 50달러이며 패널 토론 배부 자료와 패키지는 입구에서 받으실 수 있습니다.

- **When does it start(begin) and what is the first session?**
  컨퍼런스는 언제 시작하며 첫 번째 시간은 무엇입니까?

The Conference will start at 10 a.m. and last until 4 p.m. The first session is registration and it will be held for 30 minutes.
컨퍼런스는 오전 10시에 시작하여 오후 4시까지 진행됩니다. 첫 번째 시간은 등록이며 30분 동안 이루어질 예정입니다.

- **Who will be giving the keynote address and what time does it start?**
  누가 축사를 하며 언제 시작합니까?

  Lorelei Anderson, Head Manager of Belinda's, will give the keynote address from 11:00 a.m. to 11:45 a.m.
  벨린다 사의 수석 매니저인 로렐레이 앤더슨 씨께서 기조연설을 하실 예정이며 오전 11시에서 11시 45분까지 예정되어 있습니다.

b. 8번 문제 유형

8번 문제는 주로 정보를 확인하는 유형이 자주 나옵니다. 그렇기 때문에 '잘못된 정보를 알고 있다, 맞는데 날짜가 변경되었다, ~이 이미 결정되어 있다' 등의 기본 답변 유형을 먼저 답하고 틀린 부분을 정정해주는 것이 좋습니다.

문제별 답변 정리

🎧 S1_Day 10_2

- **I think I remember that lunch was provided last year. Is it the same this year?**
  제 기억에 작년에 점심 식사가 제공됐던 걸로 알고 있는데 올해도 같습니까?

  Yes, this year lunch will be provided. We will have lunch from 1:30 to 2:30 and the Belinda's Restaurant is sponsoring the lunch buffet in room 211.
  네, 올해도 점심 식사가 제공될 예정입니다. 점심은 오후 1시 30분에서 2시 30분까지 진행되며 벨린다 레스토랑 측에서 211호실에서 점심 뷔페를 제공합니다.

- **I might be late an hour for the workshop. Am I missing any major part?**
  워크숍에 한 시간 정도 늦을 것 같습니다. 중요한 부분을 놓치게 되나요?

  No, you will not miss any important session. From 10 to 11 a.m. we will have the registration session. If you arrive after an hour, you can attend the keynote address session at 11.
  아니요, 중요한 행사는 놓치지 않습니다. 오전 10시부터 11시까지는 접수 및 입장이 이루어집니다. 만약 1시간 뒤에 도착하시면 11시부터 기조연설에 참석할 수 있습니다.

- **As I remember, there is no admission charge to attend the workshop, right?**
  제가 기억하기로는 워크숍에 참석하는 데 참가비가 없는 걸로 알고 있는데 맞습니까?

  I am sorry to tell you, but you've got the wrong information. According to the schedule, we charge 50 dollars for admission.
  죄송하지만 잘못 알고 계십니다. 일정표에 따르면 입장료 50달러를 받고 있습니다.

- **I'm Dafena Cottrella. I am sure that I will give Panel Series 2 before lunch, right?**
  저는 다페나 코트렐라입니다. 제가 점심 식사 전에 패널 시리즈 2 행사에 참여하게 되는 것으로 알고 있습니다. 맞나요?

  No, I am sorry. You will give your speech on Impact Investing or Food at Panel Series 1 before lunch. You should be there from 12:15 to start the session.
  아닙니다. 점심 식사 전에 패널 시리즈 1에서 사회 목적 투자 혹은 식량이라는 주제로 발표할 예정이십니다. 해당 행사를 진행하기 위해 오후 12시 15분에는 도착하셔야 합니다.

Point*

답변할 때 Begin response now.와 함께 삐 소리가 나온 후 바로 답변이 나오지 않는 경우가 많습니다. 가장 큰 이유는 주어로 무엇을 말해야 할지 모르기 때문입니다. 일단은 주어를 행위자로 먼저 말하거나 아니면 from~ to를 이용하여 시간을 먼저 말합니다. 점심이나 break time을 얘기할 때도 주어를 There is/ are 또는 We will have~로 시작하는 연습을 해보세요.

ex The conference will start at 10 a.m./ There is a conference. It will start at 10 a.m./ We will have a conference. It will start at 10 a.m.

답변 TIP: 빈출 표현 익히기

 S1_Day 10_3

잘못된 정보를 묻는 경우	I'm sorry, but~	I'm sorry, but you've got the wrong information.
		I'm sorry, but you misunderstood.
		You are informed with the wrong information.
	I am afraid~	I am afraid you have the wrong information.
정보에 변경 사항이 있을 경우		Well, it was. But it has been cancelled or delayed.
맞는 정보를 묻는 경우		Yes, there is. So you must be there to have a meeting with Mr. Simon.

c. 9번 문제 유형

9번 문제는 30초 동안 답변을 해야 하기 때문에 단답형으로 대답할 수 없습니다. 주로 Could you tell me all the~? 형식의 문제가 나오는데, 도표에서 2~3개의 답변을 유도합니다. 평소에 도표를 보고 질문을 예상하는 연습을 한다면 어느 도표를 보든지 어렵지 않을 것입니다. 9번 질문을 예상할 때는 공통 사항인 발표자의 이름, 시간, 주제 등을 고려합니다.

문제별 답변하기

> - Could you tell me how many Panel Series there will be? It will be great if you can tell me who will be leading the training sessions.
> 패널 시리즈가 얼마나 많은지 알려 주실 수 있습니까? 또 누가 교육을 진행하는지 말씀해 주시면 감사하겠습니다.
>
> There are 2 Panel Series. The first Panel Series will be held from 12:15 to 1:30 p.m. Dafena Cottrella will be talking about Impact Investing or Food. After the following session, there will be Panel Series 2 from 2:30 to 3:30 p.m. Zelda Fitzerland will be talking about Transportation or Waste.
> 패널 시리즈는 2개입니다. 첫 번째는 오후 12시 15분에서 1시 30분까지 다페나 코트렐라 씨에 의해 진행되며 주제는 사회 목적 투자 혹은 식량입니다. 그 다음은 오후 2시 30분부터 3시 30분까지 젤다 핏저랜드 씨와 수송 혹은 폐기물이라는 주제에 대해 이야기 나눌 예정입니다.

답변 TIP: 빈출 표현 익히기

will take place	The event will take place on May 9.
	The event will take place in a conference room at Rosedale Hall.
will be held	The presentation will be held in the boardroom.
will begin/ finish	The program will begin at 10:00 a.m. and finish at 11:30 a.m.
will start/ end	The session will start at 10 a.m. and end at 5 p.m.
will last until	The workshop will last until 4 p.m.
There is/ will be	There is a discussion before the coffee break.
	There will be a presentation on how to use Power Point.
will have	We will have a panel series at 2 p.m.
be scheduled to have	We are scheduled to have a presentation after lunch.
be provided	Free beverages will be provided.

2. 주문서 (Invoice & Order Sheet)

주문서는 물건 구입, 주문한 내역서에 관한 내용으로 일정표와 달리 단어와 숫자로만 도표가 이루어져 있어 문장을 만드는 과정이 어려울 수 있습니다. 하지만 필요한 어휘만 잘 알고 사용할 줄 안다면 일정표보다 훨씬 쉽습니다.

The Flower Shoppe 꽃 도매상

Store #34, 100 Main Street 메인 가 100번지 34호 가게
Purchaser: Mark Anderson Pick-up details: after 10 a.m.
구매자: 마크 앤더슨 픽업 세부 사항: 10시 이후
Total Owing $167.84 Park van in front of the building, call for Mike
총액: 167.84달러 밴은 건물 앞 주차, 마이크 호출

Item 항목	Quantity 수량	Price 가격
Two Dozen Roses/ Vase 24송이 장미/ 꽃병		$44.85
Two Dozen Beautiful Roses in a Glass Vase 유리 꽃병에 담긴 24송이 아름다운 장미	5	
Latex Balloon 고무풍선	3 packs	$6.00
Large Outdoor Planter 대형 야외용 화분	5	$54.00
Vintage Pearl Rose & Deluxe Mini Garden 빈티지 펄 로즈 & 디럭스 미니 정원	4	$38.99
	Subtotal 소계	$143.85
	Tax 세금	$23.99
	Total 총계	$167.84

*Exchange or refund policy: No refund but you can exchange the product within 24 hours. This policy applies only certain products. Call us to find more information 343-4526.

*교환 및 환불 정책: 환불은 불가능하며 24시간 이내 교환은 가능합니다. 이 정책은 특정 물품에만 적용됩니다. 궁금한 사항은 343-4526번으로 전화 주세요.

◆ 준비 시간 30초를 이용한 답변 준비 단계

Step 1 먼저 동사를 생각해 보세요. 이번 도표에선 지난 행위에 대해서 답변을 해야 하므로 과거 시제를 이용하면 됩니다.

Step 2 한 줄 정도는 도표의 정보를 이어서 문장으로 만들어 보세요. 물건의 상표나 이름 또는 숫자를 답변으로 해야 하므로 이 부분을 자연스럽게 답변하려면 여러 번 읽어 보세요.

Step 3 7, 8, 9문제의 유형을 파악하세요.

◆ 단계별 적용하기

Step 1 The Flower Shoppe의 꽃 주문 내역서를 보고 사용할 수 있는 단어를 나열해 봅니다. 이때 도표의 중심 내용을 말할 수 있는 핵심 어휘를 생각해 보세요.

ordered	purchased	bought
received	spent	charged

Step 2 도표의 한 줄 정도는 정보를 연결하여 문장으로 만들어 보세요.
You ordered 5 Two Dozen Roses in a Glass Vase. We charged 44 dollars and 85 cents.

답변 TIP 문장을 길게 말한다고 유창한 건 아닙니다. 특히나 토익 스피킹에선 길게 말해서 실수하고 멈추는 시간이 빈번한 것보다는 단문을 이용해서 정확하게 정보를 답하는 게 더 좋은 점수를 획득할 수 있습니다.

Step 3 출제 빈도가 높은 문제를 예상해 보세요. 구매자 입장에서 생각했을 때 금액이 얼마 청구되었으며, 무엇을 주문했는지, 배달이나 돈은 어떻게, 얼마를 지불해야 하는지, 반품하게 될 경우는 어떻게 해야 하는지 등을 생각해 볼 수 있습니다.

✦ 질문에 따른 답변 유형 파악하기

a. 7번 문제 유형

7번 문제는 본인이 구매자 입장에서 생각했을 때 제일 먼저 궁금한 사항이 무엇일까 생각해 보세요. 총 합계나 구입 항목들이 궁금할 것입니다. 바로 이 부분이 7번 문제로 가장 자주 출제가 되며 또한 기본 육하원칙 중 하나입니다.

문제별 답변하기

🎧 S1_Day 10_4

- **Is it possible to tell me how many items that I have ordered?**
  제가 몇 개의 품목을 주문했는지 말씀해 주실 수 있습니까?
  → 주문한 종류를 얘기하세요. quantity까지 얘기해 주지 않아도 되므로 차분하게 item 항목을 읽어 내려가면 됩니다.

  You ordered 4 different items: Two Dozen Roses in a Glass Vase, Latex Balloon, Large Outdoor Planter, and Vintage Pearl Rose & Deluxe Mini Garden.
  총 4가지 품목을 주문하셨습니다. 24송이의 장미와 화병, 고무풍선, 대형 야외용 화분, 빈티지 펄 로즈 그리고 디럭스 미니 정원입니다.

- **I would really like to know how much the grand total is.**
  전체 합계가 얼마인지 알고 싶습니다.

  The grand total is $167.84 including tax of $23.99. Originally, the subtotal was $143.85.
  총 합계는 세금 23.99달러를 포함하여 167.84달러입니다. 원래 금액은 143.85달러였습니다.

- **Where are you located at, and what time should I be there to pick up my order?**
  가게는 어디에 위치해 있으며 주문한 물품은 언제 가지러 가면 될까요?

  We are located at 100 Main Street and the store number is 34. You must come after 10 a.m. to pick up your order.
  가게는 메인 가 100번지에 위치해 있으며 가게 번호는 34입니다. 물품 픽업은 오전 10시 이후에 오시면 됩니다.

답변 TIP:

주로 주문 내역서나 물건 구입 영수증 문제에서는 구입한 사람의 입장에서 물어 보는 경우이므로 상대방을 you라고 두고 대답하면 됩니다.

ex When do I have to go there to pick up my order?
   You have to come to our store after 10 a.m. to pick up your order.

b. 8번 문제 유형

8번 문제는 일정표와 똑같이 주로 정보 확인 성격의 문제가 자주 나옵니다. 가게 정책이라든지 배송과 관련된 것들이 주로 문제로 출제된다는 걸 잊지 말고 설사 못 들었다 하더라도 자신 있게 답변하세요.

문제별 답변하기

- **I think I only ordered 2 packs of latex balloons, right?**
  제가 고무풍선 2팩만 주문한 것 같은데 맞나요?

  I am sorry to tell you, but no. You ordered 3 packs of Latex Balloons. The total cost for the Latex Balloons is $6.
  죄송하지만 아닙니다. 3팩을 주문하셨습니다. 고무풍선 3팩은 6달러입니다.

- **Do I have to owe you anything when I go there to pick up my order?**
  제가 물품 픽업할 때 지불해야 할 금액이 있습니까?

  Yes, you owe $167.84 when you come to pick up your order. You must come after 10 a.m.
  네, 167.84달러를 지불하셔야 하며 픽업하러 오셨을 때 지불하셔야 합니다. 오전 10시 이후에 오셔야 합니다.

- **I remember that I have to call Mitch before I park my van to pick up my order, right?**
  제가 알기론 물품을 가지러 갈 때 밴을 주차하기 전에 미치 씨에게 전화해야 한다고 알고 있는데 맞나요?

  No, I think you are misinformed. You may call Mike before you park your van in front of the building.
  아닙니다. 잘못 알고 계신 것 같습니다. 건물 앞에 밴을 주차하기 전에 마이크 씨에게 전화하셔야 합니다.

- **Can I return the ordered items?**
  주문한 물품을 다시 반납할 수 있습니까?

  I am really sorry but you can't. According to our store policy, a customer can't get a refund on the products but can exchange them within 24 hours. Also, this only applies to certain products.
  죄송하지만 불가능합니다. 저희 가게 방침에 따르면 고객에게 환불을 해 드릴 수 없는 대신 24시간 이내에 교환은 가능합니다. 이 또한 일부 제품에 한해 적용됩니다.

c. 9번 문제 유형

9번 문제는 역시나 구입한 물건들에 대해 자세히 설명해 달라고 하는 경우가 많습니다.

문제별 답변하기 🎧 S1_Day 10_5

- **I can't seem to remember what kinds of flowers and plants I ordered. I would like you to tell me these orders. I will appreciate it if you can tell me the total for each order.**
  어떤 꽃과 식물을 주문했는지 다 기억을 못 할 것 같은데요, 주문 내용에 관해 말씀해 주실 수 있을까요? 각각의 소계에 대해서도 말씀해 주시면 감사하겠습니다.

  You ordered 3 kinds of items. You ordered 5 of our Two Dozen Roses in a Glass Vase. The total is $44.85. You also ordered 5 Large Outdoor Planters. The total for the item is $54. The last item is the Vintage Pearl Rose & Deluxe Mini Garden. You ordered 4 of them and the total for this order is $38.99.
  꽃과 식물은 총 3가지 품목을 주문하셨습니다. 유리병에 담긴 장미 24송이 5개를 주문하셨습니다. 이는 총 44.85달러입니다. 또 다른 품목은 야외용 대형 화분 5개를 주문하셨습니다. 합계는 54달러입니다. 마지막 품목은 빈티지 펄 로즈와 디럭스 미니 정원을 주문하셨습니다. 이는 38.99달러입니다.

답변 TIP: 빈출 표현 익히기

purchased	구매한	You purchased 5 items at our store.
ordered	주문한	You ordered a number of items from our website.
bought	사다	You bought a pair of shoes at our store.
paid	지불하다	You paid in full.
balance	잔액	There is some balance to owe.
grand total	총합	The grand total is $533.99.
pick up	찾아가다	You must come to 45 Main Street to pick up your order.
delivery	배달	The delivery service will take 3 days.
be located at [street]/ in [city or country]	위치하다	We are located at 45 Main Street.

3. 이력서 (Resume)

한 사람에 관한 이력서 문제입니다. 어려워 보이지만 출제 유형이 정형화되어 있어 생각만큼 까다롭지 않습니다. 표의 핵심을 파악할 줄 알면 됩니다. 자주 출제되는 유형으로 기본적으로 이해해야 하는 도표입니다.

Rachel Garner ─ 8번 문제 경향의 답변
레이첼 가너

7번 문제 유형 ─

Objective — Middle Level Accountant position 지원 직책: 중간 직급 회계사
Education — University of Miami 학력: 마이애미 대학 회계 학사(1993년 5월 취득)
Bachelor's of Science in Accounting (May 1993)

Experience: **Lifetime Accounting** Coral Gable, FL
직무 경험: 라이프타임 회계, 플로리다 주 코럴게이블 소재
2/98 - present   Accountant: keeps, audits and inspects financial records of business
1998년 2월–현재   회계사: 사업 관련 재정 상황을 기록, 감사, 조사

Prepares financial and tax reports 재정, 과세 보고서 작성

9번 문제 유형에 답변
하는 내용. 주로 경험에
관한 표현을 익혀서 답
변해야 합니다.

6/91 - 9/98   **Taxing Company** West Palm, FL
1991년 6월–1998년 9월   택싱 사, 플로리다 주 웨스트팜 소재

Jr. Accountant: Processed vendors' invoices & checked requests for payment 부회계사: 업체의 송장 처리 및 지불 요청 건 확인

3/90 - 4/91   **Jones Corporation** Miami, FL
1990년 3월–1991년 4월   존스 사, 플로리다 주 마이애미 소재

Coordinator: processed vendors' invoices 코디네이터 업체 송장 처리

Skills: English and Spanish (verbal and written) 영어, 스페인어 (구두, 문서 작성)
직무 능력: Proficient in Microsoft Suite 마이크로소프트 제품군 운용 능력 우수
Expert on Tax Law 세법 전문

8번 문제 유형에 답변하
는 내용

Expected salary: $25K/month 희망 연봉: 25,000달러

◆ 준비 시간 30초를 이용한 답변 준비 단계

Step 1 먼저 동사를 생각해 보세요. 역시 이번에도 이력서는 지난 과거의 상황을 말해야 하므로 과거 시제를 사용하면 됩니다. 하지만 경험 말고 능력을 얘기할 땐 have/ has를 이용해야 합니다. 사라진 게 아니고 아직도 갖고 있는 사항이기 때문입니다.

Step 2 한 줄 정도는 도표의 정보를 이어서 문장으로 만들어 보세요. 경험 또는 학력에 관해 말해 보세요.

Step 3 7, 8, 9문제의 유형을 파악하세요.

◆ 단계별 적용하기

Step 1 Rachel Garner의 이력서를 보고 사용할 수 있는 단어를 나열해 봅니다. 이때 도표의 중심 내용을 말할 수 있는 핵심 어휘를 생각해 보세요.

| attended | went to | achieved | got |
| worked at | worked as | have | |

Step 2 도표의 한 줄 정도는 정보를 연결하여 문장으로 만들어 보세요.
You worked at Taxing Company in West Palm, Florida.
⇒ You have work experience at Taxing Company in West Palm, Florida.라고도 할 수 있다.

Step 3 단순히 답변을 해야 하는 수험자 입장이 아니라 Garner를 인터뷰해야 하는 사람으로서 그 사람의 이력 중 가장 궁금한 사항이 무엇인지 생각해 보면 예상 질문이 보입니다.

◆ 질문에 따른 답변 유형 파악하기

a. 7번 문제 유형
7번 문제는 인터뷰를 진행하는 입장에서 생각해 보면 됩니다. 기본적인 학력이나 지원 사항이 7번에 해당합니다.

문제별 답변하기
🎧 S1_Day 10_6

- **What position is she applying for?**
  그녀는 어느 직책에 지원합니까?
  According to her résumé, she is applying for the Middle Level Accountant position.
  그녀의 이력서에 따르면 중간 직급의 회계사에 지원합니다.

- **What university did she go to and what did she achieve?**
  그녀는 어느 대학을 졸업했고 어떤 학위를 가지고 있습니까?
  She went to the University of Miami and achieved a Bachelor's of Science in Accounting in May 1993.
  그녀는 마이애미 대학을 나왔으며 1993년 5월에 회계 학사를 취득했습니다.

b. 8번 문제 유형
8번 문제는 그 외에 갖고 있는 기술이나 능력에 관한 것으로 언어 구사 능력이나 컴퓨터 기술이 될 수도 있습니다.

문제별 답변하기

- **As you know, this position requires the speaking of some languages or alternative skills or experience in order to carry out the job. Does she have any of these?**
  아시다시피 이 직책 수행을 위해서는 외국어도 할 줄 알아야 하며 다른 업무 능력과 직무 경험이 있어야 합니다. 그녀는 이러한 사항을 갖추고 있습니까?
  Yes, she can speak and write in English and Spanish. Also, she has other skills. On her résumé, she stated that she is an expert on Tax Law and is proficient in Microsoft Suite.
  네, 영어와 스페인어를 할 수 있습니다. 또한 다른 업무 능력도 있습니다. 이력서에 따르면 그녀는 세법 전문이며 마이크로소프트 제품군 운용 능력이 뛰어나다고 합니다.

c. 9번 문제 유형

9번 문제에서는 일한 곳이 어디인지, 무슨 직책에서 역할은 무엇이었는지 등이 주로 출제되고 있는 유형입니다.

문제별 답변하기

🎧 S1_Day 10_7

- **I would like to know this applicant's work experience. Please tell me what the positions and responsibilities were.**
  이 지원자의 직무 경험에 대해 알고 싶습니다. 어떤 직책을 맡았으며 어떤 업무를 담당했습니까?

  She worked at 3 different places. She worked at Jones Corporation in Miami as coordinator. She was responsible for processing vendors' invoices. Also, she worked at Taxing Company in West Palm. She worked as a junior accountant and was responsible for processing vendors' invoices and checking requests for payment. And currently, she is working at Lifetime Accounting in Coral Gable as an accountant. She is keeping, auditing and inspecting financial records of businesses.

  그녀는 3곳에서 일했습니다. 우선 마이애미에 있는 존스 사에서 코디네이터로 일했습니다. 그녀는 업체들의 송장을 처리하는 업무를 담당했습니다. 또한 웨스트팜 지역에 있는 택싱 사라는 곳에서 일했습니다. 부회계사로 근무하면서 업체 송장처리와 결제 요청 확인을 담당했습니다. 그리고 현재는 코럴게이블 지역의 라이프타임 회계에서 회계사로 일하고 있습니다. 그녀는 사업의 재무 상황 기록, 감사, 조사를 담당하고 있습니다.

답변 TIP: 빈출 표현 익히기

achieved(got, has)	달성하다	He achieved a Bachelor's degree at New York University.
worked as position[직책]	~로서 근무하다	He worked as director.
worked at company[회사]	~에 근무하다	He worked at JBC company.
was responsible for	~에 책임이 있다	He was responsible for a number of things at the job.
has skill(s)	기술을 가지다	He has language skills. He can speak English fluently.
is expecting salary[월급]	월급을 기대하다	He is expecting $54,000 per month.
is applying for	~에 지원하다	He is applying for the entry level position.

4. 광고 (Advertisement)

광고에는 다양한 문제가 출제됩니다. 상점에서 판매하는 품목에 관한 광고, 구인 광고, 패키지여행 광고, 프로그램 광고 등이 있습니다. 이때 도표의 핵심만 파악할 줄 알면 어떠한 문제가 나오는지 눈에 보입니다.

School Staff Required 학교 직원 모집

A Major Chain of English language schools need the following staff urgently.
유명 영어 학교 체인에서 다음과 같이 직원을 급히 모집합니다.

Position 직책	No. of vacancies 구인 수	Qualification & Experience 자격 및 직무 경험
Principal 교장	1	MA with 5-7 years experience as principal in a well-reputed English language school 석사 학위와 평판 좋은(유명한)영어 학교 교장 경력 5~7년
Teachers 교사	10	BA with 2-3 years teaching experience in a well-reputed English language school 학사 학위와 평판 좋은 영어 학교 교사 경력 2~3년

How to apply: 지원 방법

Please send your application along with copies of relevant documents before the 25th of September 2012 to the following address.
아래 이메일 주소로 2012년 9월 25일 전까지 신청서와 관련 서류 사본을 보내 주시기 바랍니다.

E-mail your CV along with a cover letter to sandtmason@yahoo.com
이력서와 추천서를 sandtmason@yahoo.com으로 보내 주시기 바랍니다.

(옆 주석)
- 7번 문제 유형: opening되어 있는 position이 무엇인지 열거해야 하는 경우가 많습니다.
- 9번 문제 유형에 답변하는 내용. 주로 경력이나 능력을 묻습니다.
- 8, 9번 문제 유형에는 지원 방식에 관해 나옵니다.

◆ 준비 시간 30초를 이용한 답변 준비 단계

Step 1 먼저 동사를 생각해 보세요. 단순 현재 시제나 is+-ing 형의 현재 진행 시제를 사용합니다.

Step 2 한 줄 정도는 도표의 정보를 이어서 문장으로 만들어 보세요. 물건의 상표나 이름 또는 숫자를 답변으로 해야 하므로 이 부분을 자연스럽게 답변하려면 여러 번 읽어 보세요.

Step 3 7, 8, 9문제의 유형을 파악하도록 합니다.

◆ 단계별 적용하기

Step 1 구인 광고에서 사용되는 어휘를 생각해 보세요.
중심 내용을 말할 수 있는 핵심 어휘를 생각해 냅니다.

opening position	be looking for + person [사람]
vacancies	be qualified for
requirement[s]	be opened

Step 2 도표의 한 줄 정도는 정보를 연결하여 문장으로 만들어 보세요.
There is one principal position open. The applicant must have a Master's degree and 5 to 7 years experience as principal in a well-reputed English language school.

Step 3 직업을 구하는 입장에서 구인 광고를 보고 가장 궁금할 기본 사항 3가지를 예상해 봅니다.
일한 곳이 어디인지, 어느 직위에서 어떤 역할을 했는지 등이 될 수 있습니다.

✦ **질문에 따른 답변 유형 파악하기**

a. 7번 문제 유형

7번 문제에서 가장 기본적으로 궁금한 사항은 어느 분야에서 사람을 찾는지가 됩니다.

문제별 답변하기 🎧 S1_Day 10_8

- **What positions are currently open?**
  현재 어떤 직책을 모집하고 있습니까?
  There are 2 positions open. One is for a principal and the other one is a teacher's position. If you are interested in applying for the positions, please let us know before September 25th.
  2개의 직책을 모집하고 있습니다. 하나는 교장직이며 다른 하나는 교사직입니다. 만약 지원하고 싶다면 9월 25일 전까지 알려 주시기 바랍니다.

  Tips: There are 2 positions open. 다음에 be looking for라는 표현을 쓸 수 있습니다. 예를 들어 We are looking for one principal and 10 teachers.라고 말할 수 있습니다.

b. 8번 문제 유형

8번 문제는 잘못된 정보를 묻는 경우가 많습니다. 예를 들어 email로 보내라고 했는데 fax로 보내면 되는지를 물어본다든지 또는 경험이 없어도 할 수 있는지가 해당합니다.

문제별 답변하기

- **I have 1 year of teaching experience at a language institute. Am I qualified to apply for the teacher position?**
  전 어학교에서 1년 동안 교사로 일한 경험이 있습니다. 제가 교사직에 지원할 수 있는 자격이 있습니까?
  I am really sorry to tell you, but no. The position requires at least 2 to 3 years teaching experience in a well-reputed English language school.
  죄송하지만 불가능합니다. 해당 직책은 적어도 평판이 좋은 영어 학교에서 2~3년의 경험이 필요합니다.

- **Is it possible to fax all the necessary documents to your office?**
  그쪽 회사로 필요한 서류들을 팩스로 보내도 될까요?
  I am sorry, but you can't. You must mail your CV along with a cover letter to sandtmason@yahoo.com. We don't receive any documents through fax.
  죄송하지만 안 됩니다. sandtmason@yahoo.com의 주소로 이력서와 추천서를 메일로 보내셔야 합니다. 팩스로는 어떠한 서류도 받지 않습니다.

c. 9번 문제 유형

9번 문제는 일한 곳이 어디인지, 무슨 직책에서 역할은 무엇이었는지 등이 자주 출제되고 있습니다.

문제별 답변하기

🎧 S1_Day 10_9

- **I am interested in applying for the position you advertised in the newspaper. How can I apply for the position?**
  신문에 난 공고의 직책에 지원하고 싶습니다. 어떻게 지원해야 합니까?
  You must mail your CV along with a cover letter to sandtmason@yahoo.com. You must send your application along with copies of relevant documents before September 25th.
  반드시 sandtmason@yahoo.com의 주소로 이력서와 추천서를 메일로 보내셔야 합니다. 신청서와 관련 서류의 사본을 9월 25일 전까지 보내 주셔야 합니다.

- **I am very interested in applying for a principal position. What are some qualifications?**
  교장직에 관심이 있습니다. 어떤 자격이 필요합니까?
  If you are looking for a principal position, there is one position open. This position requires a Master's degree with 5 to 7 years experience as principal in a well-reputed English language school. If you are interested, please send your resume to sandtmason@yahoo.com.
  만약 교장직을 찾고 계시다면 1명만 모집하고 있습니다. 이 자리는 석사 학위와 평판이 좋은 영어 학교 교장 경력이 5~7년 필요합니다. 만약 관심이 있으시다면 sandtmason@yahoo.com의 주소로 이력서를 보내 주십시오.

답변 TIP: 빈출 표현 익히기

be interested in	관심 있는	I am interested in applying for the open position.
apply for	지원하다	I would like to apply for the position advertised in the newspaper.
require(s)	요구하다	The position requires some skills and experience.
is open	공석이다	There is one teacher position open.
be qualified for	~할 자격이 있다	I think I am qualified for the position.
is looking for	~을 찾고 있다	We are looking for a person who has more than 2 years experience.

5. 기타 유형의 도표

다음은 Space rental service에 관련된 광고 지문입니다. 이 도표를 정확하게 보려면 이 상황에 맞는 다양한 표현을 알고 있어야 합니다. 즉, 가격이나 예약 관련 어휘를 알아야 합니다.

Mad Hatter 매드해터

Tea Room & Boutique 티룸&부티크
Let Us Host Your Party 여러분의 파티를 열어 드립니다.

The Mad Hatter provides private tea room rentals for Bridal Showers, Baby Showers, Red Hat Societies, Bible Study Groups, Anniversary Parties, and more. 저희 매드해터에서는 신부 결혼 축하 파티, 베이비 샤워, 50세 이상 여성 모임, 성경 스터디, 기념 파티 등의 파티에 티룸을 제공해 드립니다.

The price includes tax, gratuity, and tea service for 2 hours for up to 20 people. 해당 가격은 최대 20명까지 이용할 경우의 세금, 봉사료, 2시간 동안의 차 제공에 관한 비용이 포함되어 있습니다.

7번 문제 유형: 어떠한 종류의 event(행사)를 진행할 수 있는지 또는 어떤 종류의 공간들이 제공이 되는지 등이 출제됩니다.

Private Tea Room: Up to 20 People 개별 티룸은 최대 20명까지입니다.

$500 Queen of Hearts Tea 500달러 '퀸 오브 하츠' 차	$300 Duchess Tea 300달러 '공작부인' 차
Available Wednesday - Saturday 수요일~토요일 이용 가능	Available Wednesday - Saturday 수요일~토요일 이용 가능

9번 문제 유형에 좀 더 자세한 정보를 전달합니다.

Alice's Tea Party in the Garden: Up to 10 people 앨리스의 정원 티 파티: 최대 10명

$175 175 달러
Available Wednesday - Saturday at 2:30 수요일~토요일 오후 2:30분에 이용 가능

A One Course 차 코스

Tea Three assorted finger sandwiches, fruit kabob, scone, and petite cake for each guest. Pink Lemonade served in tea pots. 모든 고객에게 3가지 길쭉한 샌드위치, 과일 케밥, 스콘, 조각 케이크 제공. 핑크 레모네이드가 티포트에 제공됩니다.

8번 문제 유형의 답변

*There are NO refunds given for reservations unless you cancel or change your reservation a minimum of 15 days in advance of your reservation.
*적어도 해당 이용일 15일 전까지 예약변경이나 취소를 하지 않을 경우 환불은 불가능합니다.

◆ 준비 시간 30초를 이용한 답변 준비 단계

Step 1 먼저 동사를 생각해 보세요. 현재 시제나 will be+-ing/ will be p.p의 미래 시제를 활용합니다.
Step 2 한 줄 정도는 도표의 정보를 이어서 문장으로 만들어 봅니다. 가격, 예약할 수 있는 장소와 날짜, 시간, 기간 등을 이어 보세요.
Step 3 7, 8, 9문제의 유형을 파악하도록 합니다.

◆ 단계별 적용하기

Step 1 광고에서 제공하는 서비스와 관련된 어휘를 생각해 봅니다. 장소 제공이므로 예약, 가격, 시간, 그 외 규정이나 정책에 관련된 것도 생각해 보세요.

make a reservation	can hold up to people[사람]
is available	offer
can hold	in advanced

Step 2 도표의 한 줄 정도는 정보를 연결하여 문장으로 만들어 보세요.

Alice's Tea Party in the Garden can hold up to 10 people. The room is available from Wednesday through Saturday at 2:30. It is available for $175.

Step 3 어떠한 이벤트나 행사를 그 장소에서 진행할 수 있는지, 또는 어떤 공간들이 예약이 가능한지, 환불이나 취소에 관한 내용은 무엇인지 등 그 외 공통 사항을 찾습니다.

◆ 질문에 따른 답변 유형 파악하기

a. 7번 문제 유형

7번 문제로 어떤 행사를 진행할 수 있는지, 어떤 메뉴가 제공되는지에 대한 문제가 자주 출제됩니다.

문제별 답변하기

🎧 S1_Day 10_10

- **What kind of event can I hold at your place? And when is it available to hold an event?**
  어떠한 행사를 진행할 수 있나요? 그리고 가능한 때가 언제인가요?
  At the Mad Hatter, we have private tea room rentals for Bridal Showers, Baby Showers, Anniversary Parties, Bible Study groups, and more. And it is available Wed through Sat.
  매드해터에서는 전용 티룸을 신부 파티, 베이비 샤워, 기념일 파티, 성경 공부 등 다양하게 이용할 수 있습니다. 그리고 수요일부터 토요일까지 이용 가능합니다.

b. 8번 문제 유형

8번 문제는 잘못된 정보를 묻는 경우가 많습니다. 예를 들어 예약을 취소하거나 변경할 경우 환불 여부 등을 묻는 상황이 해당합니다.

문제별 답변하기

- **I know that there are some policies for cancelation. Can I cancel it a week before the event and get a full refund?**
  예약 취소에 관한 정책이 있는 걸로 아는데요. 행사 일주일 전에 취소할 경우 전액 환불을 받을 수 있나요?
  I am sorry to tell you, but you can't. There are no refunds given for reservations unless you cancel or change your reservation a minimum of 15 days in advance of your reservation date.
  죄송하지만 안 됩니다. 예약에 관해서는 환불이 없습니다. 단, 행사 15일 전에 한해서 취소를 하시면 환불을 받을 수 있습니다.

c. 9번 문제 유형

9번 문제는 제공되는 서비스와 가격 또는 예약과 관련된 정보에 대해서 주로 물어봅니다.

문제별 답변하기

 S1_Day 10_11

- **Could you tell me all types of spaces that are available at your place and how much it will cost to rent them?**

  어떠한 공간이 제공되고 대관료는 얼마인지 알려 주실 수 있나요?

  There are two types of spaces are available. One of them is the Private Tea Room. It can hold up to 20 people and two courses are available. We offer Queen of Hearts Tea for $500 and Duchess Tea for $300. The other space is Alice's Tea Party in the Garden. A maximum of 10 people can be seated, and it costs $175. For further questions, please contact our reservation center.

  2종류의 공간이 제공됩니다. 이 중 하나는 비공개 티룸입니다. 20명까지 수용할 수 있고 2개의 코스가 제공됩니다. 퀸 오브 하트 티 코스는 500달러이고 더치 티는 300달러입니다. 다른 공간은 앨리스의 티 파티 가든인데 최대 10명까지 수용할 수 있고 가격은 175달러입니다. 더 자세한 정보가 필요하시다면 예약부에 전화 주세요.

답변 Tip: 빈출 표현 익히기

hold up to/ accommodate	수용하다	The place can hold up to 100 people.
provide	제공하다	We provide various services.
make a deposit	예금하다	People should make a deposit in advance.
serve	제공하다	Breakfast is served between 6 a.m. and 10 a.m.
reserved under your name	당신의 이름으로 예약되다	We reserved the suite under your name.

실전 예제

Speaking

다음 유형의 도표 문제를 단계에 따라 실전처럼 연습해 보세요.

 광고 (Advertisement)

Step 1 30초의 준비 시간 동안 연습한 대로 답변을 준비하세요.

Summer Oh La La Australia 여름 울라라 호주
As Fascinating as Ever! 여전히 환상적입니다!

Package 패키지	Schedule 일정	Feature 투어내용
9 Days Melbourne, Sydney & Gold Coast Best of OZ Triple Treat 9일간 멜버른, 시드니, 골드코스트, 호주 최고의 3대 관광지 투어 $3,324 3,324달러	Depart date July 31 출발일 7월 31일	• Have fun panning for real gold at Sovereign Hill 소버린 언덕에서 진짜 금을 찾는 즐거움 • Churchill Island Heritage Farm 처칠 아일랜드 헤리티지 농장 • Blue Mountains National Park 블루마운틴 국립공원 • Warner Bros. Movie World 워너브러더스 무비월드
7 Days Gold Coast Theme Park Fun 7일간 골드코스트 테마파크 즐기기 Take your child along… 자녀들과 함께… $2,454 2,454달러	Depart date July 29 출발일 7월 29일	• Warner Bros. Movie World 워너브러더스 무비월드 • Australian Sea World 호주의 시월드 • Paradise Country Farm + BBQ Lunch 파라다이스 카운티 농장+점심 바비큐 • Widest range of prime departure dates 다양한 출발일 선택 가능
7 Days Best of Melbourne & Sydney 7일간 최고의 멜버른과 시드니 투어 $2,130 2,130달러	Aug 20 출발일 8월 20일	• Eureka Sky Deck 88 유레카 스카이데크 88 • Penny's Amazing World of Chocolate 페니의 즐거운 초콜릿 세상(초콜릿 공장) • A Maze'N Things 어메이징 싱 • Sydney Fish Market 시드니 어시장

* Travel insurance is included. Baggage/ medical/ travel accident for $55.
  * 여행자 보험은 55달러로 짐, 의료, 여행 사고 등이 보장됩니다.

* Policy: all packages cannot be cancelled but can be changed for a $50 fee.
  * 규정: 모든 패키지여행은 취소할 수 없으며 50달러로 변경은 가능합니다.

Step 2 아래의 내레이션과 질문을 듣고 질문을 소리 내어 읽으면서 내용을 파악해 보세요. 🎧 S1_Day 11_1

> Hi! My name is Marco Zimmer. I am considering making a reservation to tour Australia this summer. Before I make a final decision, I have a few questions to ask since I had some trouble understanding the package information on the advertisement.
> 안녕하세요! 저는 마르코 짐머라고 합니다. 저는 이번 여름 호주 여행을 예약하려고 합니다. 결정하기 전에 광고에 나온 패키지여행 정보에 대해 몇 가지 질문이 있습니다. 왜냐하면 광고에 나온 내용이 좀 이해가 안 되어서요.

Question 7 My whole family is going to tour Australia. Which package do you suggest?
저희 가족 전체가 호주로 여행을 떠난다면 어떤 패키지여행을 추천해 주시겠습니까?

Question 8 As far as I remember, I can cancel the reservation if we can't go, right?
제가 알기로는 저희가 못 가게 되었을 경우 취소도 할 수 있다고 하던데 맞습니까?

Question 9 Could you tell me the most expensive tour package? It will be great if you can give me the full Information.
가장 비싼 패키지여행에 대해 말해 주시겠습니까? 가능한 모든 정보를 주시면 감사하겠습니다.

Step 3 각 질문의 답변을 정리합니다.

Q7 I suggest 7 Days Gold Coast Theme Park Fun. You can take your child along. The package price is $2,454. It will depart on July 29.
저는 7일간의 골드코스트 테마파크 즐기기를 추천하고 싶습니다. 자녀들도 같이 가실 수 있으며 패키지여행 가격은 2,454달러이고 7월 29일에 출발합니다.

Q8 I am really sorry to tell you but you can't. According to our store policy, all packages cannot be cancelled, but can be changed for a $50 fee.
정말 죄송하지만 취소가 불가합니다. 저희 규정에 따르면 모든 패키지여행은 취소할 수 없고 50달러를 내시면 변경은 가능합니다.

Q9 We offer 9 days Melbourne, Sydney and Gold Coast Best of OZ Triple Treat. The package price is $3,324. It will depart on July 31st. You will have fun panning for real gold at Sovereign Hill, visiting Churchill Island Heritage Farm, going to Blue Mountains National Park and experiencing wonder at Warner Bros. Movie World.
저희 패키지 중에 9일간의 멜버른과 시드니 그리고 골드코스트까지 호주의 3대 유명 관광지 투어가 있습니다. 가격은 3,324달러입니다. 출발일은 7월 31일입니다. 소버린 언덕에서 진짜 금 찾기를 경험할 수 있으며 처칠 아일랜드 헤리티지 농장에 방문할 예정입니다. 블루마운틴 국립 공원에 방문하며, 워너브러더스 무비월드에서 시간을 보낼 예정입니다.

✪ **여행 정보 도표와 관련된 어휘**

offer/ the package price is/ will visit/ will tour/ will go to/ will enjoy/ will experience/ will see

2 광고 (Advertisement)

Step 1 30초의 준비 시간 동안 연습한 대로 답변을 준비하세요.

Metro Museum Tour 메트로 박물관 투어

Come explore our exhibits of over 150 model ships that span the Age of Exploration to the Modern Merchant Marine. 150여 종이 넘는 배를 관람하시고 대항해 시대부터 현대의 상선까지 모험을 떠나 보십시오.

Tue-Fri 10:00 - 19:00   Weekends 11:00 - 17:00
화요일-금요일 10:00 - 19:00   주말 11:00 - 17:00

*Close on Mondays and National Holidays *월요일과 국경일은 휴관입니다.

Admission Fees 입장료	Children under 13 $5 13세 미만 아동 $5 Students over 12 $7 13세 이상 학생 $7 Adults over 17 $10 18세 이상 성인 $10 *10% off when you reserve online and for seniors over 65 *온라인 예약 혹은 65세 이상 어르신들은 10% 할인
Group Tour 단체 투어	* Every Tues-Thu for 30 min * 매 화요일-목요일 30분 동안 * Every Fri-Sun for an hour * 매 금요일-일요일 1시간 동안 * For more details, please call us at 1-800-434-9248 * 더 자세한 내용은 1-800-434-9248로 연락 주십시오. * Reservations are required Minimum of 6 people to qualify for a group tour. * 예약은 필수입니다. 최하 6명부터 그룹 투어가 가능합니다.

Step 2 아래의 내레이션과 질문을 듣고 질문을 소리 내어 읽으면서 내용을 파악해 보세요. 🎧 S1_Day 11_2

> Hello. I am planning to visit the Metro Museum with my friends who are coming from overseas. So I went to your website to get some information. But I couldn't find what I am looking for. It would be great if you could answer some questions.
>
> 안녕하세요. 저는 해외에서 오는 제 친구들과 메트로 박물관을 방문하려고 합니다. 그래서 자세한 내용을 알기 위해 웹사이트를 방문했는데 제가 원하는 정보는 찾지 못했습니다. 제 질문에 답변을 해주시면 감사하겠습니다.

Question 7 Can you tell me about your hours of operation?
개관 시간을 말씀해 주시겠습니까?

Question 8 Do you have different admission fees for different ages?
나이에 따라 입장료가 다릅니까?

Question 9 I will visit your museum with more than 6 people. Will I be able to make a reservation?
6명 이상의 일행과 함께 박물관에 방문할 예정입니다. 단체 여행에 관해 알려 주십시오.

Step 3 각 질문의 답변을 정리합니다.

Q7 We are open from 10 a.m. to 7 p.m., Tuesday through Friday. On the weekends we are open from 11 a.m. to 5 p.m. We are closed on Mondays and National Holidays.
저희는 오전 10시부터 오후 7시까지 화요일부터 금요일까지 개관하며 주말에는 오전 11시부터 오후 5시까지 관람 가능하십니다.

Q8 Yes, we charge different admission fees. We charge $5 for children under 13, $7 for students over 12 and $10 for adults over 17. There is a 10% discount for seniors over 65.
네, 각기 다른 입장료를 적용하고 있습니다. 13세 미만 어린이 5달러, 13세 이상 학생은 7달러, 18세 이상 성인은 10달러이며, 65세 이상의 어르신들은 10% 할인이 적용됩니다.

Q9 Our group tour requires a reservation and a minimum of 6 people to qualify for a group tour. The tour is every Tuesday through Thursday for 30 minutes, and Friday through Sunday for an hour. If you need more information, please call us at 1-800-434-9248.
저희의 단체 여행은 예약이 필요하며 그룹당 최소한 6명 이상이어야 합니다. 투어는 매주 화요일에서 목요일까지 30분 동안 진행되며 금요일에서 일요일은 한 시간 동안 진행됩니다. 만약 더 자세한 내용을 알고 싶으시면 1-800-434-9248로 연락 바랍니다.

✪ 여행 정보 도표와 관련된 어휘

charge A for~/ opening hours are~/ open from~ to~/ have~/ require~/ qualify for~

출장 일정 (Business trip itinerary)

Step 1 30초의 준비 시간을 갖습니다. 이때 연습한 대로 준비하는 과정을 지킵니다.

Mr. Waynston's Visit to Tafron Inc.'s Headquarters in Silicon Valley
웨인스톤 씨의 실리콘밸리 태프론 본사 방문

July 23
7월 23일

Jetstar Air Flight 523 from Florida at 10:00 a.m. to Sacramento
제트스타 항공 523편으로 플로리다에서 오전 10시 출발 후 새크라멘토 도착

Greet & Welcome - Mr. Wallace (Client Relations Manager), at the airport*
공항 마중 및 환영 – 월래스 씨(고객 담당 매니저), 공항에서 이루어짐*

Taken by Mr. Wallace's private car (Holiday Inn downtown location)
월래스 씨 개인차로 모실 예정(도심에 위치한 홀리데이 인)

Dinner - Mr. Wallace (Hotel restaurant)
만찬 – 월래스 씨 (호텔 레스토랑)

July 24
7월 24일

Breakfast - Tafron Inc. executives (Forton Club)
조찬 – 태프론 사 중역 (포튼 클럽)

Round of golf - Chairperson of the Board Carmen Suez (Forest Hill Club)
골프 경기 – 이사회 대표 카르멘 수에즈 (포레스트 힐 클럽)

Dinner meeting - CEO Rolly Perez (Milestone 5 Star restaurant)
만찬 회의– 롤리 페레즈 대표 (마일스톤 5성급 레스토랑)

July 25
7월 25일

Tour - Warehouse & factory facilities Mr. Wallace
투어–부품 창고와 공장 시설 월래스 씨 수행

Lunch meeting - Tafron executives (Forest Hill Club)
점심 미팅 – 태프론 중역 (포레스트 힐 클럽)

Discussion sales trends and future marketing strategies (Mr. Vlamis may attend but has not yet confirmed)
판매 경향과 향후 마케팅 전략에 관한 회의(블라미스 씨가 참석할 예정이나 확정은 아님)

Head to airport for return flight*
돌아가는 비행기 편을 위해 공항으로 향함*

* The flight booking is still being processed. The final version of the flight schedules will be issued in two days.
*항공편 예약은 현재 진행 중입니다. 최종 항공편 일정은 이틀 이내로 정해질 예정입니다.

Step 2 아래의 내레이션과 질문을 듣고 질문을 소리 내어 읽으면서 내용을 파악해 보세요.

> Hello. This is Brian. I am Mr. Waynston's secretary. I would like to confirm his schedule since you organized his business trip. He will be leaving in 2 days. So please answer my questions.
> 안녕하세요. 저는 웨인스톤 씨의 비서인 브라이언입니다. 웨인스톤 씨 출장을 기획하셨는데 일정을 확인하고 싶습니다. 이제 이틀 후면 떠날 예정이십니다. 제 질문에 답변해 주십시오.

Question 7 When will his plane depart from the Florida airport and who should he expect to meet in Sacramento?
언제 플로리다 공항에서 출발하며 새크라멘토에서 누가 마중을 나올 예정입니까?

Question 8 Is there any dinner arrangement on July 24? I ask since he is planning to have another arrangement.
7월 24일 만찬 일정이 있나요? 그때 다른 일정을 계획하시려고 하는 것 같습니다.

Question 9 I would like to confirm Mr. Waynston's last day at Sacramento. So please tell me his schedule.
저는 웨인스톤 씨의 새크라멘토 마지막 날 일정을 확인하고 싶습니다. 그의 일정을 말해주세요.

Step 3 각 질문의 답변을 정리합니다.

Q7 He will depart from Florida on July 23 at 10 a.m. and will arrive in Sacramento. At the airport, Mr. Wallace will greet & welcome him.
7월 23일 오전 10시에 플로리다를 출발할 예정이며 새크라멘토에 도착할 예정입니다. 공항에는 월래스 씨가 나와 계실 예정입니다.

Q8 I am afraid you can't. You are scheduled to have a dinner meeting with CEO Rolley Perez at Milestone 5 Star restaurant.
죄송하지만 있습니다. 그때는 마일스톤 5성급 레스토랑에서 롤리 페레즈 대표와 만찬 모임이 예정되어 있습니다.

Q9 On the last day of his business trip, there are number of things scheduled. First, he will tour the warehouse & factory facilities with Mr. Wallace. After that, he will have a lunch meeting with Tafron Inc. executives at Forest Hill Club. And the last meeting is a discussion on sales trends and future executives at Forest Hill Club. Mr. Vlamis may attend but has not yet confirmed.
출장 마지막 날에는 몇 가지 일정이 있습니다. 우선 부품 창고와 창고 시설을 월래스 씨와 함께 투어할 예정입니다. 그 후에는 포레스트 힐 클럽에서 태프론 사 중역들과 점심 회의를 가질 예정입니다. 그리고 마지막 회의는 포레스트 힐 클럽에서 중역들과 판매 경향과 향후 마케팅 전략에 관해 토론할 예정입니다. 블라미스 씨가 참석할 예정이지만 아직 확정은 아닙니다.

Expressions

Speaking

◆ 미팅 일정 (Meeting schedule)   🎧 S1_Day 12_1

- 제가 내일 몇 시에 이사회 미팅이 있죠?
  You will have a meeting with the board of directors from 8:30 a.m. to 9:30 a.m.
  당신은 오전 8시 30분부터 9시 30분까지 이사회와 회의를 할 예정입니다.

- 점심시간은 어떻게 되죠?
  You will have lunch from 12:00 p.m. to 1:00 p.m. for an hour.
  당신은 오후 12시부터 1시까지 1시간 동안 점심 식사를 할 예정입니다.

- 식 이후 일정이 있나요?
  Yes, you will be attending a party after the ceremony.
  네, 당신은 식이 끝난 후 파티에 참석할 예정입니다.

◆ 예약 (Reservation)

- 9월 중 예약 가능한 날짜가 언제인가요?
  There are only two days available in September: the 29th and the 30th.
  9월에 가능한 날은 29일과 30일 이틀밖에 없습니다.

- 9월 둘째 주 예약이 가능한가요?
  I am sorry. Unfortunately it's already booked up on all the other days.
  죄송하지만 불행하게도 다른 날은 이미 예약이 꽉 찬 상태입니다.

- 바닷가 쪽 방으로 예약을 하고 싶은데 추가 비용이 있나요?
  For a room with an ocean view, 50 dollars will be added.
  바다가 보이는 방은 50달러가 추가됩니다.

◆ 회의 일정 (Conference schedule)

- A는 언제 어디서 열리나요?
  A will take place at ABC Center on Friday, September 21st.
  A는 ABC 센터에서 9월 21일 금요일에 열릴 예정입니다.

- 10시에는 무슨 행사가 있나요?
  Andy Lewinsky, Board Director of GOOD, will give the welcome & opening remarks from 10 to 11 a.m.
  앤디 르윈스키 굿 이사는 오전 10시부터 11시까지 환영사와 개회사를 맡을 예정입니다.

- 내일 참가하려는데 준비물이 있나요?
  Participants must present their student identification card at the entrance door.
  참가자는 입구에서 모두 학생증을 제시하여야 합니다.

◆ 패키지 관광 (Package tour)

- 패키지에 포함되는 것은 무엇인가요?
  The packages that are included in the hotel are taxes, tipping and gratuities, and airport transfers.
  호텔 패키지에는 세금, 팁, 봉사료, 공항 이동이 포함되어 있습니다.

- 식사는 제공되나요?
  Breakfast buffet, lunch and dinner will be provided at any of our 3 restaurants.
  조식 뷔페와 오찬, 만찬은 3곳의 저희 레스토랑에서 제공될 예정입니다.

- 환불 규정은 어떻게 되죠?
  Reservations can be cancelled without penalty fees 72 hours prior to your departure.
  출발하기 72시간 전에는 벌금 없이 예약 취소가 가능합니다.

- 패키지 가격은 어떻게 되나요?
  The first package is for 2 nights from 360 dollars to 595 dollars. All facilities are open 24/7 including the heated outdoor pool.
  첫 패키지는 2박에 360달러에서 595달러이며 야외 온수 수영장을 포함한 모든 시설은 항상 이용 가능합니다.

◆ 비행 (Flight)

- 비행기 출발 시간이 어떻게 되나요?
  You will depart from New York at 9:15 a.m. on May 3 and you will arrive in Toronto at 10:45 a.m.
  당신은 5월 3일 오전 9시 15분에 뉴욕을 출발하여 오전 10시 45분에 토론토에 도착할 것입니다.

- 여행자 정보에 대해 알려주세요.
  The passenger is Alfredo Gilmore and the flight number is PA 3343.
  탑승자는 알프레도 길모어 씨이며 편명은 PA3343입니다.

- 왕복 요금이 어떻게 되나요?
  This is the one-way trip fare. $25 will be added to a round-trip ticket.
  이는 편도 요금입니다. 왕복 요금은 25불이 추가됩니다.

◆ 금액 리스트 (Price list)

- 운영 시간이 어떻게 되나요?
  Opening hours are from 8:00 a.m. to 6:00 p.m. on weekdays.
  운영 시간은 평일 오전 8시부터 오후 6시까지입니다.

- 멤버십 카드는 가격혜택이 있나요?
  If you sign up for a membership card, you can save an extra 10% on all purchases.
  만약 멤버십 카드를 신청하시면 모든 구매물품 금액의 10%를 절약할 수 있습니다.

- 총 얼마입니까?
  The total is $15 and you can pay for it by credit card.
  총액은 15달러이며 신용 카드로 결제 가능합니다.

✦ 송장 (Invoice)

🎧 S1_Day 12_3

- 제가 주문한 것이 무엇인가요?
  You have ordered the DVD Movie 'Star wars'. The cost is 32 dollars and 99 cents.
  스타워즈 DVD를 주문하셨으며 가격은 32달러 99센트입니다.

- 언제 배달되나요?
  The order number is 747 and it will be delivered in 2 days.
  주문 번호는 747이며 2일 이내에 배달될 예정입니다.

- 추가 요금이 있나요?
  If you request one day delivery service, there is an extra charge of 10 dollars.
  만약 당일 배달을 신청하실 경우에는 10달러의 추가 요금이 있습니다.

✦ 면접 일정 (Interview schedule)

- 마케팅직에 지원하는 사람이 몇 명입니까?
  We have three candidates applying for marketing positions.
  마케팅 쪽을 지원하는 후보가 3명 있습니다.

- 인터뷰는 언제, 어디서 열립니까?
  The interview will be held at 10 a.m. in meeting room 201.
  면접은 회의실 201호에서 오전 10시에 열립니다.

- 지원자에게 특별히 요구되는 사항이 있나요?
  All candidates will need to be qualified for the job.
  모든 후보자들은 해당 업무에 적합해야 합니다.

✦ 차량 렌트 (Car rental)

- 내비게이션을 추가하려고 하는데, 비용이 얼마인가요?
  It will cost you $100 to add navigation.
  내비게이션을 다는 데에는 100달러가 듭니다.

- 렌트 요금에 보험료도 포함되어 있다고 생각했는데, 제가 잘못 안 건가요?
  No, the insurance fee is not included in the rental fee. You will have to pay a separate fee for the insurance.
  아니요, 대여 요금에는 보험료가 포함되어 있지 않습니다. 보험은 따로 지불하셔야 합니다.

- 차 렌트를 위해 필요한 서류가 있나요?
  Yes, you will need to bring your driver's license when you rent the car. Also we will need to have a second form of your identification, other than your driver's license.
  네, 차량을 대여하실 때 운전자의 운전면허증을 가지고 오셔야 합니다. 또한 운전면허증 이외에 다른 신분증도 필요합니다.

✦ 영화 상영 (Movie screening)

- A 영화는 몇 시에 시작하나요?
  A will start at 7 p.m. today.
  A는 오늘 오후 7시에 시작될 것입니다.

- 어떻게 C 영화를 예매하는지 알려 주세요.
  You can buy your tickets by coming to the theater yourself, purchase them online, or by phone.
  극장에 오셔서 직접 티켓을 구매하실 수 있고 온라인이나 전화로도 구입이 가능합니다.

- 어떤 영화가 A세 이상 관람 가인지 알고 싶어요.
  Movies B and D are only available for people over the age of A.
  영화 B와 D는 A 나이 이상만 관람이 가능합니다.

◆ 구직 활동 (Job opening)

- 지원서를 언제까지 제출해야 하나요?
  Applications must be received by no later than April 21.
  신청서는 4월 21일까지 접수되어야 합니다.

- 어떤 포지션에 대한 공고입니까?
  There is an employment opportunity for a staff accountant at The World Institute for Seniors, in Oakland, California.
  이 일자리는 캘리포니아 오클랜드의 월드 인스티튜트 포시니어즈에서 일할 직원 회계사를 뽑는 것이다.

- 지원 자격은 어떻게 되나요?
  Applicants should have a Bachelor's degree, and a minimum of 2 years experience in accounting.

  신청자는 학사 학위를 가지고 있어야 하며 회계 분야에서 최소 2년 이상의 직무 경험이 있어야 합니다.

◆ 이력서 (Resume)

- 그는 어디서 학위를 받았나요?
  He went to the Culinary Institute of Brannan in San Francisco. He got his Associate's degree in Culinary Arts in May of 1997.
  그는 샌프란시스코의 브래넌 조리 학교를 졸업했습니다. 그는 1997년 5월에 조리 전문 학사 학위를 취득했습니다.

- 그는 카페에서 일한 경험이 있나요?
  Yes. He has experience working at Café Olsson. He prepared and produced bagels, donuts, rolls, muffins, decorated cake and pastries. He displayed cases for retail sales.
  네. 그는 카페 올슨에서 일한 경험이 있습니다. 그는 베이글, 도넛, 롤, 머핀, 장식케이크와 페이스트리를 만들었습니다. 그는 판매대 진열을 하였습니다.

- 그의 경력에 대해 말해 줄 수 있나요?
  He had three baking positions. First, he worked as the Bread and Pastry Baker at The Parstry Chefs in West Lafayette, Indiana for 3 years. Second, he worked as the Pastry Chef at Atkinson's Market in Hailey, Idaho for 2 years. Lastly, he worked as the Baker at Von's Cakes & Cookies in Honolulu Hawaii for 2 years.
  그는 3개의 제빵 경력이 있습니다. 먼저 그는 인디애나의 웨스트 라파예트에서 3년 동안 빵, 페이스트리 제빵사로 일했습니다. 두 번째로 아이다호의 해일리에 있는 앳킨슨 마켓에서 2년 동안 페이스트리 요리사로 일했습니다. 마지막으로 그는 하와이 호놀룰루의 본즈 케이크&쿠키에서 제빵사로 2년 동안 일했습니다.

Part 5 Propose a Solution

- ## 출제 경향
  자동 응답기에 남겨진 전화 메시지를 듣고 해결책을 제시하는 유형으로 지문은 대부분 불만 제기(Complaint), 요구하기(Request), 조언(Advice)의 형식으로 출제된다. 불만 제기(Complaint)는 상품의 교환이나 환불에 관한 문제이고, 요구하기(Request)는 예약을 했으나 예약이 되어있지 않거나 이름이나 날짜가 잘못 예약된 경우, 예약 변경, 또는 상품 주문에 대한 잘못된 영수증 처리 등에 관한 내용이 출제되며, 조언(Advice)은 가장 자주 출제되는 문제 경향이며 주로 회사 업무나 개인적인 도움이 필요할 때 조언을 구하는 내용이다.

- ## 시험 구성
  총 1문제가 출제되고, 30초의 준비 시간과 60초의 답변 시간이 주어진다.

- ## 채점 기준
  1. 문제점에 대한 핵심과 해결책을 논리적으로 말하는가.
  2. 발음이 정확하고 자연스러운가.

5점 만점 답변	우리말을 하듯 문장과 문장 간의 흐름이 자연스럽다.
	답변이 논리적이고 문제에서 요구하는 정보를 모두 제공한다.
	복합 구문과 단문을 적절히 사용하면서 자연스럽고 유창하게 자기 생각을 표현한다.
4점 답변	질문에 적절히 답변한다.
	내용 요약이나 해결책 또한 자신의 생각을 짜임새 있게 말하려 노력한다.
3점 답변	문제를 다루려는 시도와 함께 문제점을 인식하고 있다.
	발음이 분명치 않고 억양에 실수가 있으며, 단문으로만 답변을 한다.
	문법적인 실수는 있으나 이해하는 데는 큰 문제가 없다.
1~2점 답변	거의 말을 하지 않거나 무슨 말인지 알아들을 수 없다.

- ## 고득점 Tips
  1. 내용을 오래 기억하기 위해 노래 부른다는 생각으로 따라 말하고, 평소 음성 메시지 듣기 연습을 하는 것이 좋다.
  2. 답변할 땐 최대한 여유를 갖고 실제 상황이라 생각한다. 모든 답은 지문에 있으므로 어휘, 문제 해결에 필요한 아이디어 등 내용을 3~4문장으로 요약하는 습관을 기르자.
  3. 답변 시간도 계획을 세운다. 정확한 대안은 2~3문장으로 말한다. 도입 5초, 문제 요약 20~25초, 해결책 제시 25초, 마무리 5초로 답변할 때도 항상 시계를 보고 연습한다.
  4. 많은 문제를 들어보고 문제의 공통 사항을 찾아 연습한다.

Speaking

🔑 실제 시험 화면과 활용

TOEIC® Speaking

Question 10: Propose a solution

Directions: In this part of the test, you will be presented with problem and asked to propose a solution. You will have 30 seconds to prepare. Then you will have 60 seconds to speak.

In your response,
- be sure to show that you recognize the problem, and
- propose a way of dealing with the problem.

지시 화면 시간 활용
지시문을 읽어 주는 시간입니다. 이때 지시문을 듣고만 있지 말고 입을 풀어주세요.

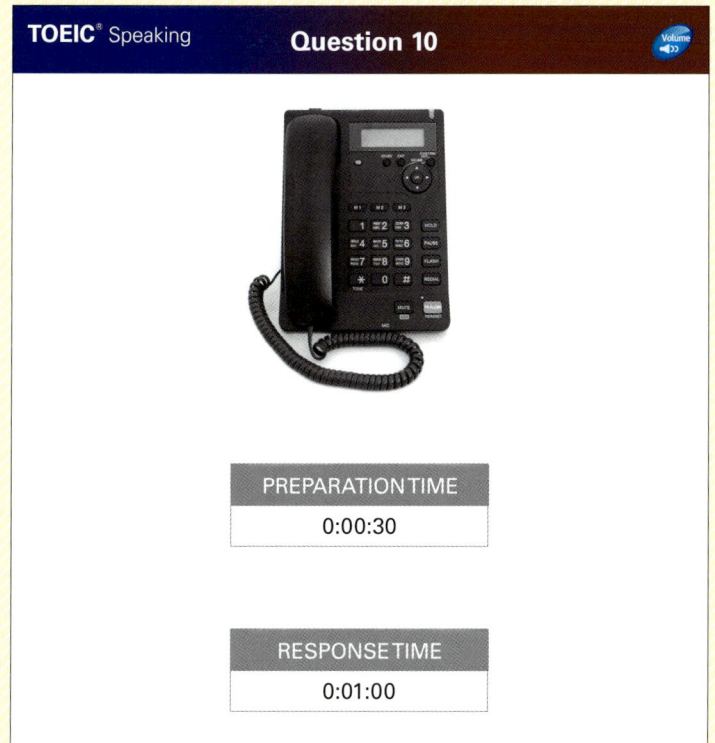

문제 제시 화면과 준비 시간 활용
1. 화면에 전화기가 제시되며 문제를 듣는 단계입니다.
2. 문제가 끝나면 바로 준비 시간 30초가 주어집니다.
3. 문제를 들으면서 머릿속에 큰 그림을 그립니다.

답변 시간 활용
1. 준비 시간 30초 동안 정리한 내용을 차분하게 말합니다.
2. 60초 시간 분배를 잘해서 요약정리는 30초, 나머지 30초는 해결책을 제시합니다.

MP3 & 동영상
바로 가기

1 듣기와 말하기 패턴 구성

Part 5는 100% 듣기 영역으로, 전화 메시지에 남겨진 내용을 듣고 상대방에게 다시 메시지를 남기는 상황입니다. 기존에 짧게 듣던 질문과는 달리 45~50초의 전화 메시지 내용을 듣고 그 내용에서 원하는 답변을 제공해야 합니다.

1. 효율적인 듣기 연습

듣기가 힘든 분들은 먼저 Part 5의 스크립트를 여러 번 읽어 보고 난 후 듣기 횟수를 정하고 들어야 집중해서 들을 수 있습니다. 듣기에 적응이 된다면 횟수를 줄여서 한 번 듣고 문제를 풀 수 있는 실력까지 끌어 올립니다. 아래 단계별로 듣기 연습을 해 보세요.

듣기 연습

1. 3~4번으로 제한해서 듣습니다.
2. 1st ➡ 지문을 보고 들으면서 전체 내용을 파악합니다.
    2nd ➡ 지문을 보고 빈칸에 들어갈 구, 단어를 반복해 듣습니다. 이때 this is, however, I have a problem, I am concerned, but, so 등을 주의해서 듣습니다.
    3rd ➡ 지문을 보고 반복해 듣습니다.
3. 지문을 보지 않고 처음부터 끝까지 노래하는 것처럼 읊어 보세요.
4. 추가적으로 빈칸에 필요한 구나 단어를 적어 보세요. 이때 핵심을 듣지 말고 머릿속에 담겨져 있는 내용을 생각해 보면서 하세요.

듣기 중 주의할 점

Part 5에서 주의해서 들어야 하는 사항 4가지는 이름, 상황, 문제점, 요구 사항입니다.

듣기에서 말하는 사람의 이름은 This is 다음에 나옵니다. 이름을 말하고 난 후 상황이 나옵니다. 문제점은 however, I have problem, I am concerned, but 등이 나오는 문장을 잘 들으면 됩니다. 요구 사항의 경우는 주로 so 다음에 나옵니다. 이 부분을 유의해서 들어야 합니다.

Day 13

Check

아래의 지문을 잘 듣고 빈칸을 채우면서 이름, 상황, 문제점, 요구 사항 등 4가지를 잘 정리해 보세요.  S1_Day 13_1

> This is _____. You know I have a printing store near university and I _____ _____ a few months ago. Well, lucky enough, the business start growing and I feel that it will get better and better. Next week, _____ and my concern is that _____ _____. In the first quarter of this year, I was overwhelmed by the number of students since there aren't any competitors near the store. There _____ using our store so I _____ and some of the orders I _____. Now, fall term is getting closer, and I'm trying to prepare beforehand so as not to disappoint my customers. What should I do? I would like you to call me _____. Just in case, I will leave my number. My number is 701-983-5343.
>
> 저는 카일이라고 합니다. 저는 대학 근처에서 인쇄점을 운영하고 있고 몇 달 전에 오픈했습니다. 다행스럽게도 사업이 점점 잘되어 가고 더욱 더 나아질 것 같습니다. 다음 주면 가을 학기가 시작되는데 걱정되는 점은 제 모든 업무를 다 소화할 수 있을지입니다. 올해 1사분기에 저는 근처에 경쟁 업체가 없는 탓에 엄청난 학생들이 몰려 왔습니다. 저희 가게를 이용하는 학생들이 너무 많아서 모든 주문을 다 받기도 힘들고 몇몇 주문은 시간 내에 끝낼 수 없었습니다. 가을 학기가 점점 다가오면서 저는 손님들을 실망시키지 않기 위해 미리 준비하려고 합니다. 어떻게 해야 할까요? 저에게 전화로 조언을 해 주셨으면 합니다. 혹시 모르니 제 번호를 남깁니다. 제 번호는 701-983-5343입니다.

다음 4가지 요소를 정리해 보세요.

이름 _____

상황 _____

문제점 _____

요구 사항 _____

Answer

이름 Kyle   상황 opened the printing store, fall semester will start   문제점 whether I can control all the workload, were too many students using the store   요구 사항 to give some advice

This is Kyle. You know I have a printing store near university and I opened the printing store a few months ago. Well, lucky enough, the business start growing and I feel that it will get better and better. Next week, fall semester will start and my concern is that whether I can control all the workload. In the first quarter of this year, I was overwhelmed by the number of students since there aren't any competitors near the store. There were too many students using our store so I had hard time taking all the orders and some of the orders I couldn't finish in time. Now, fall term is getting closer, and I'm trying to prepare beforehand so as not to disappoint my customers. What should I do? I would like you to call me to give some advice. Just in case, I will leave my number. My number is 701-983-5343.

2. 문제 유형별 답변 패턴 연습

유형별 답안 학습 전에 전화 메시지와 답변 유형의 패턴을 살펴봅시다. 먼저 우리말로 순서를 익히면 영어도 더 빠르게 답변 패턴을 습득할 수 있습니다.

걸려 온 전화 메시지 구성 요소	남겨야 할 전화 메시지 구성
1. 서론 자신이 누구인지 알리고 인사를 한다.	1. 서론 상대방의 이름과 본인 소개를 한다.
2. 본론 1 **상황** 현재 자신이 무엇을 하고 있는 사람인지를 밝힌다. **문제점** 처해있는 문제점에 대해 얘기한다. **요구 사항** 원하는 사항에 대해서 간략하게 말한다.	2. 본론 1 : 걸려 온 전화 메시지 요약 **상황** 무엇을 하고 있는 사람인지 1문장으로 언급한다. **문제점** 전화 건 사람의 문제점이 무엇이었는지 간단하게 1문장으로 정리한다. **요구 사항** 전화 건 사람이 원하는 사항이 무엇이었는지 간단하게 1문장으로 정리한다. **불만인 경우 추가** 문제점에 관한 사과를 1문장으로 언급한다.
	2. 본론 2 : 문제점에 대한 해결책 제시 문제점에 대한 해결책을 3~4문장으로 제시한다. **불만인 경우 추가** 보상책을 1문장으로 언급한다.
3. 결론 다시 한 번 자신의 이름을 말하며 전화번호를 남긴다.	3. 결론 다른 궁금한 사항이 있으면 알려 달라고 하며 마무리한다.

불만 제기

불만 제기 상황의 경우는 상품의 교환 또는 환불에 관한 문제입니다. 배송 지연, 일부 상품 누락, 상품 파손, 잘못된 배송 등 다양한 상황이 있습니다.

◆ 답변 연습하기

Step 1 아래의 지문을 잘 듣고 빈칸을 채우면서 듣기 연습을 해 보세요. 🎧 S1_Day 13_2

Hello, my name is _____. I'm calling about the _____ _____ office supply store. On the website, you had _____ holiday _____. So, I ordered 2 pencil cases and 2 boxes of printing paper. When I received the items this morning, I was very disappointed because _____ _____. I was expecting to receive 4 pencil cases with 4 printing paper boxes. But there were only 3 books and no CDs. Not only that, your online store guaranteed 3 days _____, but I want you to know that it _____ than 4 days to receive the items I ordered. I really think I _____ or I feel that I should be compensated for your poor service. I would like you to call me when you figure out _____. Again, this is Claudia Cardenas, and my phone number is 416-384-2983.

Step 2 다음 4가지 요소를 정리해 보세요.

이름 _____
상황 _____
문제점 _____
요구 사항 _____

Step 3 해결책을 정리해 보세요. *해결책은 부연 설명이 함께 제시되어야 고득점을 받을 수 있습니다.*

1. 요구 사항 들어주기: 환불을 해 주고 보상을 제시합니다.
2. 요구 사항 들어주지 말기: 프로모션 기간의 구매라서 환불이 되지 않으며 벌써 물건도 보냈다고 대답하는 방식으로 거절합니다.
3. 회피하기: 지금 출장 중이라 다른 직원이 연락할 거라는 식으로 대답하며 해결을 회피합니다.

Step 4   자신만의 답변 패턴 만들기

자신이 결정한 패턴에 맞추어 답안을 정리해 보세요. 정리한 답안은 10번 정도 낭독하세요.

1. 서론	Hello, Mr./ Mrs. _____ (전화 건 사람의 이름) This is _____ (내 이름)
2. 상황 설명	I've got your message saying that _____ _____ _____
문제	however, _____ _____ _____
요구	so _____ _____ _____
3. 사과 & 양해	I am really sorry for the inconvenience we've caused you I've got solution _____ _____ _____
4. 대안 & 보상	Since we've caused the problem, I would like to offer _____ _____
5. 결론	If you need to talk to me or have any concerns please don't hesitate to call me _____

Hello, my name is Claudia Cardenas. I'm calling about the order I made through your online office supply store. On the website, you had a buy one get one free holiday promotion. So, I ordered 2 pencil cases and 2 boxes of printing paper. When I received the items this morning, I was very disappointed because a number of items didn't arrive. I was expecting to receive 4 pencil cases with 4 printing paper boxes. But there were only 3 books and no CDs. Not only that, your online store guaranteed 3 days delivery, but I want you to know that it took more than 4 days to receive the items I ordered. I really think I should get a full refund or I feel that I should be compensated for your poor service. I would like you to call me when you figure out what you will do about this situation. Again, this is Claudia Cardenas and my phone number is 416-384-2983.

Answer   Hello, Mrs. Cardenas. I just got your message saying that you ordered products through our online office supply store. You ordered because it was a buy one get one free holiday promotion. The problem is that you are very disappointed because a number of items didn't arrive. Also, delivery took more than we guaranteed. So you would like to get a full refund and compensation. I am really sorry for all your troubles. It won't be a trouble to give you a full refund. In order to give you a refund, I need your account number. So please email me with your account information and as a compensation, you may keep the products. You don't have to return it to us. Once again, I apologize for the inconvenience we've caused and if you have any other concerns, please call us back.

Day 13

요구하기  S1_Day 13_3

요구하기의 경우는 예약을 했으나 예약이 되어있지 않고, 주문확인서(Confirmation note)를 받았는데 이름이나 날짜가 잘못되어 나온 경우, 예약 변경, 그리고 상품 주문에 대한 잘못된 영수증 처리 등이 출제됩니다.

◆ 답변 연습하기

Step 1 아래의 지문을 잘 듣고 빈칸을 채우면서 듣기 연습을 해 보세요.

> Hello, this is _____. I reviewed your report just now and I'm leaving you a message regarding the donation issue. I would like to _____ for the _____ for the following month and you've done nice work here. As you stated on the schedule, there are a few community charities we will be supporting. I think we need to make some adjustments since our _____ and we have to get involved with and support several organizations other than those listed. So we _____. Because you've been in charge of these matters, I guess you are the right person to choose which one of the charity organizations to support. Please _____ and _____ by the end of this week. Call my direct number 564-4564.

Step 2 다음 4가지 요소를 정리해 보세요.

이름 _____
상황 _____
문제점 _____
요구 사항 _____

Step 3 해결책을 정리해 보세요.

1. 시일 소요: 메시지 받고 나서 정리 중이다. 며칠 걸릴 듯하다. 조금 더 자세히 자료를 보고 결정하겠다. 다음 주 월요일까지 해도 되는지 물어봅니다.
2. 협업 강조: 나 혼자 결정할 수 있는 사항이 아니다. 우리 부서 manager와 financial department manager 등 다수의 사람들과 미팅을 준비했다는 식의 해결책을 제시합니다.

Step 4 자신만의 답변 패턴 만들기

자신이 결정한 패턴에 맞추어 답안을 정리해 보세요. 정리한 답안은 10번 정도 낭독하세요.

1. 서론	Hello, Mr./ Mrs. _____(전화 건 사람의 이름) This is _____(내 이름)
2. 상황 설명	I've got your message saying that _____ _____ _____
문제	however, _____ _____ _____
요구	so _____ _____ _____
3. 대안	_____ _____ _____
4. 결론	Please, if there is anything that I have to know or do, call me back. __ _____

Hello, this is Margaret Peterson. I reviewed your report just now and I'm leaving you a message regarding the donation issue. I would like to talk about the schedule for the regional charity involvement for the following month and you've done nice work here. As you stated on the schedule, there are a few community charities we will be supporting. I think we need to make some adjustments since our budget has decreased and we have to get involved with and support several organizations other than those listed. So we may shorten the list. Because you've been in charge of these matters, I guess you are the right person to choose which one of the charity organizations to support. Please make your decision and report to me by the end of this week. Call my direct number 564-4564.

Answer   Hello. Mrs. Peterson This is Mitch. I just got your message saying that you would like to talk about the schedule for the charity involvement. The problem is that our budget has decreased and we may have to shorten the list. So you would like me to make a decision and report it to you, right? I checked your message, and I've already started working on it. It will take a few days to do it so I may be able to report it to you by next Monday. Will it be o.k. with you? Please if there is anything that worries you regarding this matter, call me back. I will see you on Monday.

도움이나 충고

충고는 자주 출제되는 문제로, 회사 업무에 관해서 조언을 구하거나 개인적인 도움이 있을 때 조언을 구하는 유형입니다. 그러나 출제 경향이 가장 많이 바뀌고 있는 유형이므로 충분한 연습과 다양한 아이디어가 필요합니다.

✦ 답변 연습하기

Step 1 아래의 지문을 잘 듣고 빈칸을 채우면서 듣기 연습을 해보세요.

> Hello, _____. This is _____, from Future Electronics. I am calling you to ask you something, since you are working at a delivery service department; I think you might know the solution to it. These days, our store is _____ _____ from the customers who buy digital cameras and ask for the delivery service. They told our customer service representatives that their _____. It doesn't really make sense to me. So I would really like you to tell me _____ _____, and how can I find where we are making the mistakes so we can _____ them. Please, and I will wait for your call My direct number is 432-3948. Thanks in advance.

Step 2 다음 4가지 요소를 정리해 보세요.

이름 _____
상황 _____
문제점 _____
요구 사항 _____

Step 3 해결책을 정리해 보세요.

1. 다른 원인 언급: 메시지 받고 문제점에 대해 알아봤어. 요즘 주문이 많아서 일손이 많이 부족해. 그래서 아마도 실수가 있는 것 같아. 상부에 일손 더 필요하다고 했으니 곧 문제가 해결될 거야라는 식으로 답변합니다.

2. 의논 권유: 일단 다른 부서에 있는 책임자들을 불러서 어떻게 할지 의논을 해 보자. 그 사항에 대해선 내가 미팅 끝나고 연락해 줄게라는 식으로 답변합니다.

Step 4 자신만의 답변 패턴 만들기

자신이 결정한 패턴에 맞추어 답안을 정리하세요. 정리한 답안은 10번 정도 낭독하세요.

1. 서론	Hello, Mr./ Mrs. _____(전화 건 사람의 이름) This is _____(내 이름)	
2. 상황 설명	I've got your message saying that _____	
문제	however, _____	
요구	so _____	
3. 대안	After I listened to your message, _____	
4. 결론	Please, if there is anything that I have to know or do, call me back.	

Hello, Mr. Patterson. This is Jameson Morrison from Future Electronics. I am calling you to ask you something. Since you are working at a delivery service department, I think you might know the solution to it. These days, our store is getting lots of complaints from the customers who buy digital cameras and ask for the delivery service. They told our customer service representatives that their packages arrived without the case inside. It doesn't really make sense to me. So I would really like you to tell me what we should do to prevent such mistakes, and how can I find where we are making the mistakes so we can improve on them. Please, and I will wait for your call. My direct number is 432-3948. Thanks in advance.

Answer

Hi, Morrison. This is Patterson. I just got your message saying that we are getting lots of complaints from customers who ordered cameras. The problem is that the packages are delivered without the case inside. And you think we should do something about it to prevent such mistakes. After I got your message, I checked out what had happened. Lately, there are too many orders and we don't have enough employees. So, they are working overtime and are very stressed. I think this is why the problem happened. I've told the upper level executive to hire more employees to overcome the situation. The problem will be resolved soon. Don't worry. If you need any other help or advice call me back.

실전 예제 Speaking

1 다음의 순서대로 실전처럼 음원을 들으며 바로 답변을 해 보세요.   S1_Day 14_1

TOEIC® Speaking Question 10 of 11

Directions: In this part of the test, you will be presented with a problem and asked to propose a solution. You will have 30 seconds to prepare. Then you will have 60 seconds to speak.

In your response, be sure to

- show that you recognize the problem, and
- propose a way of dealing with the problem.

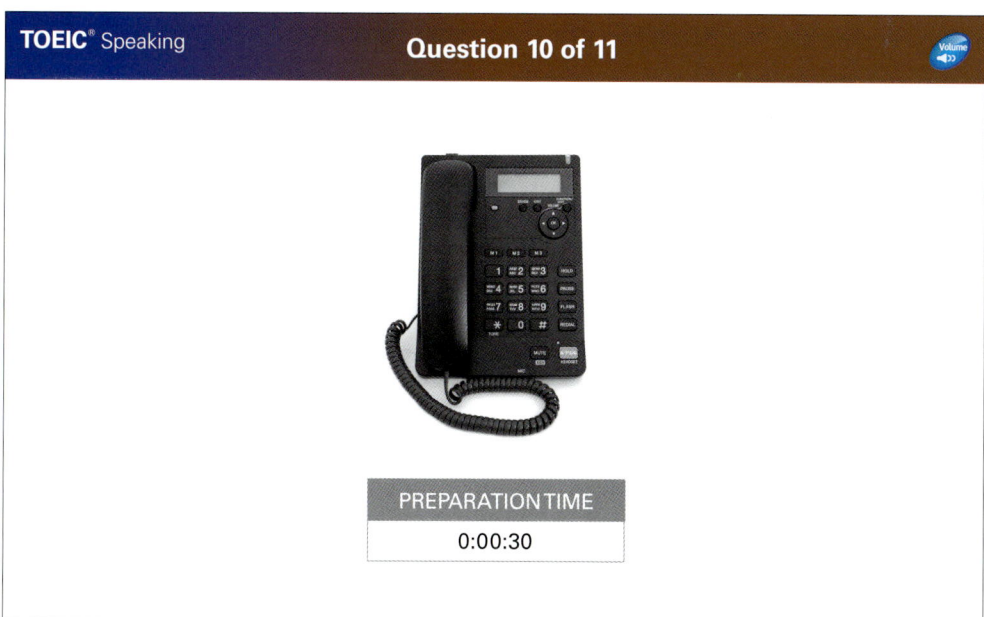

2 자신의 답변을 다시 정리하세요.

1. 서론	Hello, Mr./ Mrs. _____(전화 건 사람의 이름) This is _____(내 이름)	
2. 상황 설명	I've got your message saying that _____ _____ _____	
문제	however, _____ _____ _____	
요구	so _____ _____ _____	
3. 대안	After I listened to your message, _____ _____ _____ _____	
4. 결론	_____	

3 위의 답변을 여러 번 낭독합니다.

4 다음 질문을 다시 듣고 60초 안에 답변을 해 보세요.

> Hello, this is John Cooper. At the last meeting, we talked about several ways to improve our services to satisfy customers' needs. So we've decided to change our delivery system. Well, from next month, we will start to deliver our product for 7days a week including Sundays and holidays. I am sure that this new service system can help our company to increase profits. But before we start the new delivery system, we should schedule our staff that are willing to work on Sundays or holidays to deliver items. But I worry that many of our staff may not be happy with this new change. Since we don't have much time to reschedule their work time table because the company will implement this service next month, I would like you to give good advice on how we can provide this new delivery service without any problems. Call me at extension 445.
>
> 안녕하세요. 저는 존 쿠퍼입니다. 지난 회의 때 저희가 고객 요구를 만족시키기 위해 저희 서비스를 개선하기 위한 여러 가지 방법에 대해 이야기 나눈 바 있습니다. 그래서 저희의 배송 서비스를 바꾸기로 결정했습니다. 다음 달부터 저희 상품을 일요일과 휴일을 포함한 항시 배송 서비스를 실시합니다. 새 서비스가 우리 회사의 이익 증진에 도움이 될 것이라고 확신합니다. 하지만 새 서비스 시작 전에 일요일과 휴일마다 물품 배송 업무를 해 줄 직원의 스케줄을 짜야 합니다. 하지만 많은 직원들이 이러한 변화를 좋아하지 않을 것 같아 걱정입니다. 당장 다음 달부터 이 서비스를 실시하기 때문에 다시 업무 시간표를 조정하기에는 시간이 충분치 않습니다. 따라서 저는 어떻게 하면 이 새 배송 서비스를 문제없이 시행할 수 있을지 조언을 듣고자 합니다. 내선번호 445번으로 연락 주십시오.

Answer 이름 John Cooper   상황 decided to change our delivery system to increase profits; work on Sundays or holidays to deliver items   문제 many not happy with this new change   요구 need good advice

Hello, John Cooper. I just got your message saying that your company decided to change the delivery system to increase profits. Employees have to work on Sundays or holidays to deliver items. The problem is that they may not be happy with the new change. So you need my advice. Don't worry. I have some suggestions that will help. First, you may pay them extra for overtime if they work during the weekends or holidays. Also, you can offer them more vacations. I would like you to have a meeting with them to discuss these options. I hope that you feel better after I've talked to you. If you need more of my help, please don't hesitate to call me back. Good luck.

안녕하세요 존 쿠퍼 씨. 방금 이윤 증대를 위한 새 배송 시스템을 시행한다는 메시지를 받았습니다. 직원들이 일요일과 공휴일에 물품 배송을 위해 일해야 하는데 문제는 직원들이 이러한 변화를 좋아하지 않을 것 같다는 점인데요. 제 조언이 필요하시다고요. 걱정 마십시오. 도움이 될 만한 몇 가지 제안을 해 드리겠습니다. 우선 직원들이 일요일이나 휴일마다 일을 하면 초과 근무에 대한 임금을 지불하셔야 합니다. 또한 더 많은 휴가를 제공하는 방법도 있습니다. 이러한 사항에 대해 직원들과 회의를 하셨으면 합니다. 이 메시지를 듣고 조금이나마 기분이 나아지셨으면 좋겠습니다. 도움이 필요하시면 주저 마시고 연락 주십시오. 행운을 빕니다.

Expressions Speaking

답안 패턴 구성을 위한 필수 표현   🎧 S1_Day 15_1

본론 1 **상황 설명**	• I am calling for <u>Mr. Black</u> (사람 이름) regarding <u>the package you ordered</u> (상황). • This is <u>Andrew</u> (자신의 이름) from <u>Ace Trucking company</u> (소속) returning your call. • I am calling back to you about <u>the order you placed last Monday</u> (상황 + 시간). • This is a message for <u>Mr. Black</u> (사람 이름) regarding <u>his recent reservation at our hotel</u> (상황). • I just checked your message and understand that <u>I have to go there to control the situation</u> (상황 [S + V]).
문제점	• The problem is that <u>you had to close up 20 minutes earlier in the morning sessions</u> (문제점 [S + V]). • You mentioned that _____. • You're telling me that _____. • However, _____.
요구 사항	• So you want me to check the situation and call you back. • You are requesting that I find out what happened. • So you asked me to give you a piece of advice. • So you need my help.
사과	• I am sorry to hear that you went through all that trouble. • I apologize for the inconvenience and that you had such difficulty. • I would like you to accept our apologies for the inconvenience we've caused you. • I am sorry but I am very happy to say that there is a way to solve this matter.
변명	• After checking into the situation, I've found out that <u>there was a communication error. One of our staff made a mistake</u>. • After I got your message, I've talked to them and they didn't realize the problem.

해결책 제시	- It will be no problem for me to help you. - Don't worry. I have some suggestions that will help. - Before I made this call, I had already arranged for someone to __take care of this event__. 　　　　　　　　　　　　　　　　　　　　　　　동사 (현재형)
보상책 제시	- Since this is our mistake, I would like to offer a 10% discount for your next purchase. - To compensate you, I would like to waive the delivery cost.
결론 마무리	- If you wish to speak more about this matter, please call me back. - Please call me back and let me know your decision. - I am sure things will turn out all right, so don't worry at all. - Good luck with it and you can call me any time when you need me.
추가 표현	- I hope that this solution(advice) may help you feel better. - I hope that you continue to do business with us. - I would like you to know that we tried our best to meet(fulfill) your needs.

시간이 남을 경우 추가로 할 수 있는 표현입니다.

해결책 예시

1. 컴퓨터 기술 강좌에서 보조하거나 가르칠 자원봉사자가 잘 구해지지 않아요.

We will introduce some students who have a great interest in volunteering for teaching.
자원봉사에 관심 있는 학생들을 소개해 드리겠습니다.

You will find volunteers if you provide enough time to take a break and give them a certificate for appreciation.
자원봉사자에게 휴식 시간을 넉넉히 주고, 수료증을 발급해 보세요.

2. 경쟁 미용실이 들어서는 바람에 손님이 줄고 있어요.

Try to provide a discount coupon if the customer revisits.
재방문 할인 쿠폰을 제공해 보세요.

Provide shampoo and massage service for free as an appreciation.
마사지와 샴푸 서비스를 무료로 제공해 보세요.

3. 태양열 자동차 출시로 저희 연구팀 중 한 명이 연설을 해야 하는데, 누구를 시키면 좋을까요?

Appoint the head researcher because he is the one who knows about the research overall and has a lot of experience.
수석 연구원을 시키세요. 그는 경험도 많고 연구 내용에 대해 잘 이해하고 있습니다.

Moreover, he has an outgoing personality so he must be able to do it well.
또한 외향적인 성격이라 연설을 잘할 것입니다.

4. 바자회를 여는 데 필요한 기부를 받기 위한 좋은 아이디어가 있나요?

Distribute or post flyers or advertisement materials in front of apartments.
아파트 입구에서 전단지를 나눠 주거나 붙이세요.

Hold a mini concert to get attention from people to donate for the event.
미니 콘서트를 열어 사람들의 관심을 끌어 보세요.

5. 고객들을 위해 더 나은 서비스를 제공하고자 새로운 프로그램을 개발하려고 합니다. 어떻게 하면 좋을까요.

We have a new program we've developed lately, so you may drop by our company to discuss further.
우리가 최근에 개발한 프로그램이 있으니, 회사에 들러 같이 의논해 봅시다.

We have an expert in our company, so I would like to introduce him to you.
우리 회사에 이 분야의 전문가가 있으니 당신께 소개해 드리겠습니다.

6. 고객들에게 설명을 잘못 인쇄한 제품을 배송했는데 어떻게 하면 상황을 해결할 수 있을까요?

Apologize first and then tell the customer that you will recall all the product and will arrange to deliver the product with the right instructions.
먼저 고객들께 사과드리고 잘못 인쇄된 제품을 모두 회수하여 제대로 된 설명서를 보내 드리겠다고 말씀하세요.

You may include a discount coupon when you arrange to redeliver the product.
제품을 다시 보낼 때 할인 쿠폰도 함께 넣으세요.

7. 파트 타임 근무자들의 교대 근무 시간이 정해져 있지 않아 누가 언제 근무하는지 알고 싶어요.

We must hire someone who will manage the working hours and fix the schedule.
담당자를 두어 근무 시간과 일정을 조정해야 합니다.

We must post the fixed schedule on the door of the employees' waiting room, so they can check their schedule all the time.
정해진 스케줄은 항상 직원대기실의 문에 붙여서 보기 쉽도록 하세요.

8. 사람들이 물 부족을 인식하고 심각성을 깨달을 수 있도록 방법을 알려 주세요.

You must make an announcement about water shortage and post it on the notice board.
물 부족에 관해 사내 방송으로 홍보하고 사내 게시판에 게시하세요.

I will introduce you to environmental experts that I know.
제가 아는 환경 전문가를 소개해 드리겠습니다.

9. 1번가가 폐쇄되어 우회해야 함을 지역 주민과 운전자에게 알려야 해요.

We'll send out the pamphlets to the residents around the area.
지역 주민들에게 안내 책자를 보내 주세요.

We will display warnings on our traffic alert system along the roads and highways.
일반 도로와 고속도로에 경고판과 주의 안내판을 설치하겠습니다.

10. 예정되어 있던 진행자가 늦게 온다고 해요.

We will substitute a new speaker who is supposed to do his presentation after Eric. So please arrive before the end of the conference.
에릭 다음에 발표하기로 한 사람으로 대체하겠습니다. 회의가 끝나기 전에 오세요.

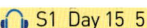

11. 물건을 구매했는데 제대로 작동하지 않아요.

We'll send our technician to your home immediately.
기술자를 댁으로 금방 보내 드리겠습니다.

If it's defective, we'll exchange it for another right away.
결함이 있다면 즉시 다른 제품으로 교환해 드리겠습니다.

If you just changed your mind, we cannot give you a refund.
당신의 변심이 문제라면, 환불해 드릴 수는 없습니다.

All our products come with a one-year warranty.
제품의 보증 기간은 1년입니다.

12. 호텔 예약을 변경해야 할 것 같아요.

Someone cancelled today, so I can get you into the room you want.
오늘 누군가가 취소를 한다면, 당신이 원하는 방으로 변경해 드릴 수 있습니다.

I'll give you a call if something opens up.
공실이 발생하면 연락드리겠습니다.

We're booked for that day, but I can put you on a waiting list.
오늘 예약은 완료됐지만, 대기 리스트에 올려 드리겠습니다.

13. 노트북을 샀는데 작동을 안 해요.

We'll get our technician to inspect it first thing tomorrow.
수리 기술자를 보내 드리겠습니다.

I recommend that you take it to the store if you're in a hurry.
구매한 대리점으로 노트북을 가지고 직접 방문해 주세요.

14. 온라인 주문에 문제가 좀 있네요.

I've already sent one of our employees to deliver the product, so you should get it within a day.
주문한 물건은 이미 배송 중이라 하루 이내에 물건을 받을 수 있을 것입니다.

As soon as I found the mistake, I sent the missing goods to you by express courier.
문제를 찾아내어 누락된 물건을 특송으로 보내 드리겠습니다.

15. 고장 난 제품이 배달됐어요.

I've already sent out one of our delivery men to exchange the item. Before he gets there, he will call you to check whether you can receive the item.
정상적 제품을 이미 보내 드렸습니다. 수신 여부를 택배기사를 통해 사전에 확인하겠습니다.

I'll contact a retail store near your place and get them to deliver.
계신 곳과 가까운 소매점에 연락해서 바로 가져다 드리겠습니다.

We will give you a full refund with no penalty if you want since this is our mistake.
당신이 환불을 원한다면 전액 환불해 드리겠습니다.

16. 온라인 예약이 안 돼요.

There were some bugs with our new reservation system but we've fixed it. Everything is running back to normal.
예약 시스템에 오류가 발생하여 수리를 마쳤고, 지금은 정상적으로 작동하고 있습니다.

Since this is our mistake, we'll reserve a bigger room for you at no extra charge.
우리의 실수에 의한 보상으로 추가 비용 없이 좀 더 큰 방으로 예약해 드리겠습니다.

17. 미팅에 늦을 것 같아요.

Why don't you ask one of your team members to replace you?
다른 팀원에게 참석하도록 요청하는 것이 어때요?

What I suggest you do is ask the clients to reschedule the meeting.
미팅 스케줄을 재조정하도록 하는 것이 어때요?

18. 프레젠테이션을 해야 하는데 너무 떨려요.

Just make sure that you have all the information ready.
발표 준비가 이미 다 되었다는 확신을 가지세요.

You must also be confident when speaking in front of others.
다른 사람 앞에서 많이 발표하는 연습을 하면 자신감을 가질 수 있을 거예요.

19. 가게 문을 열었는데 어떻게 홍보해야 할까요?

Why don't you make some fliers to promote the product?
프로모션을 위한 사은품을 준비하는 것은 어때요?

You could hold an event to introduce the new item to the consumers.
고객에게 새로운 상품을 소개하기 위한 이벤트를 하세요.

20. 일이 너무 바쁜데 직원이 부족해요.

There is the right person in the marketing department who could help you.
마케팅 부서에 당신을 도울 적임자가 있을 것입니다.

We will hire an experienced worker who can handle this matter right away.
우리는 이 문제를 바로 해결할 수 있는 경력자를 고용할 것입니다.

21. 새 제품을 개발했는데 어떻게 프로모션을 할까요?

Advertising online is a great way to reach people quickly and inexpensively.
가장 빠르고, 저렴한 비용으로 제품을 소개할 수 있는 온라인 광고를 이용해 보세요.

We can give away samples on the street or place ads in newspapers.
신문 광고나 길거리에서 제품 샘플을 프로모션해 보세요.

Express an Opinion

🔑 출제 경향
어떤 주제에 대해 자신의 의견을 제시하는 파트로 선호(Preference), 동의 여부(Agree or disagree) 등이 주된 유형이며 시사적인 이슈, 회사 업무, 교육, 기술, 건강, 자연 등의 주제가 자주 출제된다.

🔑 시험 구성
총 1문제가 출제되고, 15초의 준비 시간과 60초의 답변 시간이 주어진다.

🔑 채점 기준
1. 자신의 생각을 논리 정연하게 말하는가.
2. 주어진 60초의 답변 시간 동안 주어진 문제에 충실하게 답변하는가.
3. 문장과 문장의 흐름이 자연스럽고 발음이 또렷한가.
4. 서론, 본론, 결론의 형식이 지켜졌으며 생동감 있게 말하는가.

5점 만점 답변	우리말을 하듯 문장과 문장 간의 흐름이 자연스럽다. 의견이 논리적으로 적절한 표현들과 함께 뒷받침된다. 문장의 구성력이나 어휘력이 문제 주제와 관련되어 표현된다.
4점 답변	발음이나 문장과 문장의 연결이 자연스럽게 이루어지고 누가 들어도 유창하다. 멈칫거림이나 비음이 적절한 위치에 들어간다. 기승전결의 전개가 뚜렷하고 문법적인 실수가 조금 있다.
3점 답변	중간에 '음, 어' 같은 비음이나 멈칫거림이 잦고 단어나 문장 구성력이 미흡하다. 문법적인 실수가 있지만 전반적인 내용을 이해하는 데는 문제가 없다. 예시나 일관성에 있어서 가끔 문장이 아닌 구의 형태로 답변을 한다.
1~2점 답변	거의 말을 하지 않거나 무슨 말인지 알아들을 수 없다.

🔑 고득점 Tips
1. 여유 있고 차분하게 답변한다.
2. 쉬운 단어와 문장을 사용하면서 머릿속에서 생각난 단어로 말을 이어 나가는 연습을 한다.
3. 자연스러운 흐름을 위해 느낌이나 자신의 생각을 같이 얘기한다.
4. 문제마다 아이디어나 예시를 정리해서 반복적으로 연습하되 외우기보다는 이해를 통해 입에 익힌다.
5. 서론 10초 → 근거 설명 15초 → 예시 25초 → 결론 10초로 시간을 분배한다.

🔑 실제 시험 화면과 활용

TOEIC® Speaking

Question 11: Express an opinion

Directions: In this part of the test, you will give your opinion about a specific topic. Be sure to say as much as you can in the time allowed. You will have 15 seconds to prepare. Then you will have 60 seconds to speak.

지시 화면 시간 활용
지시문을 읽어 주는 시간입니다. 이때 지시문을 듣고만 있지 말고 입을 풀어주세요.

TOEIC® Speaking — Question 11

Do you agree or disagree with the following statement?
"Becoming a teacher is much harder than in the past."

Support your answer with ideas and examples.

PREPARATION TIME
0:00:15

준비 시간 활용
1. Begin preparing now.라는 지시문과 함께 삐 소리가 들리면 준비를 시작합니다.
2. 이유와 예시를 생각하며 준비 시간을 최대한 활용합니다.

TOEIC® Speaking — Question 11

Do you agree or disagree with the following statement?
"Becoming a teacher is much harder than in the past."

Support your answer with ideas and examples.

RESPONSE TIME
0:01:00

답변 시간 활용
1. 15초 동안 준비한 내용을 차분하게 말해 나갑니다.
2. 자신감 있게 답변하는 것을 잊지 말고, 최대 50초를 넘기지 않아야 높은 점수를 받을 수 있습니다.

MP3 & 동영상
바 로 　 가 기

문제 접근 전략

Speaking

❶ 논리적으로 나의 생각 말하기
- 발음을 또렷하고 차분하게 말하는 연습을 하세요.
- 단순히 남의 답을 외우려 하기보다는 자신의 단어나 문장 실력을 믿고 연습하세요.

❷ 15초 준비 시간 활용하기
문제를 바로 보고 이해한 후 자신이 주장하고자 하는 것을 결정하는 연습이 필요합니다. 그래야 준비 시간에 이유나 예시를 생각해 볼 여유가 있고 답변 시간 내에 체계적으로 말할 수 있습니다.

1. 문제 읽는 시간 활용
문제 읽는 동안에는 문제를 듣지 말고 읽어 내려가면서 문제를 빠른 시간에 이해합니다.

◆ 실제 문제 화면

> **TOEIC® Speaking** **Question 11: Express an opinion**
>
> Do you agree or disagree with the following statement? 다음 명제에 동의하십니까 혹은 반대하십니까?
>
> "People think advertisements are very important and will have a greater influence than in the past." Give specific ideas and support your answer. "사람들은 광고가 아주 중요하며 과거보다 큰 영향력을 가질 것이라고 생각합니다." 자세한 의견을 제시하고 답변을 뒷받침하시오

◆ 문제 핵심 파악하기

문제의 핵심은 "People think advertisement is very important and will have a greater influence than in the past." 문장입니다. 문제의 핵심을 파악한 후 답변을 구상합니다.

2. 준비 시간 15초 아이디어와 예시 정리

근거(본론1)는 핵심 포인트만 정리하고 군더더기를 붙이지 않습니다.
- 근거1: will learn lots of things from advertisement 광고에서 많은 사실을 알게 될 것이다
- 근거2: will cause more competition among companies 기업들 간 더 많은 경쟁을 유발하게 될 것이다

예시(본론2)는 Brainstorming 단계로, 우리말로 쉬운 구의 형태로 생각합니다.
- can learn many things 많은 사실을 알 수 있다
- can find current trends and other information 다른 정보와 현재 트렌드를 알 수 있다
- will provide better services and products 더 나은 서비스와 제품을 제공할 것이다
- will be much smarter than before 전보다 더 현명해질 것이다
- be exposed to various advertisements and information 다양한 광고와 정보에 노출된다

❸ 60초 답변 구성 이해하기

1. 문제 테마에 맞추어서 답변

60초는 서론 10초 ⇨ 근거 15초 ⇨ 예시 25초 ⇨ 결론 10초로 시간 분배를 하고, 나름대로 생각을 정리해서 연습을 해야 시험장에서 긴장된 상태라도 자연스럽게 서론, 본론, 결론에 맞추어 답할 수 있습니다.

2. 60초 답변 구성해보기

◆ 질문

TOEIC® Speaking   Question 11: Express an opinion

Do you agree or disagree with the following statement? 다음 의견에 동의하십니까 혹은 반대하십니까?
"Employees will work more efficiently and productively when they have more time off."
Give specific ideas and support your answer. 직원들은 쉬는 시간이 더 늘어날수록 더 효과적이고 생산적으로 일할 것이다. 자세한 아이디어를 제시하고 답변을 뒷받침하시오.

◆ 답변하기

서론 (10초)	질문의 결론을 먼저 말하기	Yes, I agree that employees will work more efficiently and productively when they have more time off for some reasons. 네, 저는 쉬는 시간이 더 늘어날수록 직원들이 더 생산적이고 효과적으로 일할 것이라는 생각에 동의합니다.
본론1: 이유 (15초)	관련 근거 1~2개 제시	First of all, employees will have more time to recharge from the stress. Moreover, they will have a chance to upgrade or learn things they need for work. 몇 가지 이유가 있는데요. 우선 직원들은 스트레스를 해소할 시간을 더 많이 가지게 됩니다. 게다가 업무에 필요한 내용을 배우거나 더 발전시킬 수 있는 기회가 있을 것입니다.
본론2: 예시 (25초)	이유 뒷받침하기	In my case, I've been working at this company for 3 years. Since the company didn't provide enough vacation, I couldn't have time off and hadn't had a chance to release the stress. So, I have been feeling really tired and exhausted. Because of that I couldn't concentrate on my work and time to time, I fall asleep and made lots of mistakes on my reports. Also, I can't seem to find any time to learn alternative skills or participate in workshops or conferences to improve my work efficiency and productivity. 제 경우에는 이 회사에서 3년 동안 일했습니다. 회사가 충분한 휴가를 주지 않아서 저는 쉴 수가 없었고 스트레스를 풀 수 없었습니다. 그래서 저는 아주 피곤하고 지친 느낌을 받았습니다. 따라서 저는 업무에 집중하지 못하고 때로는 졸기도 하며 보고서에 많은 실수를 한 적이 있습니다. 또한 저는 다른 업무 능력을 배우거나 더 효율적이고 생산적으로 일하기 위한 워크숍이나 컨퍼런스에 참가할 시간이 없었습니다.
결론 (10초)	서론 주장을 다시 한 번 강조	Therefore, I agree that employees must have more time off to work more efficiently and productively. 따라서 저는 직원들이 더 많은 휴식 시간을 가지면 더 효과적이고 생산적으로 일할 수 있다는 데에 동의합니다.

❹ 답변 패턴 만들기 🎧 S1_Day 16_2

다양한 패턴으로 연습하다 보면 오히려 시험 보러 갔을 때 생각이 나지 않아 실수하기 쉽습니다. 그러므로 자신에게 가장 적합한 문장을 선택하여 자신만의 답변 패턴을 만드세요.

◆ 서론

- **It really depends on _____ but [I think/ I agree] that~ 주어 + 동사**
  ~에 따라 다를 수 있지만 저는 ~라고 생각합니다. ~라는 데에 동의합니다.
  - **ex** Do you agree or disagree that money is the most essential part of our lives in modern society? 현대 사회를 살아가는 데 돈이 가장 필요한 요소라는 데에 동의하십니까 아니면 반대하십니까?
  - ⇨ It really depends on the situation but I think that money is the most essential part of our lives in modern society.
    상황에 따라 달라지지만 저는 돈은 현대 사회를 살아가는 데 있어 우리 삶에 가장 중요한 부분이라고 생각합니다.

- **What I think about this matter is that ~ 주어 + 동사** 이 문제에 대해서 저는 ~라고 생각합니다.
  - **ex** Do you agree or disagree that money is the most essential part of our lives in modern society? 현대 사회를 살아가는 데 돈이 가장 필요한 요소라는 데에 동의하십니까 아니면 반대하십니까?
  - ⇨ What I think about this matter is that I think money is the most essential part of our lives in modern society 이 문제에 대해 저는 돈이 현대 사회의 우리 삶에 있어서 가장 중요한 부분이라고 생각합니다.

- **To be honest, I think ~ 주어 + 동사/ To tell you the truth, 주어 + 동사**
  솔직히 말하자면 저는 ~라고 생각합니다/ 사실을 말하자면,~
  - **ex** Which media do you usually use to watch the world news; Internet or newspaper?
    세계 뉴스를 보는데 인터넷, 신문 중 어느 매체를 평소에 이용하십니까?
  - ⇨ To be honest, I think I usually use the Internet to watch the world news.
    솔직히 말하자면 저는 주로 인터넷을 통해 세계 뉴스를 봅니다.

- **Well, it is very difficult to decide but ....** 결정하기 매우 어렵지만~
  - **ex** Which media do you usually use to watch the world news; Internet or newspaper?
    세계 뉴스를 보는 데 인터넷, 신문 중 어느 매체를 평소에 이용하십니까?
  - ⇨ Well, it is very difficult to decide but I think I usually use the Internet to watch the world news.
    결정하기 어렵지만 제 생각에 주로 인터넷을 이용하여 세계 뉴스를 보는 것 같습니다.

* I think, in my opinion, from my point of view, I would say, generally speaking, in most cases 등으로 시작할 수도 있다.

◆ 본론1: 이유

 S1_Day 16_3

2개 이상의 긍정적인 이유를 제시

- **Among many other reasons, I think that ~ 주어 + 동사** 많은 다른 이유 중에서 저는 ~라고 생각합니다.
- **One of the reasons is that 주어 + 동사** 그 이유 중 하나는 ~입니다.
- **First of all, 주어 + 동사/ Another reasons is** 먼저 ~이고/ 또 다른 이유는~
- **Also/ Moreover** 또한/ 게다가

  ex
  - Among many other reasons, I think that having enough money can improve our value of life.
    다른 많은 이유 중에서도 저는 충분한 자금은 우리 삶의 가치를 향상시킬 수 있다고 생각합니다.
  - Also, people desire many things more than ever before.
    또한, 사람들은 항상 전보다 많은 것을 소유하려고 합니다.

반대되는 이유를 제시

- **but** 하지만
- **However** 그러나
- **On the other hand** 반면에, 한편

  ex On the other hand, people value things other than money. Such as family, connections, and passions for life and so on.
  한편, 사람들은 돈보다 다른 것들을 더 중요하게 생각합니다. 가족이나 사람과의 관계, 삶에 대한 열정과 같은 것입니다.

◆ 본론2: 예시

- **To be specific** 자세히 말하자면
- **For example** 예를 들어
- **In my case** 제 경우에는
- **From my experience** 제 경험상으로는
- **According to 사람 ~ S + V** ~에 따르면

  ex In my case, I've been working at this company for 3 years.
  제 경우에는 이 회사에서 3년 동안 일했습니다.

◆ 결론

- **So** 따라서
- **These are the reasons** 거기에는 이유가 있습니다
- **Therefore** 그러므로
- **Because of those** 이러한 사실 때문에
- **Even though** 비록

  ex
  - So, I think that money is the most essential part of our lives in modern society.
    따라서 저는 돈이 현대 사회의 삶에서 가장 중요한 부분이라고 생각합니다.
  - Even though, there are other things some people value more, I think that money is the most essential part of our lives, especially in modern society.
    비록 더 중요한 사람들이 있기는 하지만 저는 현대 사회를 살아가는 데 돈이 가장 중요한 부분이라고 생각합니다.

연습하기

지금까지 배운 내용을 다시 한 번 정리하면서 문제를 풀어 보세요.

1. 문제 읽는 시간 활용

If you have to get advice when deciding a career, which one of the following options is the best source of information? Choose one option and give specific reasons to support your idea.

만약 직업을 정할 때 조언을 구해야 한다면 다음 선택지 중에 가장 좋은 정보를 얻을 수 있는 것은 무엇입니까? 하나를 선택하여 자세한 이유를 들어 의견을 뒷받침하시오.

◆ 문제 핵심 파악하기

_____
_____

2. 준비 시간 15초 아이디어와 예시 정리

근거1 _____
근거2 _____
예시
_____
_____

Answer

1. 머릿속에서 정리된 내용은? getting advice from a specialist.

   If I have to get advice when deciding a career, I think a specialist is the best source of information. 만약 직업을 결정하는 데 조언을 얻어야 한다면 전문가가 가장 좋은 정보원이라고 생각합니다.

2. 근거1: have much information than anyone 다른 사람보다 더 많은 정보를 가지고 있다

   근거2: professional to deal with matters and problems 문제를 해결하는 데 전문가이다

   예시:

   in my case/ right after the graduation/ got help from my father/ studied with friends things such as interviews and writing résumés and so on/ couldn't find a job in more than 6 months/ went to get help from a specialist/ was able to get a job in a month/ gave tips on how to write résumés and prepare for interviews/ has more lists of jobs than anyone else

   제 경우에는/ 졸업한 직후/ 아버지께 도움을 받았습니다/ 친구들과 면접이나 이력서 작성 등에 관해 공부했습니다/ 6개월 이상 직장을 찾지 못했습니다/ 전문가의 도움을 받으러 갔습니다/ 한 달 만에 일을 구할 수 있었습니다/ 이력서 작성 방법과 인터뷰 준비에 필요한 조언을 주었습니다/ 다른 누구보다도 직업 관련 리스트를 많이 가지고 있습니다

◆ 모범 답변　　　　　　　　　　　　　　　　　　　

서론

If I have to get advice when deciding a career, I think a specialist is the best source of information. 만약 제가 직업을 정할 때 조언을 받아야 한다면 전문가가 정보를 얻기에 가장 좋다고 생각합니다.

본론의 시작에는 일단
1. 전제 조건을 먼저 말합니다.
2. 이유에 맞는 예시를 3~4문장 정도로 말합니다.

본론

근거

예시: [전제 조건]

In my case, I couldn't get a job for a year. All my friends and family tried to help me to find one, but I was not lucky. So, I had to see a career specialist. After a month, I was able to find a job because they helped me to write a résumé and trained me to prepare. The first reason is that they usually have more information than anyone else. Also, they are professional and deal with different matters and problems. These are the reasons that I have to get advice when deciding on a career. I think a specialist is the best source of information.

저의 경우 일 년 동안 일자리를 찾지 못했습니다. 제 친구들과 가족들이 도와주려 했지만 찾지 못했습니다. 그래서 저는 직업 전문가를 찾아가야 했습니다. 한 달 후, 그들이 이력서 작성을 도와주고 준비 교육을 해 준 덕분에 일자리를 구했습니다. 첫 번째 이유는 일반적으로 다른 누구보다 더 많은 정보를 가지고 있습니다. 또한 그들은 각기 다른 문제를 해결하는 데 전문가입니다. 이러한 이유로 만약 제가 직업을 찾을 때 조언이 필요하다면 저는 전문가가 가장 좋은 정보원이라고 생각합니다.

❺ 본론 전개 방식

토익 스피킹은 말하기 시험이니 말로만 연습하는 경우가 많습니다. 하지만 Part 6의 경우는 생각한 바를 논리 정연하게 적어서 낭독을 통해 연습해야만 실전에서 체계적으로 답변할 수 있습니다. 60초간 영어로 자신의 생각을 논리적으로 말해야 하기 때문에 답변의 중심이 되는 본론의 구조를 잘 파악해야 합니다.

🎧 S1_Day 16_5

> Do you agree or disagree with the following statement? 다음 명제에 동의하십니까 혹은 반대하십니까?
>
> "People think advertisements are very important and will have a greater influence than in the past."
> "사람들은 광고가 아주 중요하며 과거보다 큰 영향력을 가질 것이라고 생각합니다."
>
> Give specific ideas and support your answer.
> 자세한 의견을 제시하고 그를 뒷받침하시오.

1. 2가지 이상의 근거와 예시 (근거 1+근거 2+예시)

◆ 근거 만들기

근거1 will learn lots of things from advertisement 광고에서 많은 것을 알 수 있을 것이다
근거2 will cause more competition among companies 회사 간의 경쟁을 더욱 부추길 것이다

◆ 예시 만들기

- can learn many things 많은 사실을 알 수 있다
- can find current trends and other information 다른 정보와 현재 트렌드를 알 수 있다
- will provide better services and products 더 나은 서비스와 제품을 제공할 것이다
- will be much smarter than before 전보다 더 현명해질 것이다
- be exposed to various advertisements and information 다양한 광고와 정보에 노출된다

◆ 모범 답변

> What I think about this matter is that I agree. Advertisements are very important and will have a greater influence than in the past for some reasons. First of all, people will learn lots of things from advertisements. Second, it will cause competition among companies. In my case, I am getting lots of advertisements on my smart phone. From the advertisements, I found out that I am learning many things. I can find out current trends and other necessary information before I do things. Many people will get better services and products since companies are competing to improve their services and products. And people will be much smarter than before since they are exposed to various advertisements and will be more resourceful. These are the reasons that I think advertisements are very important and will have a greater influence than in the past.
>
> 저는 이 명제에 동의합니다. 광고는 아주 중요하며 과거에 비해 더 큰 영향력을 가질 것입니다. 여러 가지 이유가 있는데, 우선 사람들은 광고에서 많은 사실을 알 수 있습니다. 두 번째로 회사 간의 경쟁을 발생시킬 것입니다. 제 경우에는 스마트폰을 통해 많은 광고를 접합니다. 그 광고로 인해 저는 많은 것들을 배운다는 사실을 알았습니다. 저는 무언가를 하기 전에 현재 트렌드와 다른 필요한 정보를 찾을 수 있습니다. 회사들이 경쟁을 통해 더 나은 서비스와 제품을 향상시키려고 하기 때문에 많은 사람들은 더 나은 서비스와 제품을 제공받을 수 있을 것입니다. 그리고 사람들은 다양한 광고와 다양한 정보원에 노출됨에 따라 더 영리해질 것입니다. 이러한 이유로 저는 광고가 아주 중요하며 과거보다 더 영향력을 갖게 될 것이라고 생각합니다.

2. 근거&반론 (근거+예시+반론)

◆ 근거 만들기

will learn lots of things from advertisement 광고로부터 많은 것을 배울 것이다

◆ 예시 만들기

- can learn many things 많은 것을 배울 수 있다
- can find current trends and other information 현재 트렌드와 다른 정보를 찾을 수 있다
- will be much smarter than before 전보다 훨씬 영리해질 것이다
- will have exposure to various advertisements and information 다양한 광고와 정보에 노출된다

◆ 반론 만들기

- will make people to spend more 사람들이 더 많은 소비를 하게 만든다
- will get too much unnecessary advertisement on phones and emails
  전화나 이메일을 통해 지나치게 많은 불필요한 광고가 제공될 것이다

◆ 모범 답변

S1_Day 16_6

> What I think about this matter is that I agree. Advertisements are very important and will have a greater influence than in the past for some reasons. First of all, people will learn lots of things from advertisements. Second, it will cause competition among companies. In my case, I am getting lots of advertisements on my smart phone. From the advertisements, I found out that I am learning many things. I can find out current trends and other necessary information before I do things. So I will be more informed. However, it will cause people to spend more, and get tired of getting unnecessary advertisements on their phones and emails. From all these reasons, advertisements will be more influential than ever in some good and bad ways.
>
> 저는 이 명제에 동의합니다. 광고는 아주 중요하며 과거에 비해 더 큰 영향력을 가질 것입니다. 여러 가지 이유가 있는데, 우선 사람들은 광고에서 많은 사실을 알 수 있습니다. 두 번째로 회사 간의 경쟁을 발생시킬 것입니다. 제 경우에는 스마트폰을 통해 많은 광고를 접합니다. 그 광고로 인해 저는 많은 것들을 배운다는 사실을 알았습니다. 저는 무언가를 하기 전에 현재 트렌드와 다른 필요한 정보를 찾을 수 있습니다. 그래서 저는 더 많은 정보를 얻을 수 있을 것입니다. 하지만 이러한 광고로 사람들의 소비는 늘어나고 전화나 이메일을 통해 불필요한 광고가 제공되어 지칠 수 있습니다. 이러한 이유로 광고는 과거와 비교해 좋은 부분과 나쁜 부분을 포함하여 영향력이 더 커질 것입니다.

Day 17

실전 예제   Speaking

1 교육 & 사회   🎧 S1_Day 17_1

TOEIC® Speaking   **Question 11: Express an opinion**

When parents are raising their children, what should they consider the most among these 3 options? 부모가 자녀를 기를 때 다음 3가지 중 무엇을 가장 염두에 두어야 합니까?

Money managing skills, politeness, volunteering for community work
돈 관리 능력, 예의범절, 지역 사회 봉사

Choose one and support your answer. 한 가지를 고르고 답변을 뒷받침하세요.

문제 핵심 파악하기
근거1
근거2
예시

서론

본론
근거

예시

결론

*정답 및 해석은 135페이지에 있습니다.

2 직장

 S1_Day 17_2

TOEIC Speaking **Question 11: Express an opinion**

As an employee, which one of these options do you think they must have to be successful?
직원으로서 어떠한 선택이 성공하기 위해 지녀야 할 능력이라고 생각하십니까?

Effective oral communication skills, good writing skills, good listening skills
효과적인 구두 의사소통 능력, 우수한 문서작성 능력, 바른 경청 자세

Choose one and support your answer. 한 가지를 고르고 답변을 뒷받침하세요.

문제 핵심 파악하기
근거1
근거2
예시

서론

본론
근거

예시

결론

*정답 및 해석은 135페이지에 있습니다.

3 첨단 기술

 S1_Day 17_3

TOEIC® Speaking — Question 11: Express an opinion

Do you believe that blogs are credible news sources?
블로그가 믿을 만한 뉴스 정보원이라고 생각하십니까?

문제 핵심 파악하기
근거1
근거2
예시

서론

본론
근거

예시

결론

*정답 및 해석은 135페이지에 있습니다.

Answer   All of the options are very important factors to raise a child. However, if I have to choose one, I will say good manner for their success. First, good manners are crucial to your children's social success. It will give a good impression to their peers and will help them earn recognition from people. The other reason is that if they use good manners and treat others with respect, even if they are everyday contacts such as store clerks, gas station attendants and so on, they will be more likely to go out of their way to help you and more likely to respond in the same way. So I think good manners must be taught from their parents for children's successful social life.

세 가지 모두 자녀를 기르는 데 아주 중요한 요소입니다. 하지만 만약 선택해야 한다면 저는 그들의 성공을 위해 예의범절을 선택할 것입니다. 먼저, 예의는 자녀의 사회적 성공에 아주 중요합니다. 이는 다른 사람들에게 좋은 인상을 줄 것이며 사람들에게 인정받는 데 도움이 될 것입니다. 다른 이유는 만약 자녀들이 가게 점원이나 주유소 직원들과 같은 일상생활에서 자주 만나는 사람에게 예의가 바르고 다른 사람을 존중한다면 그들 또한 자녀들을 돕기 위해 나설 것이며 같은 방법으로 대할 것입니다. 그래서 저는 아이의 성공적인 사회생활을 위해 부모가 예의를 가르쳐야 한다고 생각합니다.

Answer   All the options are very important to be successful but the most important key is having effective oral communication skills. Through effective communication skills, employees can persuade their colleagues or clients while they interact with them. With clients, employees will know how to start and lead the conversation; from incredibly formal to informal which will create different intimacies with clients and it can be very persuasive and effective. Not only with clients but also with colleagues, effective oral communication skills can help with their relationships and solve many conflicts by approaching it rationally. All these will lead to a more profitable and productive cooperation. Therefore, I think having effective oral communication skills is the most important key factor to be a successful employee.

모든 항목이 성공을 위해 중요한 능력이라고 생각하지만 가장 중요한 열쇠는 효과적인 구두 의사소통 능력입니다. 효과적인 의사소통 능력을 통해 직원들은 그들이 접하는 동료나 고객을 설득시킬 수 있습니다. 고객들과는 직원들이 어떻게 대화를 시작하고 이끌어갈지 알고 있을 것입니다. 아주 격식을 갖춘 상황이나 고객과 친밀감을 구축할 수 있는 일상적인 상황에서도 이는 설득력 있고 효과적일 것입니다. 고객뿐만 아니라 동료와도 마찬가지로 효과적인 의사소통 능력은 그들의 좋은 관계 구축을 도와주며 이성적으로 의견 충돌에 접근하여 해결하는 데 도움이 될 것입니다. 이러한 모든 것들이 가장 이롭고 생산적인 협력으로 이어질 수 있을 것입니다. 따라서 저는 효과적인 의사소통 능력이 성공하는 직원이 되기 위한 가장 중요한 요소라고 생각합니다.

Answer   Yes, I totally believe that blogs are good sources of getting the most current and updated news and can be trusted even though many in the news business claim that blogs are not real news because the quality is not as stringent as a newspaper. First of all, blogs are trustworthy because they are not connected with large organizations. So news from blogs can be more transparent and trustworthy than traditional news sources. Moreover, blogs offer various levels of expertise that traditional news sources cannot achieve. Generally, we don't really get enough and detailed information when trained journalists write about some technical issues. However, blog writers normally have familiarity with the issues so they can offer raw insider perspective. Because of those following reasons, in my opinion, blogs are credible new sources to people in some aspect.

네, 저는 블로그가 가장 최신의 뉴스를 얻을 수 있는 좋은 정보원이라는 데에 전적으로 동의합니다. 그리고 비록 많은 뉴스업계 종사자들이 블로그가 신문만큼 품질 관리에 엄격하지 않기 때문에 진정한 뉴스가 아니라는 주장을 하고 있지만 믿을 만하다고 생각합니다. 무엇보다 블로그는 거대 조직과 연관이 없기 때문에 믿을 수 있습니다. 따라서 블로그의 뉴스는 전통적인 뉴스 소스보다 더 투명하고 믿을 수 있습니다. 게다가 블로그는 전통적인 뉴스가 할 수 없는 전문적인 부분을 다룹니다. 일반적으로 우리는 교육받은 저널리스트가 특정 기술 관련 문제에 대해 썼을 때 충분하고도 상세한 정보를 얻지 못합니다. 하지만 블로그 작성자는 일반적으로 관계자의 시각으로 직접 제공할 수 있을 정도로 해당 이슈에 익숙합니다. 이러한 이유 때문에 저는 블로그가 어떤 분야의 사람에게는 믿을 만한 뉴스 정보원이라고 생각합니다.

Day 18 Expressions

Speaking

찬성 또는 반대 (Agree or disagree)

🎧 S1_Day 18_1

1. 회사에서 오래 일한 사람 (신입 채용)

Do you agree or disagree with the opinion that when hiring new employees, people who have more experience are better than those who don't? Use specific examples for your reason.

새 직원을 채용할 때 더 경험이 많은 사람을 고용하는 것이 그렇지 않은 사람보다 더 낫다는 의견에 대해 동의하십니까 혹은 반대하십니까? 구체적인 예를 들어 이유를 설명하시오.

Agree

- Companies can save much more time and money without educating and training new employees. 회사는 새 직원 교육에 필요한 시간과 비용을 절감할 수 있습니다.
- Experienced workers have a wide knowledge and a good social network in their field. 숙련된 직원은 폭넓은 지식과 좋은 사회적 인맥을 해당 분야에서 가지고 있습니다.

Disagree

- It can make good competition among the people. Also it motivates employees who have been working for a long time. 직원들 사이에서 선의의 경쟁을 할 수 있습니다. 또한 그것은 오랫동안 일한 다른 직원들에게 동기 부여가 됩니다.
- I read an article saying that new employees are more creative than experienced workers. 숙련된 직원보다 경력이 없는 직원이 더 창의적이라는 기사를 읽었습니다.

2. 조기 유학

Do you agree or disagree with the opinion that it is better to go abroad at an early age? Use specific examples for your reason.

일찍 외국 유학을 가는 것이 더 좋다는 의견에 찬성하십니까 혹은 반대하십니까? 구체적인 예를 들어 이유를 설명하시오.

Agree

- Children learn faster than adults. The best way to learn English is to go abroad. 아이들은 어른보다 더 빨리 배울 수 있습니다. 영어를 배우는 가장 좋은 방법은 유학을 가는 것입니다.
- They can experience various cultures. So they can understand other people and cultures during childhood. 다양한 문화를 경험할 수 있습니다. 따라서 어린 시절에 다른 사람들과 그 문화를 이해할 수 있습니다.

Disagree

- Young children can be confused with their identities when they go abroad at an early age. 어린아이들은 일찍 유학을 가면 정체성에 혼란이 올 수 있습니다.
- Children can get a lot of stress due to learning language and new culture. 아이들은 언어와 새로운 문화를 배우면서 많은 스트레스를 받을 수 있습니다.

3. 한 곳에서 일하는 것과 다양한 직장을 경험하는 것

Do you agree or disagree with the opinion that it is better to work at one place with the same income than choosing a new job at various locations? Use specific examples for your reason.

한 곳에서 일정한 수입으로 일하는 것이 다양한 곳에서 새로운 직업을 구하는 것보다 낫다는 의견에 동의하십니까 혹은 반대하십니까? 구체적인 예를 들어 이유를 설명하시오.

Agree

- I can save my time. If I choose a job where I need to travel most of the time, I have to waste my time moving around places. I can avoid this problem by choosing a job staying at the same location for a long time.
  시간을 절약할 수 있습니다. 만약 이동하는 데 많은 시간을 필요로 하는 일을 선택한다면 이동하는 데 시간을 낭비하게 됩니다. 같은 곳에서 오랫동안 일하는 직업을 선택함에 따라 이러한 문제를 피할 수 있습니다.

- I can save money that is used as transportation cost. Since I stay at the same location for a long time, I don't need to use public transportation that much when it is compared to the case of having a job that I need to travel most of the time.
  교통비가 적게 들어 돈을 절약할 수 있습니다. 한 곳에 오랫동안 머물기 때문에 이동하는 데 많은 시간이 필요로 하는 직업을 선택했을 경우와 비교하여 공공기관을 이용할 필요가 없습니다.

- I can enjoy my leisure time with my family. I can save commute time due to working at the same location. Then, I can enjoy my leisure time with my family more.
  가족과 여가를 즐길 수 있습니다. 같은 장소에서 일을 함으로써 출퇴근에 필요한 시간을 줄일 수 있습니다. 그러면 가족과 더 많은 여가를 즐길 수 있습니다.

Disagree

- I like to work at various places so that I can experience different jobs. Working at one place can be boring and sometimes change is needed.
  다양한 직업을 경험할 수 있기 때문에 다양한 곳에서 일하고 싶습니다. 한 곳에서 일하는 것은 지루해질 수 있으며 때로는 변화가 필요합니다.

- I can choose what I want to do. If I don't like my job, then I can change whenever I want to.
  자기가 하고 싶은 일을 선택할 수 있습니다. 만약 직업이 맘에 들지 않으면 언제든지 바꿀 수 있습니다.

4. 자가용과 대중교통 이용

Do you agree or disagree with the opinion that in 20 years there will be more public transportation than personal transportation? Use specific examples for your reason.

20년 이내에 더 많은 대중교통이 개인적으로 이동하는 것보다 더 많아질 것이라는 의견에 대해 동의하십니까 혹은 반대하십니까? 구체적인 예를 들어 이유를 설명하시오.

Agree

- Cost of fuel is fluctuating and getting higher. Using public transportation will be the only way to save on commuting expenses.
  연료 가격 변동이 심하며 더 높아지고 있습니다. 대중교통을 이용하는 것이 출퇴근 비용을 절약할 수 있는 유일한 방법입니다.

- It is getting hard to find a parking lot near a big city. People using public transportation don't need to find a parking lot.
  대도시 근처에 주차장을 찾는 것이 점점 어려워지고 있습니다. 대중교통을 이용하면 주차장을 찾을 필요가 없습니다.

- The number of cars is getting bigger. So when I use public transportation, I can avoid traffic jams during rush hour.
  차량 수가 점점 늘어나고 있습니다. 그래서 대중교통을 이용하면 출퇴근 시간대 정체를 피할 수 있습니다.

5. 사업 성공을 위해서 필요한 것 🎧 S1_Day 18_3

Do you agree or disagree with the opinion that in order to be successful, it's more important to be outgoing than smart? Use specific examples to support your reason.

성공하기 위해서는 영리함보다는 사교성이 더 중요하다는 의견에 대해 동의하십니까 혹은 반대하십니까? 구체적인 예를 들어 이유를 설명하시오.

Agree

- People who are outgoing have more friends and they easily make friends. To be successful, you need to have friends who can help you and also you need to have a good relationship with the employees.
  사교적인 사람은 친구들이 더 많으며 쉽게 친구를 만듭니다. 성공하기 위해서는 도와줄 수 있는 친구가 필요하며 동료들과도 좋은 관계를 유지해야 합니다.

- People who work well with people know how to think differently. They listen to other people's opinions, which help them become successful.
  사람들과 잘 지내는 사람들은 다르게 생각할 줄 압니다. 그들은 성공하는 데 도움이 되는 타인의 의견을 잘 듣습니다.

Disagree

- To be successful, you need to have knowledge. Usually smart people have the most knowledge on how to become successful.
  성공하기 위해서는 지식이 필요합니다. 보통 똑똑한 사람들은 성공하기 위한 대부분의 지식을 가지고 있습니다.

- If you are smart, usually you are smart with everything. You will find a way to work with other employees and become successful.
  만약 당신이 영리하다면 모든 것에 대해 알고 있습니다. 다른 직원들과 일하고 성공하기 위한 방법을 찾을 것입니다.

6. 성공적인 관리자의 요건

Do you agree or disagree with the opinion that to be a successful manager, you need to listen to others? Use specific examples to support your reason.

관리자가 성공하기 위해서는 다른 사람의 의견을 잘 들어야 한다는 의견에 대해 동의하십니까 혹은 반대하십니까? 구체적인 예를 들어 이유를 설명하시오.

Agree

- You need to listen to others in order to be successful. People's opinion is essential in the success of the manager. If the manager doesn't listen to others, they will lose trust in the manager.
  성공하기 위해서는 다른 사람의 의견을 들어야 합니다. 관리자로 성공하기 위해서 타인의 의견은 필수입니다. 만약 관리자가 다른 사람의 의견을 듣지 않는다면 관리자로서의 신뢰를 잃을 것입니다.

- Good listeners are usually the best people. Knowing to take advice and hear opinions is an important human quality. If the manager just cares about his own opinion, he won't be successful.
  잘 듣는 사람은 보통 좋은 사람입니다. 조언을 받아들일 줄 알고 의견을 들을 줄 아는 것은 중요한 인간의 자질입니다. 만약 관리자가 자신의 의견만을 고집한다면 그는 성공할 수 없습니다.

7. 아이들과 운동

Do you agree or disagree with the opinion that children should learn sports, such as swimming, soccer, and so on? Use specific examples to support your reason.
아이들은 수영, 축구 등과 같은 운동을 배워야 한다는 의견에 대해 찬성하십니까 혹은 반대하십니까? 구체적인 예를 들어 이유를 설명하시오.

Agree

- It is important to be healthy from a young age. Learning sports is important because it helps children keep healthy.
  어릴 때부터 건강하게 지내는 것은 중요합니다. 운동을 배우는 것은 아이들이 건강하게 지낼 수 있게 도와주기 때문에 중요합니다.

- After the children grow up, knowing at least one sport is important to socialize with other people. You could play tennis with your friend.
  아이가 나중에 자라서 다른 사람과 사귀는 데에는 적어도 한 가지의 운동이 필요하다는 사실을 알게 됩니다. 친구와 테니스를 칠 수도 있습니다.

8. 좋은 선생님의 자격 요건

Do you agree or disagree with the opinion that to be a good teacher, you need a humorous personality? Use specific examples to support your reason.
좋은 선생님이 되기 위해서 유머 감각이 필요하다는 의견에 동의하십니까 혹은 반대하십니까? 구체적인 예를 들어 이유를 설명하시오.

Agree

- Students can get bored during class and some of them even fall asleep. If the teacher is humorous, students concentrate more and contribute more in class.
  학생은 수업 시간에 따분해 하고 몇몇 학생은 조는 경우가 있습니다. 만약 선생님이 유머 감각이 있다면 수업에 더 집중하고 더 많이 참여할 것입니다.

- Humorous teachers are more popular to students because they want to have a fun class rather than a boring class.
  지루한 수업보다 재미있는 수업을 듣고 싶어 하기 때문에 유머 감각이 있는 선생님이 학생에게 더 인기가 있습니다.

Disagree

- Teaching is supposed to be serious. Teachers might talk about something unimportant in class. Students might think that the teacher is not taking his job seriously.
  교육은 진지해야 합니다. 선생님이 수업시간에 중요하지 않은 이야기를 한다면 학생들은 선생님이 자신의 일에 대해 진지하게 생각하지 않는다고 받아들일 수 있습니다.

9. 근무 일정표

Do you agree or disagree with the opinion that a work schedule table is helpful in work productivity? Use specific examples to support your reason.
근무 일정표가 업무 생산성에 도움이 된다는 의견에 동의하십니까 혹은 반대하십니까? 구체적인 예를 들어 이유를 설명하시오.

Agree

- A work schedule table helps to keep track of what I am doing. It tells me what I have to do every day and what to finish.
  업무일정표는 자신이 하고 있는 업무를 지속적으로 확인할 수 있도록 해줍니다. 이는 매일 무슨 일을 해야 하며, 무엇을 완료해야 하는지 알려줍니다.

- Because you follow the schedule, you don't forget about anything and finish everything in time.
  업무 일정에 따라 일을 진행하면 잊어버리는 일 없이 모든 일을 제시간에 마칠 수 있습니다.

Disagree

- If you miss one day of work, then you have to do more work the next day. If you are not very organized, a work schedule table is not very helpful.
만약 하루 동안 업무를 쉬게 된다면 다음 날 더 많은 일을 해야 합니다. 만약 계획적이지 않은 사람이라면 업무일정표는 크게 도움이 되지 않습니다.

선호 (Preference)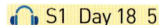

1. 고액 연봉직 VS. 행복한 직업

Would you like to have a high income job or a job that you can work happily at? Give specific reasons and examples to support your answer.

High income job

수입이 많은 직업을 가지면 돈이 많아 행복해지며 가족들을 지원하기 쉽다.

- I don't have to worry about living without money or supporting my family which is important because without money, support is very difficult.
- I can be happy because I am earning a lot of money. They say money can make people happy because with money you can buy whatever you want to buy.

Job you can work happily

행복한 직장을 가지면 무엇을 하든 행복하고 일에 대한 스트레스가 없다.

- I won't be stressed because of work, if I have a job that I enjoy doing it. I would never be stressed about work.
- I can always be happy even if I don't earn enough money, because it is what I want to do.

2. 온라인 VS. 오프라인 수업

Do you prefer having online classes or physical classes? Give specific reasons and examples to support your answer.

Online classes

아침에 수업 갈 준비를 안 해도 되어서 편하다.

- I don't have to get ready for class in the morning so it is more convenient. I can listen to class lectures in my pajamas.

Physical classes

직접 수업을 들으면 집중도 잘되고 끝나고 교수님과 친구들과 직접 만날 수 있다.

- I can concentrate more in class if I go to a physical class. If I listen to an online class, I can easily get distracted with other things.
- I can meet friends while I am in school. After class I can meet friends and discuss the class. Also, I can see my professor with questions.

3. 음악 들으며 공부 VS. 조용하게 공부

Do you prefer to study while listening to music or study quietly? Give specific reasons and examples to support your answer.

Study while listening to music

음악을 좋아해서 음악 들으면서 공부하면 집중도 잘되고 잠 오는 걸 막아 준다.

- I like listening to music, so if I study while listening to music, I can concentrate more.
- When I study while listening to music, I don't get sleepy and it helps me stay awake.

Study quietly

조용히 공부하면 집중할 수 있고 더 빨리 일을 끝낼 수 있다.

- I like to study quietly because I can concentrate better in a quiet environment. With full concentration, I can finish my work faster.
- If I study in silence, I won't be distracted by other things. If I listen to music, I will be distracted by the music.

4. 출근 시 대중교통 VS. 자가용

Do you prefer to use public transportation or your own car when going to work? Give specific reasons and examples to support your answer.

Public transportation

시간 안에 도착할 수 있고 막히지 않기 때문에 대중교통이 더 편리하다.

- I like public transportation because I don't like to get in a traffic jam. If I get in a traffic jam, I could be late to work. If you use public transportation, there is no traffic.
- I like public transportation because it is faster than using my own car to get to work. You don't know when there will be a traffic jam.

Using your own car

대중교통은 가끔 너무 사람들이 많아 불편하고 원하는 대로 할 수 있는 자가용이 더 편하다.

- I like using my own car because sometimes public transportation is too crowded. In the summer, it is too hot to be in a crowded place and I get annoyed.
- If I use my own car, I can travel more comfortably than when I use public transportation. Because it is my car, I can do whatever I want while traveling.

5. 혼자 공부하기 VS. 그룹으로 공부

🎧 S1_Day 18_7

Do you prefer to study alone or as a group? Give specific reasons and examples to support your answer.

Study alone

혼자 공부하면 집중도 잘되고 같이 공부하면 소비되는 시간을 절약할 수 있다.

- I like to study alone because I can concentrate better. If there are people, they might talk about something and it will distract me.
- I like studying alone because I don't like wasting time. I don't have to think about other things if I study alone. But if I study with other people, I waste time by talking about other things with them or taking a coffee break with them.

Study as a group

서로 도우면서 공부할 수 있고, 의견을 나누면서 공부할 수 있다.

- I like to study as a group because I like sharing ideas with other people. If you work in a group, you can share ideas and get more information.
- Also, if I don't know something, somebody in the group can help me solve the problem or I can solve the problem with the group.

6. 멀티태스킹 VS. 한 가지 업무 집중

Do you prefer to multitask or concentrate on one task at a time? Give specific reasons and examples to support your answer.

Multitask

한 가지에 집중을 오래 하지 못해 멀티태스킹이 더 편하고 한 번에 많은 것을 끝낼 수 있다.

- I like to multitask because I can't concentrate on one thing for a long time. If I multitask, I can get work done faster.
- If I multitask, I can finish many things at the same time and save time.

Concentrate on one task

한 가지에 집중해야 더 제대로 일을 할 수 있다.

- I like to concentrate on one task because I can't do work properly if I multitask. I might not do something properly if I work on many things at the same time.

7. 월급 동일시, 상품 판매직 VS. 디자인직

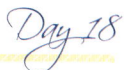

Would you prefer, with the same income, to work as a salesman or as a designer? Give specific reasons and examples to support your answer.

Salesman

나는 사람들과 소통하는 것을 더 잘하기 때문에 상품 판매직과 더 어울린다.

- I prefer to work as a salesman because I am better at communicating with people. I like talking to people and I think I can use this skill to be a salesman. I think being a salesman is easier because you only have to sell the products to customers. All you need is good communication skills and confidence.

Designer

나는 창의력을 요구하는 일을 더 좋아하기 때문에 디자인직을 더 선호한다.

- I prefer designer because I am creative. I like creating new products and being creative.
- Also, being a designer sounds more fun than being a salesman. Designers can be creative and can create different things all the time. But salesmen only sell products to people.

8. 일자리를 큰 도시 VS. 작은 도시

Would you prefer to have a job in a big city or small city? Give specific reasons and examples to support your answer.

Job in a big city

빌딩들이 더 많고 돌아다니기 더 편해서 대도시에 있는 직업을 더 선호한다.

- I prefer having a job in a big city because I like the lively atmosphere. There are more people and more buildings.
- I prefer to have a job in a big city because I can travel more conveniently. Big cities have good public transportation and it will be easier to work in a big city.

Job in a small city

더 조용하고 사람들이 적어 더 일하기 편하다.

- I prefer having a job in a small city because it is quieter. If I work in a quiet atmosphere, I can concentrate more and work better. Also, there are less people, so it is not crowded in the morning or after work.

SECTION 2
파트별 Practice Test

MP3 & 동영상
바로 가기

PART 1	문장 읽기 Read a text aloud
Day 01	
Day 02	
Day 03	

PART 2	사진 묘사 Describe a picture
Day 04	
Day 05	
Day 06	

PART 3	듣고 질문에 답하기 Respond to questions
Day 07	
Day 08	
Day 09	

PART 4	제공된 정보를 사용하여 질문에 답하기 Respond to questions using information provided
Day 10	
Day 11	
Day 12	

PART 5	해결책 제안하기 Propose a solution
Day 13	
Day 14	
Day 15	

PART 6	의견 제시하기 Express an opinion
Day 16	
Day 17	
Day 18	

Section 1에서 학습한 파트별 유형과 접근 전략을 집중적으로 연습하며 완벽하게 익힙니다.

Part 1

준비 시간 45초/ 답변 시간 45초

S2_Day 01   MP3 & 동영상 바로 가기

1

Step 1   Section 1에서 학습한 내용에 맞추어 끊어 읽기, 강세, 고유명사, 나열 구문, 리듬을 표시한다.

> Carrie's Diner will open its doors on Thursday, May 23rd. Carrie's will add to a number of decent dining establishments in Finebury's river front district. Andrea, a former head chef at Sam's Bistro, began preparing to open her own restaurant in Finebury three years ago. It remains to be seen whether the food appeals to Finebury's residents. Carrie's Diner will be open Tuesdays through Sundays during lunch and dinner time.

Step 2   표시한 내용대로 10번 이상 읽기 연습을 한다.

01☐ 02☐ 03☐ 04☐ 05☐ 06☐ 07☐ 08☐ 09☐ 10☐

Step 3   답변을 녹음해 보고, 녹음된 내용을 들으며 Self Check-up List를 표시한다.

☐ 강세, 강조, 억양이 알맞다. ☐ 끊어 읽기: 문장의 중간, 또는 끝에서 충분히 호흡한다.
☐ 속도: 천천히 여유 있게 읽는다. ☐ 발음이 또렷하게 정확하게 들린다.

2

Step 1   Section 1에서 학습한 내용에 맞추어 끊어 읽기, 강세, 고유명사, 나열 구문, 리듬을 표시한다.

> Panera Bread, we are bakers of bread. We are fresh from the oven. We are a symbol of warmth and welcome. We are a simple pleasure, honest and genuine. We are a life story told over dinner. We are a long lunch with an old friend. We are your weekday morning ritual. We are the kindest gesture of neighbors. We are home. We are family. We are friends.

Step 2   표시한 내용대로 10번 이상 읽기 연습을 한다.

01☐ 02☐ 03☐ 04☐ 05☐ 06☐ 07☐ 08☐ 09☐ 10☐

Step 3   답변을 녹음해 보고, 녹음된 내용을 들으며 Self Check-up List를 표시한다.

☐ 강세, 강조, 억양이 알맞다. ☐ 끊어 읽기: 문장의 중간, 또는 끝에서 충분히 호흡한다.
☐ 속도: 천천히 여유 있게 읽는다. ☐ 발음이 또렷하게 정확하게 들린다.

3

Step 1 Section 1에서 학습한 내용에 맞추어 끊어 읽기, 강세, 고유명사, 나열 구문, 리듬을 표시한다.

> Sunset Resort Group proudly presents its renovated hotel in Las Vegas. Our all-new hotel has royal suite rooms, private meeting rooms, and a VIP lounge offered to all our special guests! When you visit our newly renovated hotel, you will enjoy facilities a-la-mode with an upper-class service that suits all your needs. Sunset Resort Hotel will host the most precious day of your life! For more information, call 1-800-322-9893.

Step 2 표시한 내용대로 10번 이상 읽기 연습을 한다.

01☐　02☐　03☐　04☐　05☐　06☐　07☐　08☐　09☐　10☐

Step 3 답변을 녹음해 보고, 녹음된 내용을 들으며 Self Check-up List를 표시한다.

☐ 강세, 강조, 억양이 알맞다.　　　　　　☐ 끊어 읽기: 문장의 중간, 또는 끝에서 충분히 호흡한다.
☐ 속도: 천천히 여유 있게 읽는다.　　　　☐ 발음이 또렷하게 정확하게 들린다.

Part 1

1

Step 1 Section 1에서 학습한 내용에 맞추어 끊어 읽기, 강세, 고유명사, 나열 구문, 리듬을 표시한다.

> Congratulations for making Liam Associates' tenth year in Indonesia such a huge success. In appreciation of all you have done, we have scheduled an Employee Appreciation Week next month. Throughout the week, the management team will be sponsoring a variety of events for your hard work and continued contributions to the success of Liam Associates. Listed below are the activities that will be taking place.

Step 2 표시한 내용대로 10번 이상 읽기 연습을 한다.

01 □ 02 □ 03 □ 04 □ 05 □ 06 □ 07 □ 08 □ 09 □ 10 □

Step 3 답변을 녹음해 보고, 녹음된 내용을 들으며 Self Check-up List를 표시한다.

- □ 강세, 강조, 억양이 알맞다.
- □ 속도: 천천히 여유 있게 읽는다.
- □ 끊어 읽기: 문장의 중간, 또는 끝에서 충분히 호흡한다.
- □ 발음이 또렷하게 정확하게 들린다.

2

Step 1 Section 1에서 학습한 내용에 맞추어 끊어 읽기, 강세, 고유명사, 나열 구문, 리듬을 표시한다.

> Attention passengers waiting for American Airlines 60 to St. Paul. We ask your understanding of a four-hour delay caused by the thick fog this morning. For a safe take off, your flight has been rescheduled to depart at 11:15 a.m. at Gate 11. Once again, we sincerely apologize for any inconvenience the flight change may have caused. Thank you for your cooperation and understanding.

Step 2 표시한 내용대로 10번 이상 읽기 연습을 한다.

01 □ 02 □ 03 □ 04 □ 05 □ 06 □ 07 □ 08 □ 09 □ 10 □

Step 3 답변을 녹음해 보고, 녹음된 내용을 들으며 Self Check-up List를 표시한다.

- □ 강세, 강조, 억양이 알맞다.
- □ 속도: 천천히 여유 있게 읽는다.
- □ 끊어 읽기: 문장의 중간, 또는 끝에서 충분히 호흡한다.
- □ 발음이 또렷하게 정확하게 들린다.

3

Step 1 Section 1에서 학습한 내용에 맞추어 끊어 읽기, 강세, 고유명사, 나열 구문, 리듬을 표시한다.

> Located in a picturesque countryside, the Oak Resort is just a 20-minute drive from downtown Richville and 35 minutes from the city's airport. The OR is the perfect place for business travelers to stay and conduct their meetings. Our guest rooms include coffeemakers, Internet access, and plenty of work space. For a small extra fee, guests can also enjoy our fitness center. For reservations, please call the front desk at 762-777-5997, or e-mail us at reservation@oakresort.com.

Step 2 표시한 내용대로 10번 이상 읽기 연습을 한다.

01☐ | 02☐ | 03☐ | 04☐ | 05☐ | 06☐ | 07☐ | 08☐ | 09☐ | 10☐

Step 3 답변을 녹음해 보고, 녹음된 내용을 들으며 Self Check-up List를 표시한다.

☐ 강세, 강조, 억양이 알맞다. ☐ 끊어 읽기: 문장의 중간, 또는 끝에서 충분히 호흡한다.
☐ 속도: 천천히 여유 있게 읽는다. ☐ 발음이 또렷하게 정확하게 들린다.

Part 1

준비 시간 45초/ 답변 시간 45초

S2_Day 03

1

Step 1   Section 1에서 학습한 내용에 맞추어 끊어 읽기, 강세, 고유명사, 나열 구문, 리듬을 표시한다.

> Thank you for your interest in Folk Village Outdoor Marketplace. For decades, we have been selling arts and crafts made solely by Folk Village residents. Paintings, jewelry, clothing, quilts, and holiday decorations are among the items offered for sale. We only accept hand-made items, and we obtain them directly from their creators. We do not deal in imported items. Prices range from $5 potholders to fine furniture priced at $200 and up. The commission is 20% of the price that an item sells for.

Step 2   표시한 내용대로 10번 이상 읽기 연습을 한다.

01☐ 02☐ 03☐ 04☐ 05☐ 06☐ 07☐ 08☐ 09☐ 10☐

Step 3   답변을 녹음해 보고, 녹음된 내용을 들으며 Self Check-up List를 표시한다.

☐ 강세, 강조, 억양이 알맞다.   ☐ 끊어 읽기: 문장의 중간, 또는 끝에서 충분히 호흡한다.
☐ 속도: 천천히 여유 있게 읽는다.   ☐ 발음이 또렷하게 정확하게 들린다.

2

Step 1   Section 1에서 학습한 내용에 맞추어 끊어 읽기, 강세, 고유명사, 나열 구문, 리듬을 표시한다.

> Listen to prestigious entrepreneurs from all areas of business and learn how to achieve the best results for your business. JBTA seminars are led by today's top business leaders in our Dublin center. Early registration is recommended as attendance is limited to 100 participants per seminar. Register online at www.jbtaseminars.ac.uk or call Judy Nate at 0131-496-0889 for more information.

Step 2   표시한 내용대로 10번 이상 읽기 연습을 한다.

01☐ 02☐ 03☐ 04☐ 05☐ 06☐ 07☐ 08☐ 09☐ 10☐

Step 3   답변을 녹음해 보고, 녹음된 내용을 들으며 Self Check-up List를 표시한다.

☐ 강세, 강조, 억양이 알맞다.   ☐ 끊어 읽기: 문장의 중간, 또는 끝에서 충분히 호흡한다.
☐ 속도: 천천히 여유 있게 읽는다.   ☐ 발음이 또렷하게 정확하게 들린다.

3

Step 1   Section 1에서 학습한 내용에 맞추어 끊어 읽기, 강세, 고유명사, 나열 구문, 리듬을 표시한다.

> Kenneth International Airport would like to inform passengers that wireless Internet access has recently been set up throughout all terminals. It provides easy access so you can use the Internet and send or receive e-mails 24 hours a day. The service is complimentary. All you need is a laptop computer to get connected to the net.

Step 2   표시한 내용대로 10번 이상 읽기 연습을 한다.

01☐   02☐   03☐   04☐   05☐   06☐   07☐   08☐   09☐   10☐

Step 3   답변을 녹음해 보고, 녹음된 내용을 들으며 Self Check-up List를 표시한다.

- ☐ 강세, 강조, 억양이 알맞다.
- ☐ 속도: 천천히 여유 있게 읽는다.
- ☐ 끊어 읽기: 문장의 중간, 또는 끝에서 충분히 호흡한다.
- ☐ 발음이 또렷하게 정확하게 들린다.

Part 2

준비 시간 30초/ 답변 시간 45초

🎧 S2_Day 04

1

Step 1 Section 1에서 학습한 내용에 맞추어 소리 내어 Brainstorming을 말하며 정리한다.

---

1. Brainstorming (위치, 명사, 서술어 순으로 작성)

도입 구문 _____

중심 대상 ① _____

주변 대상 ② _____

주변 대상 ③ _____

주변 대상 ④ _____

전체적 느낌 ⑤ _____

2. 문장으로 연결하기

도입 구문 _____

중심 대상 ① _____

주변 대상 ② _____

주변 대상 ③ _____

주변 대상 ④ _____

전체적 느낌 ⑤ _____

Step 2 자신이 작성한 답변을 10번 이상 큰소리로 읽어 본다.

01☐ 02☐ 03☐ 04☐ 05☐ 06☐ 07☐ 08☐ 09☐ 10☐

Step 3 답변을 녹음해 보고, 녹음된 내용을 들으며 Self Check-up List를 표시한다.

☐ 답변이 체계적이며 구도가 잘 갖추어져 있다. ☐ 중요한 동작들을 설명한다.
☐ 동사의 시제를 정확하게 사용한다. ☐ 주어진 시간 안에 답변한다.

2

Step 1 Section 1에서 학습한 내용에 맞추어 소리 내어 Brainstorming을 말하며 정리한다.

1. Brainstorming (위치, 명사, 서술어 순으로 작성)
   - 도입 구문 _____
   - 중심 대상 ① _____
   - 주변 대상 ② _____
   - 주변 대상 ③ _____
   - 주변 대상 ④ _____
   - 전체적 느낌 ⑤ _____

2. 문장으로 연결하기
   - 도입 구문 _____
   - 중심 대상 ① _____
   - 주변 대상 ② _____
   - 주변 대상 ③ _____
   - 주변 대상 ④ _____
   - 전체적 느낌 ⑤ _____

Step 2 자신이 작성한 답변을 10번 이상 큰소리로 읽어 본다.

01☐ 02☐ 03☐ 04☐ 05☐ 06☐ 07☐ 08☐ 09☐ 10☐

Step 3 답변을 녹음해 보고, 녹음된 내용을 들으며 Self Check-up List를 표시한다.

- ☐ 답변이 체계적이며 구도가 잘 갖추어져 있다.
- ☐ 동사의 시제를 정확하게 사용한다.
- ☐ 중요한 동작들을 설명한다.
- ☐ 주어진 시간 안에 답변한다.

3

Step 1 Section 1에서 학습한 내용에 맞추어 소리 내어 Brainstorming을 말하며 정리한다.

1. Brainstorming (위치, 명사, 서술어 순으로 작성)

   도입 구문 _____
   중심 대상 ① _____
   주변 대상 ② _____
   주변 대상 ③ _____
   주변 대상 ④ _____
   전체적 느낌 ⑤ _____

2. 문장으로 연결하기

   도입 구문 _____
   중심 대상 ① _____
   주변 대상 ② _____
   주변 대상 ③ _____
   주변 대상 ④ _____
   전체적 느낌 ⑤ _____

Step 2 자신이 작성한 답변을 10번 이상 큰소리로 읽어 본다.

01☐ 02☐ 03☐ 04☐ 05☐ 06☐ 07☐ 08☐ 09☐ 10☐

Step 3 답변을 녹음해 보고, 녹음된 내용을 들으며 Self Check-up List를 표시한다.

☐ 답변이 체계적이며 구도가 잘 갖추어져 있다.　　☐ 중요한 동작들을 설명한다.
☐ 동사의 시제를 정확하게 사용한다.　　　　　　　☐ 주어진 시간 안에 답변한다.

Part 2

준비 시간 30초/ 답변 시간 45초

S2_Day 05

MP3 & 동영상
바 로 가 기

1

Step 1   Section 1에서 학습한 내용에 맞추어 소리 내어 Brainstorming을 말하며 정리한다.

---

1. Brainstorming (위치, 명사, 서술어 순으로 작성)

도입 구문 _____

중심 대상 ① _____

주변 대상 ② _____

주변 대상 ③ _____

주변 대상 ④ _____

전체적 느낌 ⑤ _____

2. 문장으로 연결하기

도입 구문 _____

중심 대상 ① _____

주변 대상 ② _____

주변 대상 ③ _____

주변 대상 ④ _____

전체적 느낌 ⑤ _____

Step 2   자신이 작성한 답변을 10번 이상 큰소리로 읽어 본다.

01 ☐   02 ☐   03 ☐   04 ☐   05 ☐   06 ☐   07 ☐   08 ☐   09 ☐   10 ☐

Step 3   답변을 녹음해 보고, 녹음된 내용을 들으며 Self Check-up List를 표시한다.

☐ 답변이 체계적이며 구도가 잘 갖추어져 있다.   ☐ 중요한 동작들을 설명한다.

☐ 동사의 시제를 정확하게 사용한다.   ☐ 주어진 시간 안에 답변한다.

2

Step 1 Section 1에서 학습한 내용에 맞추어 소리 내어 Brainstorming을 말하며 정리한다.

1. Brainstorming (위치, 명사, 서술어 순으로 작성)

   도입 구문 _____

   중심 대상 ① _____

   주변 대상 ② _____

   주변 대상 ③ _____

   주변 대상 ④ _____

   전체적 느낌 ⑤ _____

2. 문장으로 연결하기

   도입 구문 _____

   중심 대상 ① _____

   주변 대상 ② _____

   주변 대상 ③ _____

   주변 대상 ④ _____

   전체적 느낌 ⑤ _____

Step 2 자신이 작성한 답변을 10번 이상 큰소리로 읽어 본다.

01☐ 02☐ 03☐ 04☐ 05☐ 06☐ 07☐ 08☐ 09☐ 10☐

Step 3 답변을 녹음해 보고, 녹음된 내용을 들으며 Self Check-up List를 표시한다.

☐ 답변이 체계적이며 구도가 잘 갖추어져 있다. ☐ 중요한 동작들을 설명한다.

☐ 동사의 시제를 정확하게 사용한다. ☐ 주어진 시간 안에 답변한다.

3

Step 1 Section 1에서 학습한 내용에 맞추어 소리 내어 Brainstorming을 말하며 정리한다.

1. Brainstorming (위치, 명사, 서술어 순으로 작성)

   도입 구문 _____

   중심 대상 ① _____

   주변 대상 ② _____

   주변 대상 ③ _____

   주변 대상 ④ _____

   전체적 느낌 ⑤ _____

2. 문장으로 연결하기

   도입 구문 _____

   중심 대상 ① _____

   주변 대상 ② _____

   주변 대상 ③ _____

   주변 대상 ④ _____

   전체적 느낌 ⑤ _____

Step 2 자신이 작성한 답변을 10번 이상 큰소리로 읽어 본다.

01☐ 02☐ 03☐ 04☐ 05☐ 06☐ 07☐ 08☐ 09☐ 10☐

Step 3 답변을 녹음해 보고, 녹음된 내용을 들으며 Self Check-up List를 표시한다.

☐ 답변이 체계적이며 구도가 잘 갖추어져 있다.   ☐ 중요한 동작들을 설명한다.
☐ 동사의 시제를 정확하게 사용한다.   ☐ 주어진 시간 안에 답변한다.

Part 2

준비 시간 30초 / 답변 시간 45초

🎧 S2_Day 06

MP3 & 동영상
바 로 가 기

1

Step 1   Section 1에서 학습한 내용에 맞추어 소리 내어 Brainstorming을 말하며 정리한다.

1. **Brainstorming** (위치, 명사, 서술어 순으로 작성)

   도입 구문 _____
   중심 대상 ① _____
   주변 대상 ② _____
   주변 대상 ③ _____
   주변 대상 ④ _____
   전체적 느낌 ⑤ _____

2. **문장으로 연결하기**

   도입 구문 _____
   중심 대상 ① _____
   주변 대상 ② _____
   주변 대상 ③ _____
   주변 대상 ④ _____
   전체적 느낌 ⑤ _____

Step 2   자신이 작성한 답변을 10번 이상 큰소리로 읽어 본다.

01☐   02☐   03☐   04☐   05☐   06☐   07☐   08☐   09☐   10☐

Step 3   답변을 녹음해 보고, 녹음된 내용을 들으며 Self Check-up List를 표시한다.

☐ 답변이 체계적이며 구도가 잘 갖추어져 있다.   ☐ 중요한 동작들을 설명한다.
☐ 동사의 시제를 정확하게 사용한다.   ☐ 주어진 시간 안에 답변한다.

2

Step 1   Section 1에서 학습한 내용에 맞추어 소리 내어 Brainstorming을 말하며 정리한다.

1. Brainstorming (위치, 명사, 서술어 순으로 작성)

   도입 구문 _____

   중심 대상 ① _____

   주변 대상 ② _____

   주변 대상 ③ _____

   주변 대상 ④ _____

   전체적 느낌 ⑤ _____

2. 문장으로 연결하기

   도입 구문 _____

   중심 대상 ① _____

   주변 대상 ② _____

   주변 대상 ③ _____

   주변 대상 ④ _____

   전체적 느낌 ⑤ _____

Step 2   자신이 작성한 답변을 10번 이상 큰소리로 읽어 본다.

01☐   02☐   03☐   04☐   05☐   06☐   07☐   08☐   09☐   10☐

Step 3   답변을 녹음해 보고, 녹음된 내용을 들으며 Self Check-up List를 표시한다.

☐ 답변이 체계적이며 구도가 잘 갖추어져 있다.   ☐ 중요한 동작들을 설명한다.

☐ 동사의 시제를 정확하게 사용한다.   ☐ 주어진 시간 안에 답변한다.

3

Step 1   Section 1에서 학습한 내용에 맞추어 소리 내어 Brainstorming을 말하며 정리한다.

1. Brainstorming (위치, 명사, 서술어 순으로 작성)

   도입 구문 _____

   중심 대상 ① _____

   주변 대상 ② _____

   주변 대상 ③ _____

   주변 대상 ④ _____

   전체적 느낌 ⑤ _____

2. 문장으로 연결하기

   도입 구문 _____

   중심 대상 ① _____

   주변 대상 ② _____

   주변 대상 ③ _____

   주변 대상 ④ _____

   전체적 느낌 ⑤ _____

Step 2   자신이 작성한 답변을 10번 이상 큰소리로 읽어 본다.

01☐ 02☐ 03☐ 04☐ 05☐ 06☐ 07☐ 08☐ 09☐ 10☐

Step 3   답변을 녹음해 보고, 녹음된 내용을 들으며 Self Check-up List를 표시한다.

☐ 답변이 체계적이며 구도가 잘 갖추어져 있다.　　☐ 중요한 동작들을 설명한다.
☐ 동사의 시제를 정확하게 사용한다.　　　　　　　☐ 주어진 시간 안에 답변한다.

Part 3

주제 제시 시간 약 10초 / 답변 시간 Q4 15초, Q5 15초, Q6 30초

1

Step 1   Section 1에서 학습한 내용에 맞추어 10초 동안 제시된 주제에 대해 생각하고, 주제에 관해 떠오르는 단어나 표현을 적어 본다.

> **About shopping**

Step 2   질문을 소리 내어 읽은 후 질문의 단어를 활용해 답변을 정리해 본다.

Q4. How many times have you been shopping for clothes in the last 6 months?

Q5. Why do you buy new clothes?

Q6. Describe the new clothes you recently purchased.

Step 3   질문과 자신이 작성한 답변을 10번 이상 큰소리로 읽어 본다.

01☐   02☐   03☐   04☐   05☐   06☐   07☐   08☐   09☐   10☐

Step 4   답변을 녹음해 보고, 녹음된 내용을 들으며 Self Check-up List를 표시한다.

☐ 문제를 이용하여 핵심 답변을 한다.   ☐ 부연 설명을 1문장 곁들인다.
☐ 6번 문제에 서론-본론-결론의 순서를 맞추어 답변한다.   ☐ 주어진 시간 안에 답변한다.

2

Step 1 Section 1에서 학습한 내용에 맞추어 10초 동안 제시된 주제에 대해 생각하고, 주제에 관해 떠오르는 단어나 표현을 적어 본다.

> **About the Internet**

Step 2 질문을 소리 내어 읽은 후 질문의 단어를 활용해 답변을 정리해 본다.

Q4. How long do you usually spend time on surfing the Internet?

_____

_____

Q5. What kinds of information do you usually look for on the Internet?

_____

_____

Q6. Do you find that using the Internet is a convenient and easy way to look for information?

_____

_____

_____

Step 3 질문과 자신이 작성한 답변을 10번 이상 큰소리로 읽어 본다.

01☐ 02☐ 03☐ 04☐ 05☐ 06☐ 07☐ 08☐ 09☐ 10☐

Step 4 답변을 녹음해 보고, 녹음된 내용을 들으며 Self Check-up List를 표시한다.

☐ 문제를 이용하여 핵심 답변을 한다. ☐ 부연 설명을 1문장 곁들인다.
☐ 6번 문제에 서론-본론-결론의 순서를 맞추어 답변한다. ☐ 주어진 시간 안에 답변한다.

3

Step 1 Section 1에서 학습한 내용에 맞추어 10초 동안 제시된 주제에 대해 생각하고, 주제에 관해 떠오르는 단어나 표현을 적어 본다.

> **About restaurants**

Step 2 질문을 소리 내어 읽은 후 질문의 단어를 활용해 답변을 정리해 본다.

Q4. How often do you go to a restaurant to dine out?

_____

_____

Q5. What kind of menu do you order when you dine out?

_____

_____

Q6. What do you consider the most when you select a restaurant?
Location, menu, price

_____

_____

_____

Step 3 질문과 자신이 작성한 답변을 10번 이상 큰소리로 읽어 본다.

01☐ 02☐ 03☐ 04☐ 05☐ 06☐ 07☐ 08☐ 09☐ 10☐

Step 4 답변을 녹음해 보고, 녹음된 내용을 들으며 Self Check-up List를 표시한다.
☐ 문제를 이용하여 핵심 답변을 한다.   ☐ 부연 설명을 1문장 곁들인다.
☐ 6번 문제에 서론–본론–결론의 순서를 맞추어 답변한다. ☐ 주어진 시간 안에 답변한다.

Part 3

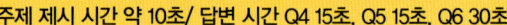

1

Step 1   Section 1에서 학습한 내용에 맞추어 10초 동안 제시된 주제에 대해 생각하고, 주제에 관해 떠오르는 단어나 표현을 적어 본다.

> **About driving**

Step 2   질문을 소리 내어 읽은 후 질문의 단어를 활용해 답변을 정리해 본다.

Q4. When was the last time you used a share driving service?

Q5. Who usually drives when sharing the car?

Q6. When you carpool with others, what are the advantages?

Step 3   질문과 자신이 작성한 답변을 10번 이상 큰소리로 읽어 본다.

01☐   02☐   03☐   04☐   05☐   06☐   07☐   08☐   09☐   10☐

Step 4   답변을 녹음해 보고, 녹음된 내용을 들으며 Self Check-up List를 표시한다.

☐ 문제를 이용하여 핵심 답변을 한다.   ☐ 부연 설명을 1문장 곁들인다.
☐ 6번 문제에 서론-본론-결론의 순서를 맞추어 답변한다.   ☐ 주어진 시간 안에 답변한다.

2

Step 1   Section 1에서 학습한 내용에 맞추어 10초 동안 제시된 주제에 대해 생각하고, 주제에 관해 떠오르는 단어나 표현을 적어 본다.

> **About presents**

Step 2   질문을 소리 내어 읽은 후 질문의 단어를 활용해 답변을 정리해 본다.

Q4. Have you bought a gift for someone recently? What was the occasion?

Q5. Would you consider giving money as a gift to your friends and family on a special day?

Q6. What is the best gift that you have ever received?

Step 3   질문과 자신이 작성한 답변을 10번 이상 큰소리로 읽어 본다.

01☐   02☐   03☐   04☐   05☐   06☐   07☐   08☐   09☐   10☐

Step 4   답변을 녹음해 보고, 녹음된 내용을 들으며 Self Check-up List를 표시한다.
- ☐ 문제를 이용하여 핵심 답변을 한다.
- ☐ 6번 문제에 서론-본론-결론의 순서를 맞추어 답변한다.
- ☐ 부연 설명을 1문장 곁들인다.
- ☐ 주어진 시간 안에 답변한다.

3

Step 1   Section 1에서 학습한 내용에 맞추어 10초 동안 제시된 주제에 대해 생각하고, 주제에 관해 떠오르는 단어나 표현을 적어 본다.

> About cell phones

Step 2   질문을 소리 내어 읽은 후 질문의 단어를 활용해 답변을 정리해 본다.

Q4. How often do you use your cell phone?

_____

_____

Q5. How long have you had your current cell phone?

_____

_____

Q6. What do you usually do with your cell phone other than calling people?

_____

_____

_____

Step 3   질문과 자신이 작성한 답변을 10번 이상 큰소리로 읽어 본다.

01 ☐ | 02 ☐ | 03 ☐ | 04 ☐ | 05 ☐ | 06 ☐ | 07 ☐ | 08 ☐ | 09 ☐ | 10 ☐

Step 4   답변을 녹음해 보고, 녹음된 내용을 들으며 Self Check-up List를 표시한다.

☐ 문제를 이용하여 핵심 답변을 한다.   ☐ 부연 설명을 1문장 곁들인다.
☐ 6번 문제에 서론-본론-결론의 순서를 맞추어 답변한다.   ☐ 주어진 시간 안에 답변한다.

Part 3

주제 제시 시간 약 10초 / 답변 시간 Q4 15초, Q5 15초, Q6 30초

S2_Day 09

1

Step 1 Section 1에서 학습한 내용에 맞추어 10초 동안 제시된 주제에 대해 생각하고, 주제에 관해 떠오르는 단어나 표현을 적어 본다.

> About weather

Step 2 질문을 소리 내어 읽은 후 질문의 단어를 활용해 답변을 정리해 본다.

Q4. What kind of weather do you like?

Q5. How does the weather affect your mood?

Q6. Do you want to live in a place where the weather is the same or where the seasons change?

Step 3 질문과 자신이 작성한 답변을 10번 이상 큰소리로 읽어 본다.

01☐ 02☐ 03☐ 04☐ 05☐ 06☐ 07☐ 08☐ 09☐ 10☐

Step 4 답변을 녹음해 보고, 녹음된 내용을 들으며 Self Check-up List를 표시한다.
- ☐ 문제를 이용하여 핵심 답변을 한다.
- ☐ 부연 설명을 1문장 곁들인다.
- ☐ 6번 문제에 서론-본론-결론의 순서를 맞추어 답변한다.
- ☐ 주어진 시간 안에 답변한다.

2

Step 1   Section 1에서 학습한 내용에 맞추어 10초 동안 제시된 주제에 대해 생각하고, 주제에 관해 떠오르는 단어나 표현을 적어 본다.

> **About soft drinks**

Step 2   질문을 소리 내어 읽은 후 질문의 단어를 활용해 답변을 정리해 본다.

Q4.   How often do you usually drink soda or soft drinks?

_____

_____

Q5.   Other than a supermarket, where do you buy soda or soft drinks?

_____

_____

Q6.   When you are buying a drink, what do you think is the most important thing to consider?
Flavor, brand name, nutrition

_____

_____

_____

Step 3   질문과 자신이 작성한 답변을 10번 이상 큰소리로 읽어 본다.

01 ☐   02 ☐   03 ☐   04 ☐   05 ☐   06 ☐   07 ☐   08 ☐   09 ☐   10 ☐

Step 4   답변을 녹음해 보고, 녹음된 내용을 들으며 Self Check-up List를 표시한다.

☐ 문제를 이용하여 핵심 답변을 한다.　　　　☐ 부연 설명을 1문장 곁들인다.
☐ 6번 문제에 서론-본론-결론의 순서를 맞추어 답변한다.　　☐ 주어진 시간 안에 답변한다.

3

Step 1 Section 1에서 학습한 내용에 맞추어 10초 동안 제시된 주제에 대해 생각하고, 주제에 관해 떠오르는 단어나 표현을 적어 본다.

> **About movie theaters**

Step 2 질문을 소리 내어 읽은 후 질문의 단어를 활용해 답변을 정리해 본다.

Q4. How often do you go to a movie theater and who do you usually go with?

_____
_____

Q5. Have you seen the same movie more than twice?

_____
_____

Q6. What service must a movie theater improve to attract more people to come other than changing the prices?

_____
_____
_____

Step 3 질문과 자신이 작성한 답변을 10번 이상 큰소리로 읽어 본다.

01☐ 02☐ 03☐ 04☐ 05☐ 06☐ 07☐ 08☐ 09☐ 10☐

Step 4 답변을 녹음해 보고, 녹음된 내용을 들으며 Self Check-up List를 표시한다.

☐ 문제를 이용하여 핵심 답변을 한다. ☐ 부연 설명을 1문장 곁들인다.
☐ 6번 문제에 서론-본론-결론의 순서를 맞추어 답변한다. ☐ 주어진 시간 안에 답변한다.

Part 4

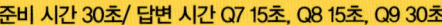

1

Step 1 30초의 준비 시간 동안 주제에 관해 떠오르는 단어나 표현을 생각하고 어려운 단어를 여러 번 발음해 본다.

Bay Department CEO's SCHEDULE
July 6th (Fri)
For Alex Jonathan

TIME	EVENT
8:30 a.m. - 9:30 a.m.	Meeting with Bay Department Board of Directors
10:00 a.m. - 10:30 a.m.	Conference call with Collin Thomson, Executive of Midas Technology
10:30 a.m. - 11:30 a.m.	Meeting with a Sales Representative: Quarterly Sales Report
12:00 p.m. - 1:00 p.m.	Lunch: reserved at Milestone
1:00 p.m. - 2:30 p.m.	Play Golf with Government Officials
3:00 p.m. - 4:00 p.m.	Meeting with the Vice President: Discuss Financial Status

Step 2 질문을 소리 내어 읽은 후 질문의 단어를 활용해 답변을 정리해 본다.

Q7. What time am I scheduled to have a conference call?

Q8. After lunch, do I have time to meet with my friends?

Q9. Besides the conference call, as far as I understand, there are several meetings scheduled. Would you tell me the details about them?

Step 3 질문과 자신이 작성한 답변을 10번 이상 큰소리로 읽어 본다.

01 ☐ 02 ☐ 03 ☐ 04 ☐ 05 ☐ 06 ☐ 07 ☐ 08 ☐ 09 ☐ 10 ☐

Step 4 답변을 녹음해 보고, 녹음된 내용을 들으며 Self Check-up List를 표시한다.

☐ 도표에 어울리는 표현(동사)을 사용한다.　　☐ 완벽한 문장을 사용한다.
☐ 질문에서 묻는 사항에 정확히 답변한다.　　☐ 주어진 시간 안에 답변한다.

2

Step 1   30초의 준비 시간 동안 주제에 관해 떠오르는 단어나 표현을 생각하고 어려운 단어를 여러 번 발음해 본다.

Job Fair for University Students across Asia
When: July 10-11, 2013
Where: Artex Convention Center

Opening Address	9:00-9:30	Joshua Green, CEO, Asia Headhunters
Workshops	9:45-11:00	Writing the Perfect Cover Letter and Resume
West Hall, Room 5	11:00-12:00	Building Your Interview Skills
Seminars West Hall, Room 2	10:00-11:00	Top Jobs for the Future
	11:00-12:30	10 Steps to Promotion
	1:30-3:00	Easy Communication in the Workplace
Booths, Main Hall	11:00-5:00	Representatives from 50 companies

*student card required

Step 2   질문을 소리 내어 읽은 후 질문의 단어를 활용해 답변을 정리해 본다.

Q7. When is the workshop on Building Your Interview Skills?

_____

_____

Q8. Is there anything that my son has to take with him to the job fair?

_____

_____

Q9. Besides the workshop, what else can my son expect at the job fair?

_____

_____

_____

Step 3   질문과 자신이 작성한 답변을 10번 이상 큰소리로 읽어 본다.

01 ☐   02 ☐   03 ☐   04 ☐   05 ☐   06 ☐   07 ☐   08 ☐   09 ☐   10 ☐

Step 4   답변을 녹음해 보고, 녹음된 내용을 들으며 Self Check-up List를 표시한다.

☐ 도표에 어울리는 표현(동사)을 사용한다.   ☐ 완벽한 문장을 사용한다.
☐ 질문에서 묻는 사항에 정확히 답변한다.   ☐ 주어진 시간 안에 답변한다.

3

Step 1 30초의 준비 시간 동안 주제에 관해 떠오르는 단어나 표현을 생각하고 어려운 단어를 여러 번 발음해 본다.

Bradley Buckley
July 6th (Fri)

Resume ID: 11392
Location: USA VA Virginia Beach
Education: 2-yr Degree
Experience: 12 years

Education:	The Culinary Institute of Brannan (San Francisco)
	Associate Degree Culinary Arts (May 1997)
Work Experience:	**Bread and Pastry Baker: 3 years**
	The Pastry Chefs, West Lafayette, Indiana
	Made pastries for formal gatherings, functions, weddings, and high volume production.
	Pastry Chef: 2 years
	Atkinson's Market Hailey, Idaho
	Specialized in creating pastries and desserts in high volume for banquets, parties and special events.
	Baker: 2 years
	Von's Cakes & Cookies, Honolulu, Hawaii
	Prepared breakfast, lunch, and dinner meals, and was responsible for breads and desserts.
	Assistant Baker: 5 years
	Café Olsson, New Orleans, Louisiana
	Prepared and produced bagels, donuts, rolls, muffins, cake decoratings, and pastries. Prepared display cases for retail sales.

Step 2 질문을 소리 내어 읽은 후 질문의 단어를 활용해 답변을 정리해 본다.

Q7. Which school did he go to get his degree and where?

_____
_____

Q8. Does he have any experience working at a café, since we will be launching one soon?

_____
_____

Q9. Could you tell me all the baking experience he has?

_____
_____
_____

Step 3 질문과 자신이 작성한 답변을 10번 이상 큰소리로 읽어 본다.

01☐ 02☐ 03☐ 04☐ 05☐ 06☐ 07☐ 08☐ 09☐ 10☐

Step 4 답변을 녹음해 보고, 녹음된 내용을 들으며 Self Check-up List를 표시한다.

☐ 도표에 어울리는 표현(동사)을 사용한다.   ☐ 완벽한 문장을 사용한다.
☐ 질문에서 묻는 사항에 정확히 답변한다.   ☐ 주어진 시간 안에 답변한다.

Part 4

준비 시간 30초/ 답변 시간 Q7 15초, Q8 15초, Q9 30초

S2_Day 11

MP3 & 동영상 바로 가기

1

Step 1   30초의 준비 시간 동안 주제에 관해 떠오르는 단어나 표현을 생각하고 어려운 단어를 여러 번 발음해 본다.

Healthy Baking Seminar Agenda
Date: September 04, 2011
Venue: Casablanca Hotel, Main Conference Hall

8:00 - 8:45 a.m.	Registration and Morning Refreshments
8:45 - 9:30 a.m.	Developing and Marketing New Bread Products - Jason Wright, King Bakery
9:30 - 10:30 a.m.	Adding Flavor with Today's Fibers - Shannen Peters, Director, Sun Ingredients Group
10:30 - 10:45 a.m.	Morning Break
10:45 - 11:50 a.m.	Meeting with Technical Baking Experts
11:50 - 1:20 p.m.	Lunch - Casablanca Hotel Dining Hall
1:20 - 3:00 p.m.	New Breakthrough Recipes for 2012 - Kerry McNicol
3:00 - 4:00 p.m.	Baking for Health, Baking for Success - Laura Brice, Founder and CEO, Fine Bakery

Step 2   질문을 소리 내어 읽은 후 질문의 단어를 활용해 답변을 정리해 본다.

Q7. Where is the seminar taking place and what time will the seminar start and end?
_____
_____

Q8. I heard that I will be giving my presentation after the morning break, right?
_____
_____

Q9. What's scheduled after the morning break?
_____
_____
_____
_____

Step 3   질문과 자신이 작성한 답변을 10번 이상 큰소리로 읽어 본다.

01☐   02☐   03☐   04☐   05☐   06☐   07☐   08☐   09☐   10☐

Step 4   답변을 녹음해 보고, 녹음된 내용을 들으며 Self Check-up List를 표시한다.

☐ 도표에 어울리는 표현(동사)을 사용한다.   ☐ 완벽한 문장을 사용한다.
☐ 질문에서 묻는 사항에 정확히 답변한다.   ☐ 주어진 시간 안에 답변한다.

2

Step 1 30초의 준비 시간 동안 주제에 관해 떠오르는 단어나 표현을 생각하고 어려운 단어를 여러 번 발음해 본다.

The Frontier of Data center Management
February 11, 2013
Venue: Ramada Hotel, Burlington

8:30 - 9:30	Registration and Breakfast
9:30 - 9:45	Welcome and Overview Catlin Shaw, Divisional Director, FMD Distribution Ltd.
9:45 - 10:15	The Frontier of Data center Management Jonathan Silver, Business Development Manager, Corson
10:15 - 11:00	The Frontier of Data center Infrastructure Robbie Laird, Vice President(Marketing), Angel Systems Ltd., India
11:00 - 11:15	Morning Refreshments
11:15 - 12:00	The Frontier of Data center Tech Support Sebastian MacFarlane and Charily Bruce, APL Industries
12:00 - 12:45	The Frontier of Data center Design Martha Owsley, Technical Training Manager, Semitronics
1:00	Lunch

Step 2 질문을 소리 내어 읽은 후 질문의 단어를 활용해 답변을 정리해 본다.

Q7. When is the seminar taking place and where is it going to be held?

_____

Q8. Will my friend Martha Owsley be giving a presentation on the network fiber solutions?

_____

Q9. Due to a business meeting I have in the early morning, I think I will attend after 11. What will I be missing?

_____

Step 3 질문과 자신이 작성한 답변을 10번 이상 큰소리로 읽어 본다.

01☐ 02☐ 03☐ 04☐ 05☐ 06☐ 07☐ 08☐ 09☐ 10☐

Step 4 답변을 녹음해 보고, 녹음된 내용을 들으며 Self Check-up List를 표시한다.

☐ 도표에 어울리는 표현(동사)을 사용한다. ☐ 완벽한 문장을 사용한다.
☐ 질문에서 묻는 사항에 정확히 답변한다. ☐ 주어진 시간 안에 답변한다.

3

Step 1 30초의 준비 시간 동안 주제에 관해 떠오르는 단어나 표현을 생각하고 어려운 단어를 여러 번 발음해 본다.

PICUREAN GROUP
the natural choice.
Picurean Catering Service

Invoice: 103　　　　　　　　　　Ready by: Thursday, June 18 (10:00 a.m.)
Client: Synergy International　　　Pick up: 874 Quince Orchard Blvd. Suite 1

Category Item	Services/ Quantity	Total Price ($)
Chicken Fajitas *	10	35.00
Mexican Rice	10	7.50
Fudge Nut Brownies	10	8.50
Ham & Swiss on Onion Roll *	5	31.25
Tortellini Vegetable Salad *	5	9.95
Fresh Fruit Salad *	5	13.70
Subtotal:		136.90
Taxes:		5.30
Invoice Total:		142.20
Balance Due:		**Fully paid**

* Meat & cheese, or salad & fruit must be kept cool. They are pre-packaged in an icebox.

Step 2 질문을 소리 내어 읽은 후 질문의 단어를 활용해 답변을 정리해 본다.

Q7. When will the order be ready to pick up and where is your office located?

_____
_____

Q8. How much do I have to pay for the service?

_____
_____

Q9. Is there any food that I have to keep cool? Please tell me anything that I have to be aware of to prevent the food from going bad.

_____
_____
_____

Step 3 질문과 자신이 작성한 답변을 10번 이상 큰소리로 읽어 본다.

01 ☐　02 ☐　03 ☐　04 ☐　05 ☐　06 ☐　07 ☐　08 ☐　09 ☐　10 ☐

Step 4 답변을 녹음해 보고, 녹음된 내용을 들으며 Self Check-up List를 표시한다.

☐ 도표에 어울리는 표현(동사)을 사용한다.　　☐ 완벽한 문장을 사용한다.
☐ 질문에서 묻는 사항에 정확히 답변한다.　　☐ 주어진 시간 안에 답변한다.

Part 4

준비 시간 30초/ 답변 시간 Q7 15초, Q8 15초, Q9 30초

1

Step 1   30초의 준비 시간 동안 주제에 관해 떠오르는 단어나 표현을 생각하고 어려운 단어를 여러 번 발음해 본다.

Employee Development Day
1st floor White Hall, Wednesday, June 7th

Time	Event
9:00	Lecture by Sally Connor: What employers look for • Team Development Skills • Negotiating Skills
10:20	Reports from Departments • Quarterly Sales Report: Robert Finch, Sales Department • Market Trends: Helen Clever, Marketing Department • Global Trade: Sharon Pond, Planning Team
11:00	Special Performance by Employees • Karaoke by Kim and Eric • Line Dance by Westside • A capella by Jigga and Linkin Park
11:30	Q&A Session
12:00	Lunch (BBQ)

Step 2   질문을 소리 내어 읽은 후 질문의 단어를 활용해 답변을 정리해 본다.

Q7. Where should I go to participate in the event and what time should I be there?

Q8. I've heard that Helen Clever will be talking about the quarterly sales report. Is that correct?

Q9. Other than reports from departments, what events are listed on the schedule?

Step 3   질문과 자신이 작성한 답변을 10번 이상 큰소리로 읽어 본다.

01☐ 02☐ 03☐ 04☐ 05☐ 06☐ 07☐ 08☐ 09☐ 10☐

Step 4   답변을 녹음해 보고, 녹음된 내용을 들으며 Self Check-up List를 표시한다.

☐ 도표에 어울리는 표현(동사)을 사용한다.   ☐ 완벽한 문장을 사용한다.
☐ 질문에서 묻는 사항에 정확히 답변한다.   ☐ 주어진 시간 안에 답변한다.

2

Step 1 30초의 준비 시간 동안 주제에 관해 떠오르는 단어나 표현을 생각하고 어려운 단어를 여러 번 발음해 본다.

Creativity worlds in the making A NATIONAL SYMPOSIUM

Wake Forest University
March 18, 2009

8:00 a.m. - 8:45 a.m.	Registration: Lobby
8:45 a.m. - 9:00 a.m.	Welcome: Betsy Gatewood, Director of the Office of Entrepreneurship & Liberal Arts
9:00 a.m. - 10:45 a.m.	Public Panel Discussion: Border Crossings, Edwards Godwin
10:45 a.m. - 11:30 a.m.	Gala Opening Reception for Creativity: Worlds in the Making
11:30 a.m. - 1:00 p.m.	Lunch & Plenary Sessions
1:00 p.m. - 2:00 p.m.	Open Forum & Idea Exchange: Reynolda Reyes (Green Room)
2:00 p.m. - 2:30 p.m.	Guest Lecture: Josh Frieman, the Department of Physics, WFU
2:30 p.m. - 4:00 p.m.	Pre-Performance Context Talk: Meredith Mong and Lynn Book

Step 2 질문을 소리 내어 읽은 후 질문의 단어를 활용해 답변을 정리해 본다.

Q7. When should I be there to lead the panel discussion?

_____
_____

Q8. I am planning to go meet someone during lunch. Can I do that?

_____
_____

Q9. After lunch, I may have to leave earlier because of my flight schedule. Is it possible to tell me what I will be missing?

_____
_____
_____

Step 3 질문과 자신이 작성한 답변을 10번 이상 큰소리로 읽어 본다.

| 01☐ | 02☐ | 03☐ | 04☐ | 05☐ | 06☐ | 07☐ | 08☐ | 09☐ | 10☐ |

Step 4 답변을 녹음해 보고, 녹음된 내용을 들으며 Self Check-up List를 표시한다.

☐ 도표에 어울리는 표현(동사)을 사용한다. ☐ 완벽한 문장을 사용한다.
☐ 질문에서 묻는 사항에 정확히 답변한다. ☐ 주어진 시간 안에 답변한다.

3

Step 1 30초의 준비 시간 동안 주제에 관해 떠오르는 단어나 표현을 생각하고 어려운 단어를 여러 번 발음해 본다.

Spring Niagara Falls Tour
Date: May 19
Departure time: 8 a.m. - Finch Subway Station

10:00 a.m.	Niagara Falls: Journey Behind the Falls
12:00 p.m.	Lunch - The Skylon Tower
1:30 p.m.	Helicopter Trip around Niagara Falls
3:00 p.m.	Niagara Winery (Complimentary ice wine tasting)
4:00 p.m.	Daredevil Museum
5:30 p.m.	Visit to Niagara-On-The-Lake
7:00 p.m.	Yours Dinner and Show (Niagara's Grand Hotel)
9:00 p.m.	Depart for Toronto

Return: Estimated arrival at 11:00 p.m. (Finch Subway Station)
Cost: $120 (Including all admission fees, lunch and dinner)
*10% discount for groups of 4 or more

Step 2 질문을 소리 내어 읽은 후 질문의 단어를 활용해 답변을 정리해 본다.

Q7. What time does the tour start and how long will it be?

_____
_____

Q8. How much will it cost? I heard that it costs no more than $100. Is this true?

_____
_____

Q9. I think I'll have to join the tour team after 2 p.m. because I need to attend my son's graduation ceremony in the morning. What programs are left?

_____
_____
_____

Step 3 질문과 자신이 작성한 답변을 10번 이상 큰소리로 읽어 본다.

01☐ 02☐ 03☐ 04☐ 05☐ 06☐ 07☐ 08☐ 09☐ 10☐

Step 4 답변을 녹음해 보고, 녹음된 내용을 들으며 Self Check-up List를 표시한다.

☐ 도표에 어울리는 표현(동사)을 사용한다. ☐ 완벽한 문장을 사용한다.
☐ 질문에서 묻는 사항에 정확히 답변한다. ☐ 주어진 시간 안에 답변한다.

Part 5

준비 시간 30초/ 답변 시간 60초

S2_Day 13

1

Step 1 음성 메시지를 3번 들어 본다.

> 1. 첫 번째 들을 때에는 전체 내용을 이해한다.
> 2. 두 번째 들을 때에는 중요한 사항 위주로 듣고, 필요한 어휘를 속삭이듯 따라 해 본다.
> 3. 세 번째 들을 때에는 전체 내용을 정리한다.

Step 2 Section 1에서 학습한 내용에 맞추어 4가지 사항을 작성한다.

이름 _____

상황 _____
    _____

문제점 _____

요구 사항 _____
       _____

Step 3 자신이 작성한 답변을 10번 이상 큰소리로 읽어 본다.

01☐ 02☐ 03☐ 04☐ 05☐ 06☐ 07☐ 08☐ 09☐ 10☐

Step 4 답변을 녹음해 보고, 녹음된 내용을 들으며 Self Check-up List를 표시한다.

☐ 문제 상황을 정확하게 인식하고 요약한다.　　☐ 해결책이 명확하고 논리적이다.
☐ 문장과 문장의 연결이 자연스럽다.　　　　　☐ 주어진 시간 안에 답변한다.

2

Step 1 음성 메시지를 3번 들어 본다.

> 1. 첫 번째 들을 때에는 전체 내용을 이해한다.
> 2. 두 번째 들을 때에는 중요한 사항 위주로 듣고, 필요한 어휘를 속삭이듯 따라 해 본다.
> 3. 세 번째 들을 때에는 전체 내용을 정리한다.

Step 2 Section 1에서 학습한 내용에 맞추어 4가지 사항을 작성한다.

이름 _____

상황 _____
_____

문제점 _____

요구 사항 _____
_____
_____

Step 3 자신이 작성한 답변을 10번 이상 큰소리로 읽어 본다.

01 ☐ 02 ☐ 03 ☐ 04 ☐ 05 ☐ 06 ☐ 07 ☐ 08 ☐ 09 ☐ 10 ☐

Step 4 답변을 녹음해 보고, 녹음된 내용을 들으며 Self Check-up List를 표시한다.

☐ 문제 상황을 정확하게 인식하고 요약한다.　　☐ 해결책이 명확하고 논리적이다.
☐ 문장과 문장의 연결이 자연스럽다.　　☐ 주어진 시간 안에 답변한다.

3

Step 1 음성 메시지를 3번 들어 본다.

> 1. 첫 번째 들을 때에는 전체 내용을 이해한다.
> 2. 두 번째 들을 때에는 중요한 사항 위주로 듣고, 필요한 어휘를 속삭이듯 따라 해 본다.
> 3. 세 번째 들을 때에는 전체 내용을 정리한다.

Step 2 Section 1에서 학습한 내용에 맞추어 4가지 사항을 작성한다.

이름 _____

상황 _____
_____

문제점 _____

요구 사항 _____
_____
_____

Step 3 자신이 작성한 답변을 10번 이상 큰소리로 읽어 본다.

01☐ 02☐ 03☐ 04☐ 05☐ 06☐ 07☐ 08☐ 09☐ 10☐

Step 4 답변을 녹음해 보고, 녹음된 내용을 들으며 Self Check-up List를 표시한다.

☐ 문제 상황을 정확하게 인식하고 요약한다.   ☐ 해결책이 명확하고 논리적이다.
☐ 문장과 문장의 연결이 자연스럽다.   ☐ 주어진 시간 안에 답변한다.

Part 5

준비 시간 30초/ 답변 시간 60초

🎧 S2_Day 14

MP3 & 동영상
바 로 가 기

1

Step 1   음성 메시지를 3번 들어 본다.

> 1. 첫 번째 들을 때에는 전체 내용을 이해한다.
> 2. 두 번째 들을 때에는 중요한 사항 위주로 듣고, 필요한 어휘를 속삭이듯 따라 해 본다.
> 3. 세 번째 들을 때에는 전체 내용을 정리한다.

Step 2   Section 1에서 학습한 내용에 맞추어 4가지 사항을 작성한다.

이름 _____

상황 _____
_____

문제점 _____
요구 사항 _____
_____
_____

Step 3   자신이 작성한 답변을 10번 이상 큰소리로 읽어 본다.

01 ☐ 02 ☐ 03 ☐ 04 ☐ 05 ☐ 06 ☐ 07 ☐ 08 ☐ 09 ☐ 10 ☐

Step 4   답변을 녹음해 보고, 녹음된 내용을 들으며 Self Check-up List를 표시한다.

☐ 문제 상황을 정확하게 인식하고 요약한다.   ☐ 해결책이 명확하고 논리적이다.
☐ 문장과 문장의 연결이 자연스럽다.   ☐ 주어진 시간 안에 답변한다.

2

Step 1 음성 메시지를 3번 들어 본다.

> 1. 첫 번째 들을 때에는 전체 내용을 이해한다.
> 2. 두 번째 들을 때에는 중요한 사항 위주로 듣고, 필요한 어휘를 속삭이듯 따라 해 본다.
> 3. 세 번째 들을 때에는 전체 내용을 정리한다.

Step 2 Section 1에서 학습한 내용에 맞추어 4가지 사항을 작성한다.

이름 _____

상황 _____
     _____

문제점 _____

요구 사항 _____
         _____
         _____

Step 3 자신이 작성한 답변을 10번 이상 큰소리로 읽어 본다.

01☐ 02☐ 03☐ 04☐ 05☐ 06☐ 07☐ 08☐ 09☐ 10☐

Step 4 답변을 녹음해 보고, 녹음된 내용을 들으며 Self Check-up List를 표시한다.

☐ 문제 상황을 정확하게 인식하고 요약한다.   ☐ 해결책이 명확하고 논리적이다.
☐ 문장과 문장의 연결이 자연스럽다.   ☐ 주어진 시간 안에 답변한다.

3

Step 1 음성 메시지를 3번 들어 본다.

> 1. 첫 번째 들을 때에는 전체 내용을 이해한다.
> 2. 두 번째 들을 때에는 중요한 사항 위주로 듣고, 필요한 어휘를 속삭이듯 따라 해 본다.
> 3. 세 번째 들을 때에는 전체 내용을 정리한다.

Step 2 Section 1에서 학습한 내용에 맞추어 4가지 사항을 작성한다.

이름 _____

상황 _____

_____

문제점 _____

요구 사항 _____

_____

_____

Step 3 자신이 작성한 답변을 10번 이상 큰소리로 읽어 본다.

01☐ 02☐ 03☐ 04☐ 05☐ 06☐ 07☐ 08☐ 09☐ 10☐

Step 4 답변을 녹음해 보고, 녹음된 내용을 들으며 Self Check-up List를 표시한다.

☐ 문제 상황을 정확하게 인식하고 요약한다.   ☐ 해결책이 명확하고 논리적이다.
☐ 문장과 문장의 연결이 자연스럽다.   ☐ 주어진 시간 안에 답변한다.

Part 5

준비 시간 30초 / 답변 시간 60초

S2_Day 15   MP3 & 동영상 바로 가기

1

Step 1 음성 메시지를 3번 들어 본다.

> 1. 첫 번째 들을 때에는 전체 내용을 이해한다.
> 2. 두 번째 들을 때에는 중요한 사항 위주로 듣고, 필요한 어휘를 속삭이듯 따라 해 본다.
> 3. 세 번째 들을 때에는 전체 내용을 정리한다.

Step 2 Section 1에서 학습한 내용에 맞추어 4가지 사항을 작성한다.

이름 _____

상황 _____
     _____

문제점 _____

요구 사항 _____
        _____
        _____

Step 3 자신이 작성한 답변을 10번 이상 큰소리로 읽어 본다.

01 ☐ 02 ☐ 03 ☐ 04 ☐ 05 ☐ 06 ☐ 07 ☐ 08 ☐ 09 ☐ 10 ☐

Step 4 답변을 녹음해 보고, 녹음된 내용을 들으며 Self Check-up List를 표시한다.

☐ 문제 상황을 정확하게 인식하고 요약한다.   ☐ 해결책이 명확하고 논리적이다.
☐ 문장과 문장의 연결이 자연스럽다.   ☐ 주어진 시간 안에 답변한다.

2

Step 1 음성 메시지를 3번 들어 본다.

> 1. 첫 번째 들을 때에는 전체 내용을 이해한다.
> 2. 두 번째 들을 때에는 중요한 사항 위주로 듣고, 필요한 어휘를 속삭이듯 따라 해 본다.
> 3. 세 번째 들을 때에는 전체 내용을 정리한다.

Step 2 Section 1에서 학습한 내용에 맞추어 4가지 사항을 작성한다.

이름 _____

상황 _____
_____

문제점 _____

요구 사항 _____
_____
_____

Step 3 자신이 작성한 답변을 10번 이상 큰소리로 읽어 본다.

01☐ 02☐ 03☐ 04☐ 05☐ 06☐ 07☐ 08☐ 09☐ 10☐

Step 4 답변을 녹음해 보고, 녹음된 내용을 들으며 Self Check-up List를 표시한다.

☐ 문제 상황을 정확하게 인식하고 요약한다.   ☐ 해결책이 명확하고 논리적이다.
☐ 문장과 문장의 연결이 자연스럽다.   ☐ 주어진 시간 안에 답변한다.

3

Step 1 음성 메시지를 3번 들어 본다.

> 1. 첫 번째 들을 때에는 전체 내용을 이해한다.
> 2. 두 번째 들을 때에는 중요한 사항 위주로 듣고, 필요한 어휘를 속삭이듯 따라 해 본다.
> 3. 세 번째 들을 때에는 전체 내용을 정리한다.

Step 2 Section 1에서 학습한 내용에 맞추어 4가지 사항을 작성한다.

이름 _____

상황 _____

_____

문제점 _____

요구 사항 _____

_____

_____

Step 3 자신이 작성한 답변을 10번 이상 큰소리로 읽어 본다.

01 ☐ 02 ☐ 03 ☐ 04 ☐ 05 ☐ 06 ☐ 07 ☐ 08 ☐ 09 ☐ 10 ☐

Step 4 답변을 녹음해 보고, 녹음된 내용을 들으며 Self Check-up List를 표시한다.

☐ 문제 상황을 정확하게 인식하고 요약한다.   ☐ 해결책이 명확하고 논리적이다.
☐ 문장과 문장의 연결이 자연스럽다.   ☐ 주어진 시간 안에 답변한다.

Part 6

1

Step 1 소리 내어 문제를 읽고 생각나는 대로 서론을 말해 본다.

Which one of the mass media most likely explains information related to current issues? Give specific reasons or examples to support your opinion.
Newspaper, Internet, TV

Step 2 15초의 준비 시간 동안 이유와 예시를 생각한 후 그 내용을 단어나 구 형태로 정리한다.

이유1 _____
이유2 _____
예시 _____

Step 3 먼저 서론과 결론을 문장으로 작성한 후, 본론에서 이유와 예시를 작성한다.

서론 _____
본론 이유 1+2 _____
     예시 _____
결론 _____

Step 4 자신이 작성한 답변을 10번 이상 큰소리로 읽어 본다.

01☐ 02☐ 03☐ 04☐ 05☐ 06☐ 07☐ 08☐ 09☐ 10☐

Step 5 답변을 녹음해 보고, 녹음된 내용을 들으며 Self Check-up List를 표시한다.

☐ 문제를 이용해서 서론을 답한다. ☐ 이유와 예시가 논리적이다.
☐ 문장과 문장의 연결이 자연스럽다. ☐ 주어진 시간 안에 답변한다.

2

Step 1 소리 내어 문제를 읽고 생각나는 대로 서론을 말해 본다.

Which of these do you think is the most important for an employee's success? Please choose one and explain with reasons or examples.
Effective oral communication skills, work experience, knowledge

Step 2 15초의 준비 시간 동안 이유와 예시를 생각한 후 그 내용을 단어나 구 형태로 정리한다.

이유1 _____
이유2 _____
예시 _____

Step 3   먼저 서론과 결론을 문장으로 작성한 후, 본론에서 이유와 예시를 작성한다.

서론 _____
본론   이유 1+2 _____
       _____
       예시 _____
       _____
결론 _____

Step 4   자신이 작성한 답변을 10번 이상 큰소리로 읽어 본다.

01☐ 02☐ 03☐ 04☐ 05☐ 06☐ 07☐ 08☐ 09☐ 10☐

Step 5   답변을 녹음해 보고, 녹음된 내용을 들으며 Self Check-up List를 표시한다.

☐ 문제를 이용해서 서론을 답한다.　　☐ 이유와 예시가 논리적이다.
☐ 문장과 문장의 연결이 자연스럽다.　☐ 주어진 시간 안에 답변한다.

3

Step 1   소리 내어 문제를 읽고 생각나는 대로 서론을 말해 본다.

In your opinion, which technology development has had the greatest influence on people's lives? Choose one option and support your opinion by giving specific reasons and examples.
Digital camera, e-mail, mobile phones

Step 2   15초의 준비 시간 동안 이유와 예시를 생각한 후 그 내용을 단어나 구 형태로 정리한다.

이유1 _____
이유2 _____
예시 _____
_____

Step 3   먼저 서론과 결론을 문장으로 작성한 후, 본론에서 이유와 예시를 작성한다.

서론 _____
본론   이유 1+2 _____
       _____
       예시 _____
       _____
결론 _____

Step 4   자신이 작성한 답변을 10번 이상 큰소리로 읽어 본다.

01☐ 02☐ 03☐ 04☐ 05☐ 06☐ 07☐ 08☐ 09☐ 10☐

Step 5   답변을 녹음해 보고, 녹음된 내용을 들으며 Self Check-up List를 표시한다.

☐ 문제를 이용해서 서론을 답한다.　　☐ 이유와 예시가 논리적이다.
☐ 문장과 문장의 연결이 자연스럽다.　☐ 주어진 시간 안에 답변한다.

Part 6

준비 시간 15초/ 답변 시간 60초

S2_Day 17

1

Step 1 소리 내어 문제를 읽고 생각나는 대로 서론을 말해 본다.

Do you agree or disagree that money is the most essential part of our lives in modern society? Please give specific reasons and support your answer.

Step 2 15초의 준비 시간 동안 이유와 예시를 생각한 후 그 내용을 단어나 구 형태로 정리한다.

이유1 _____
이유2 _____
예시 _____

Step 3 먼저 서론과 결론을 문장으로 작성한 후, 본론에서 이유와 예시를 작성한다.

서론 _____
본론 이유 1+2 _____
_____

예시 _____
_____

결론 _____

Step 4 자신이 작성한 답변을 10번 이상 큰소리로 읽어 본다.

01☐ 02☐ 03☐ 04☐ 05☐ 06☐ 07☐ 08☐ 09☐ 10☐

Step 5 답변을 녹음해 보고, 녹음된 내용을 들으며 Self Check-up List를 표시한다.

☐ 문제를 이용해서 서론을 답한다.   ☐ 이유와 예시가 논리적이다.
☐ 문장과 문장의 연결이 자연스럽다.   ☐ 주어진 시간 안에 답변한다.

2

Step 1 소리 내어 문제를 읽고 생각나는 대로 서론을 말해 본다.

Do you agree or disagree with this opinion after school activities such as joining clubs are important for high school students? Use a specific example for your reasons.

Step 2 15초의 준비 시간 동안 이유와 예시를 생각한 후 그 내용을 단어나 구 형태로 정리한다.

이유1 _____
이유2 _____
예시 _____

Step 3   먼저 서론과 결론을 문장으로 작성한 후, 본론에서 이유와 예시를 작성한다.

서론 _____
본론   이유 1+2 _____
         _____
      예시 _____
         _____
결론 _____

Step 4   자신이 작성한 답변을 10번 이상 큰소리로 읽어 본다.

01☐ 02☐ 03☐ 04☐ 05☐ 06☐ 07☐ 08☐ 09☐ 10☐

Step 5   답변을 녹음해 보고, 녹음된 내용을 들으며 Self Check-up List를 표시한다.

☐ 문제를 이용해서 서론을 답한다.   ☐ 이유와 예시가 논리적이다.
☐ 문장과 문장의 연결이 자연스럽다.   ☐ 주어진 시간 안에 답변한다.

3

Step 1   소리 내어 문제를 읽고 생각나는 대로 서론을 말해 본다.

Why do you think that younger generations are having a harder time to find a job than before? Use a specific example for your reasons.

Step 2   15초의 준비 시간 동안 이유와 예시를 생각한 후 그 내용을 단어나 구 형태로 정리한다.

이유1 _____
이유2 _____
예시   _____
       _____

Step 3   먼저 서론과 결론을 문장으로 작성한 후, 본론에서 이유와 예시를 작성한다.

서론 _____
본론   이유 1+2 _____
         _____
      예시 _____
         _____
결론 _____

Step 4   자신이 작성한 답변을 10번 이상 큰소리로 읽어 본다.

01☐ 02☐ 03☐ 04☐ 05☐ 06☐ 07☐ 08☐ 09☐ 10☐

Step 5   답변을 녹음해 보고, 녹음된 내용을 들으며 Self Check-up List를 표시한다.

☐ 문제를 이용해서 서론을 답한다.   ☐ 이유와 예시가 논리적이다.
☐ 문장과 문장의 연결이 자연스럽다.   ☐ 주어진 시간 안에 답변한다.

Part 6

준비 시간 15초/ 답변 시간 60초

S2_Day 18 MP3 & 동영상 바로 가기

1

Step 1 소리 내어 문제를 읽고 생각나는 대로 서론을 말해 본다.

Do you agree are disagree with the following statement? "Providing good quality customer service is one of the ways to succeed in business." Please give specific reasons and support your answer.

Step 2 15초의 준비 시간 동안 이유와 예시를 생각한 후 그 내용을 단어나 구 형태로 정리한다.

이유1 _____
이유2 _____
예시 _____

Step 3 먼저 서론과 결론을 문장으로 작성한 후, 본론에서 이유와 예시를 작성한다.

서론 _____
본론 이유 1+2 _____
      _____
      예시 _____
      _____
결론 _____

Step 4 자신이 작성한 답변을 10번 이상 큰소리로 읽어 본다.

01☐ 02☐ 03☐ 04☐ 05☐ 06☐ 07☐ 08☐ 09☐ 10☐

Step 5 답변을 녹음해 보고, 녹음된 내용을 들으며 Self Check-up List를 표시한다.

☐ 문제를 이용해서 서론을 답한다.   ☐ 이유와 예시가 논리적이다.
☐ 문장과 문장의 연결이 자연스럽다.   ☐ 주어진 시간 안에 답변한다.

2

Step 1 소리 내어 문제를 읽고 생각나는 대로 서론을 말해 본다.

Do you think working at large companies is more beneficial to people than working at small sompanies? Please give specific reasons and support your answer.

Step 2 15초의 준비 시간 동안 이유와 예시를 생각한 후 그 내용을 단어나 구 형태로 정리한다.

이유1 _____
이유2 _____
예시 _____
      _____

Step 3 먼저 서론과 결론을 문장으로 작성한 후, 본론에서 이유와 예시를 작성한다.

서론 _____
본론 이유 1+2 _____
           _____
      예시 _____
           _____
결론 _____

Step 4 자신이 작성한 답변을 10번 이상 큰소리로 읽어 본다.

01☐ 02☐ 03☐ 04☐ 05☐ 06☐ 07☐ 08☐ 09☐ 10☐

Step 5 답변을 녹음해 보고, 녹음된 내용을 들으며 Self Check-up List를 표시한다.

☐ 문제를 이용해서 서론을 답한다.　　☐ 이유와 예시가 논리적이다.
☐ 문장과 문장의 연결이 자연스럽다.　☐ 주어진 시간 안에 답변한다.

3

Step 1 소리 내어 문제를 읽고 생각나는 대로 서론을 말해 본다.

Advertisements are influencing people more than in the past. Do you agree or disagree? Use a specific example for your reasons.

Step 2 15초의 준비 시간 동안 이유와 예시를 생각한 후 그 내용을 단어나 구 형태로 정리한다.

이유1 _____
이유2 _____
예시 _____
      _____

Step 3 먼저 서론과 결론을 문장으로 작성한 후, 본론에서 이유와 예시를 작성한다.

서론 _____
본론 이유 1+2 _____
           _____
      예시 _____
           _____
결론 _____

Step 4 자신이 작성한 답변을 10번 이상 큰소리로 읽어 본다.

01☐ 02☐ 03☐ 04☐ 05☐ 06☐ 07☐ 08☐ 09☐ 10☐

Step 5 답변을 녹음해 보고, 녹음된 내용을 들으며 Self Check-up List를 표시한다.

☐ 문제를 이용해서 서론을 답한다.　　☐ 이유와 예시가 논리적이다.
☐ 문장과 문장의 연결이 자연스럽다.　☐ 주어진 시간 안에 답변한다.

SECTION 3
Actual Test

Actual Test 01

Actual Test 02

Actual Test 03

Actual Test 04

Actual Test 05

*Actual Test 06~10은 온라인으로 응시할 수 있습니다.
 (www.nexusbook.com)

실전으로 가기 전 마지막 단계로,
최신 기출 경향을 가장 잘 반영한
Actual Test 10회분으로 완벽하게 마무리합니다.

Actual Test 01

TOEIC® Speaking

Questions 1-2: Read a text aloud

Directions: In this part of the test, you will read aloud the text on the screen. You will have 45 seconds to prepare. Then you will have 45 seconds to read the text aloud.

TOEIC® Speaking

Question 1 of 11

On Solarite Radio, you don't have to fumble about the stations anymore for information on concerts, sports, movies, local news, or whatsoever. We have it all right here. On top, we note our listeners every hour on the weather and traffic of the area. Now hang around for the news, and we'll tell you all there is to know about today's important local events.

PREPARATION TIME
00:00:45

RESPONSE TIME
00:00:45

TOEIC® Speaking

Question 2 of 11

Welcome to Francisco's Kitchen, where in the first half of the course, we'll be discussing juice, juice cocktails, and ciders. If you're like most consumers, you may suppose there is no difference in the three words. However, they're actually pretty different from each other. In the next 45 minutes, we will be determining precisely what makes them different. For that reason, stay tuned.

PREPARATION TIME
00:00:45

RESPONSE TIME
00:00:45

S3_Actual 01_03

TOEIC® Speaking

Question 3: Describe a picture

Directions: In this part of the test, you will describe the picture on your screen in as much detail as you can. You will have 30 seconds to prepare your response. Then you will have 45 seconds to speak about the picture.

TOEIC® Speaking

Question 3 of 11

PREPARATION TIME
00:00:30

RESPONSE TIME
00:00:45

TOEIC Speaking

Questions 4-6: Respond to questions

Directions: In this part of the test, you will answer three questions. For each question, begin responding immediately after you hear a beep. No preparation time is provided. You will have 15 seconds to respond to Questions 4 and 5 and 30 seconds to respond to Question 6.

TOEIC Speaking

Question 4 of 11

Imagine that an American marketing firm is doing research in your country. You have agreed to participate in a telephone interview about recycling.

What do you usually recycle and where?

RESPONSE TIME
00:00:15

TOEIC® Speaking

Question 5 of 11

Imagine that an American marketing firm is doing research in your country. You have agreed to participate in a telephone interview about recycling.

If you don't know how to recycle items, what would you do?

RESPONSE TIME
00:00:15

TOEIC® Speaking

Question 6 of 11

Imagine that an American marketing firm is doing research in your country. You have agreed to participate in a telephone interview about recycling.

What should be done to encourage people to recycle more?

RESPONSE TIME
00:00:30

TOEIC® Speaking

Questions 7-9: Respond to questions using information provided

Directions: In this part of the test, you will answer three questions based on the information provided. You will have 30 seconds to read the information before the questions begin. For each question, begin responding immediately after you hear a beep. No additional preparation time is provided. You will have 15 seconds to respond to Questions 7 and 8 and 30 seconds to respond to Question 9.

TOEIC® Speaking

Questions 7-9 of 11

EDlab New Employee Orientation
September 19, 2008
Location: Wilson Hall 1st floor, One North conference room

TIME	EVENT
8:00 - 8:30 a.m.	Elizabeth Lord (Vice President) – Welcome and Introduction
8:30 - 10:30 a.m.	Complete new hire paperwork, benefits, I-9 form and receive EDlab ID card
10:30 - 12:00 p.m.	Mary Johnson (HR Director): Overview of ED Employment - Workplace policies and procedures
Lunch	EDlab's Cafeteria: Informal discussion
1:30 - 3:00 p.m.	Anthony Norman: General employee training & review the materials Watch streaming video Appoint to teams
3:00 - 3:30 p.m.	Elizabeth Lord: Wrap-up discussion and Questions

PREPARATION TIME
00:00:30

TOEIC Speaking Question 7 of 11

EDlab New Employee Orientation
September 19, 2008
Location: Wilson Hall 1st floor, One North conference room

TIME	EVENT	
8:00 - 8:30 a.m.	Elizabeth Lord (Vice President) – Welcome and Introduction	
8:30 - 10:30 a.m.	Complete new hire paperwork, benefits, I-9 form and receive EDlab ID card	
10:30 - 12:00 p.m.	Mary Johnson (HR Director): Overview of ED Employment - Workplace policies and procedures	
Lunch	EDlab's Cafeteria: Informal discussion	
1:30 - 3:00 p.m.	Anthony Norman:	General employee training & review the materials Watch streaming video Appoint to teams
3:00 - 3:30 p.m.	Elizabeth Lord:	Wrap-up discussion and Questions

RESPONSE TIME
00:00:15

EDlab New Employee Orientation

September 19, 2008

Location: Wilson Hall 1st floor, One North conference room

TIME	EVENT
8:00 - 8:30 a.m.	Elizabeth Lord (Vice President) – Welcome and Introduction
8:30 - 10:30 a.m.	Complete new hire paperwork, benefits, I-9 form and receive EDlab ID card
10:30 - 12:00 p.m.	Mary Johnson (HR Director): Overview of ED Employment - Workplace policies and procedures
Lunch	EDlab's Cafeteria: Informal discussion
1:30 - 3:00 p.m.	Anthony Norman: General employee training & review the materials Watch streaming video Appoint to teams
3:00 - 3:30 p.m.	Elizabeth Lord: Wrap-up discussion and Questions

RESPONSE TIME
00:00:15

EDlab New Employee Orientation

September 19, 2008

Location: Wilson Hall 1st floor, One North conference room

TIME	EVENT	
8:00 - 8:30 a.m.	Elizabeth Lord (Vice President) – Welcome and Introduction	
8:30 - 10:30 a.m.	Complete new hire paperwork, benefits, I-9 form and receive EDlab ID card	
10:30 - 12:00 p.m.	Mary Johnson (HR Director): Overview of ED Employment - Workplace policies and procedures	
Lunch	EDlab's Cafeteria: Informal discussion	
1:30 - 3:00 p.m.	Anthony Norman:	General employee training & review the materials Watch streaming video Appoint to teams
3:00 - 3:30 p.m.	Elizabeth Lord:	Wrap-up discussion and Questions

RESPONSE TIME
00:00:30

S3_Actual 01_10

TOEIC® Speaking

Question 10: Propose a solution

Directions: In this part of the test, you will be presented with a problem and asked to propose a solution. You will have 30 seconds to prepare. Then you will have 60 seconds to speak.

In your response, be sure to
- show that you recognize the problem, and
- propose a way of dealing with the problem.

TOEIC® Speaking — Question 10 of 11

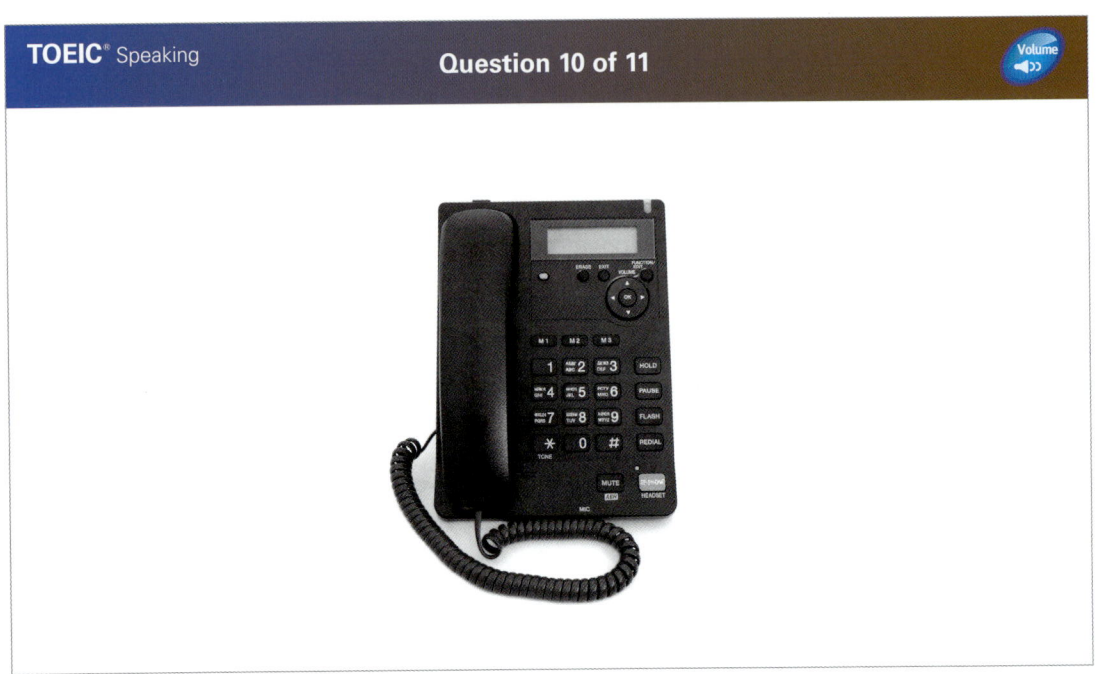

TOEIC® Speaking — Question 10 of 11

In your response, be sure to
- show that you recognize the problem, and
- propose a way of dealing with the problem.

PREPARATION TIME
00:00:30

RESPONSE TIME
00:01:00

TOEIC® Speaking

Question 11: Express an opinion

Directions: In this part of the test, you will give your opinion about a specific topic. Be sure to say as much as you can in the time allowed. You will have 15 seconds to prepare. Then you will have 60 seconds to speak.

TOEIC® Speaking

Question 11 of 11

If you are given a whole day to take off, where will you spend the least of your free time among three choices? Support your opinion by giving specific reasons or examples.
Playing video games, watching TV, sleeping

PREPARATION TIME
00:00:15

RESPONSE TIME
00:01:00

Actual Test 02

 S3_Actual 02_01~02

TOEIC Speaking

Questions 1-2: Read a text aloud

Directions: In this part of the test, you will read aloud the text on the screen. You will have 45 seconds to prepare. Then you will have 45 seconds to read the text aloud.

TOEIC® Speaking — Question 1 of 11

Today, it is my pleasure to announce that Bill Murphy will be our new Sales Manager. Bill has been with us for five years. He has been with several top software firms, such as Eclipse Enterprises, Spark Software and Cloud Development. I have no doubt that Bill's presence in our department will bring positive changes and the best results.

PREPARATION TIME
00:00:45

RESPONSE TIME
00:00:45

TOEIC® Speaking — Question 2 of 11

Thanks for tuning in to CJ692. It's just past 6 o'clock and we have a great show on the way for our listeners. Dr. Freedman, author of "Health World - What Our Bodies Need" will be in the studio today to talk about the book and take questions from our listeners. The show will begin in about two minutes. We welcome listeners to call in with questions.

PREPARATION TIME
00:00:45

RESPONSE TIME
00:00:45

S3_Actual 02_03

TOEIC® Speaking

Question 3: Describe a picture

Directions: In this part of the test, you will describe the picture on your screen in as much detail as you can. You will have 30 seconds to prepare your response. Then you will have 45 seconds to speak about the picture.

TOEIC® Speaking

Question 3 of 11

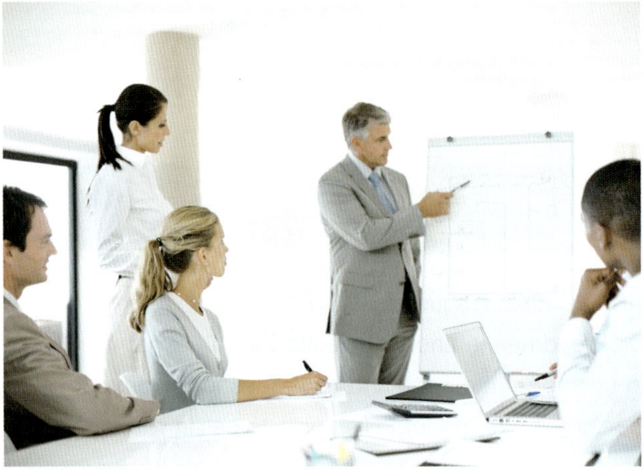

PREPARATION TIME

00:00:30

RESPONSE TIME

00:00:45

TOEIC® Speaking

Questions 4-6: Respond to questions

Directions: In this part of the test, you will answer three questions. For each question, begin responding immediately after you hear a beep. No preparation time is provided. You will have 15 seconds to respond to Questions 4 and 5 and 30 seconds to respond to Question 6.

TOEIC® Speaking

Question 4 of 11

Imagine that an Australian marketing firm is doing research in your country. You have agreed to participate in a telephone interview about email.

Whom do you usually exchange email with and how often do you use it?

RESPONSE TIME
00:00:15

TOEIC® Speaking

Question 5 of 11

Imagine that an Australian marketing firm is doing research in your country. You have agreed to participate in a telephone interview about email.

How many emails do you receive in average and do you reply?

RESPONSE TIME
00:00:15

TOEIC® Speaking

Question 6 of 11

Imagine that an Australian marketing firm is doing research in your country. You have agreed to participate in a telephone interview about email.

Do you prefer to use cell phones or email?

RESPONSE TIME
00:00:30

TOEIC Speaking

Questions 7-9: Respond to questions using information provided

Directions: In this part of the test, you will answer three questions based on the information provided. You will have 30 seconds to read the information before the questions begin. For each question, begin responding immediately after you hear a beep. No additional preparation time is provided. You will have 15 seconds to respond to Questions 7 and 8 and 30 seconds to respond to Question 9.

TOEIC Speaking

Questions 7-9 of 11

Northern Silicon Valley Partnership
Career Strategy Workshop
"New Tools to Promote Your Career"

Wednesday, Sept. 16, 2013
Crowne Plaza Hotel
32083 Alvarado Niles

TIME	EVENT
8:30 a.m.	Registration & Networking
9:15 a.m.	"Job Search Toolkit" Laura Hoffmann, Career Counselor
9:35 a.m.	"Career Transition: Discover Your Ideal Job" Laura Hoffmann, Career Counselor
10:00 a.m.	Break
10:30 a.m.	"Starting a Small Business or Consulting Firm: How to Convert Your Skills" Carlene Crane and Lola Robinson
11:00 a.m.	"Job Search Stress: What to Avoid and Relaxation Techniques" Dr. Terry Day, Clinical Psychologist

* Volunteer HR professionals will be available to review a limited number of résumés, so please bring your résumé if you are interested in this service.

PREPARATION TIME
00:00:30

Northern Silicon Valley Partnership
Career Strategy Workshop
"New Tools to Promote Your Career"

Wednesday, Sept. 16, 2013
Crowne Plaza Hotel
32083 Alvarado Niles

TIME	EVENT
8:30 a.m.	Registration & Networking
9:15 a.m.	"Job Search Toolkit" Laura Hoffmann, Career Counselor
9:35 a.m.	"Career Transition: Discover Your Ideal Job" Laura Hoffmann, Career Counselor
10:00 a.m.	Break
10:30 a.m.	"Starting a Small Business or Consulting Firm: How to Convert Your Skills" Carlene Crane and Lola Robinson
11:00 a.m.	"Job Search Stress: What to Avoid and Relaxation Techniques" Dr. Terry Day, Clinical Psychologist

* Volunteer HR professionals will be available to review a limited number of resumés, so please bring your resumé if you are interested in this service.

RESPONSE TIME
00:00:15

Northern Silicon Valley Partnership
Career Strategy Workshop
"New Tools to Promote Your Career"

Wednesday, Sept. 16, 2013
Crowne Plaza Hotel
32083 Alvarado Niles

TIME	EVENT
8:30 a.m.	Registration & Networking
9:15 a.m.	"Job Search Toolkit" Laura Hoffmann, Career Counselor
9:35 a.m.	"Career Transition: Discover Your Ideal Job" Laura Hoffmann, Career Counselor
10:00 a.m.	Break
10:30 a.m.	"Starting a Small Business or Consulting Firm: How to Convert Your Skills" Carlene Crane and Lola Robinson
11:00 a.m.	"Job Search Stress: What to Avoid and Relaxation Techniques" Dr. Terry Day, Clinical Psychologist

* Volunteer HR professionals will be available to review a limited number of résumés, so please bring your résumé if you are interested in this service.

RESPONSE TIME
00:00:15

Northern Silicon Valley Partnership
Career Strategy Workshop
"New Tools to Promote Your Career"

Wednesday, Sept. 16, 2013
Crowne Plaza Hotel
32083 Alvarado Niles

TIME	EVENT
8:30 a.m.	Registration & Networking
9:15 a.m.	"Job Search Toolkit" Laura Hoffmann, Career Counselor
9:35 a.m.	"Career Transition: Discover Your Ideal Job" Laura Hoffmann, Career Counselor
10:00 a.m.	Break
10:30 a.m.	"Starting a Small Business or Consulting Firm: How to Convert Your Skills" Carlene Crane and Lola Robinson
11:00 a.m.	"Job Search Stress: What to Avoid and Relaxation Techniques" Dr. Terry Day, Clinical Psychologist

* Volunteer HR professionals will be available to review a limited number of résumés, so please bring your résumé if you are interested in this service.

RESPONSE TIME
00:00:30

TOEIC® Speaking

Question 10: Propose a solution

Directions: In this part of the test, you will be presented with a problem and asked to propose a solution. You will have 30 seconds to prepare. Then you will have 60 seconds to speak.

In your response, be sure to
- show that you recognize the problem, and
- propose a way of dealing with the problem.

TOEIC Speaking — Question 10 of 11

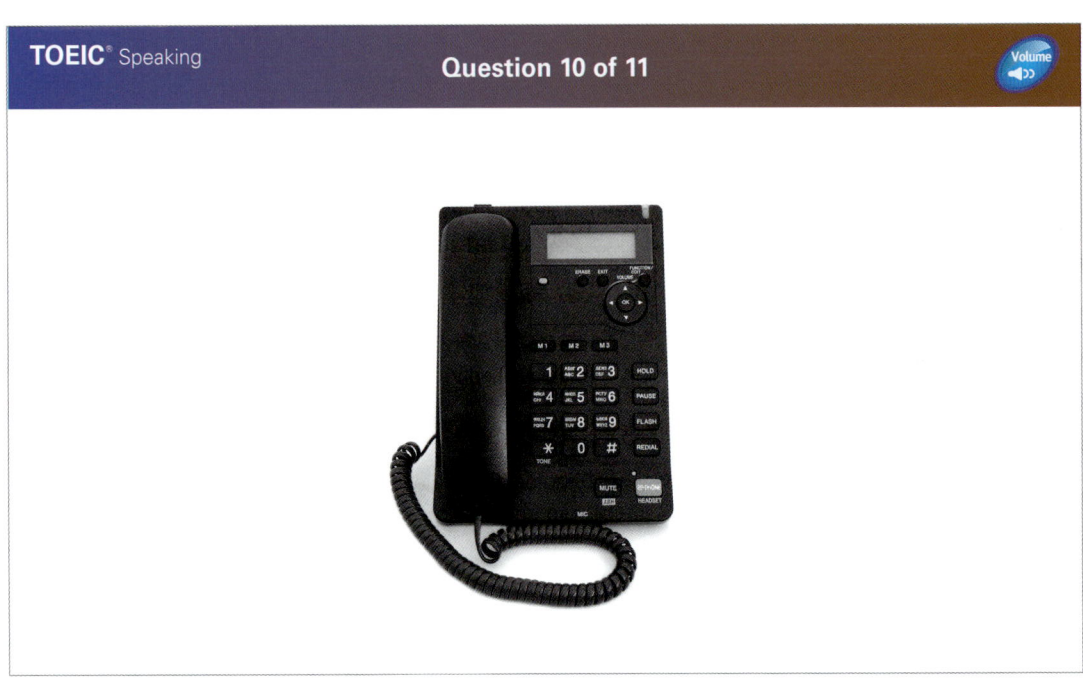

TOEIC Speaking — Question 10 of 11

In your response, be sure to
- show that you recognize the problem, and
- propose a way of dealing with the problem.

PREPARATION TIME
00:00:30

RESPONSE TIME
00:01:00

TOEIC® Speaking

Question 11: Express an opinion

Directions: In this part of the test, you will give your opinion about a specific topic. Be sure to say as much as you can in the time allowed. You will have 15 seconds to prepare. Then you will have 60 seconds to speak.

TOEIC® Speaking

Question 11 of 11

If you have to minimize your expenses to save some money, where would you consider spending less? Support your opinion by giving specific reasons or examples.
Clothes, food, books

PREPARATION TIME
00:00:15

RESPONSE TIME
00:01:00

Actual Test 03

TOEIC Speaking

Questions 1-2: Read a text aloud

Directions: In this part of the test, you will read aloud the text on the screen. You will have 45 seconds to prepare. Then you will have 45 seconds to read the text aloud.

TOEIC® Speaking — Question 1 of 11

We are thrilled to announce the promotion of Jane Parker to Director of Marketing in the Corporate Communications department. Jane joined the company 5 years ago and has held positions in both the Advertising and Sales departments. She brings a wealth of experience to her new role. Please join us in welcoming Jane to Corporate Communications and congratulating her on the promotion.

PREPARATION TIME
00:00:45

RESPONSE TIME
00:00:45

TOEIC® Speaking — Question 2 of 11

Ladies and gentleman! Now, you have the power to change the political landscape of America and our country has come to a crossroad. As I have said time and time again, if you elect me to be your face in congress, there are several things I will do to ensure that your needs are met day in and day out across this land. If I elected, I promise to give my all to my elected position and make sure your issues and concerns are fully addressed at the local and national level. Thank you.

PREPARATION TIME
00:00:45

RESPONSE TIME
00:00:45

TOEIC® Speaking

Question 3: Describe a picture

Directions: In this part of the test, you will describe the picture on your screen in as much detail as you can. You will have 30 seconds to prepare your response. Then you will have 45 seconds to speak about the picture.

TOEIC® Speaking

Question 3 of 11

PREPARATION TIME
00:00:30

RESPONSE TIME
00:00:45

TOEIC® Speaking

Questions 4-6: Respond to questions

Directions: In this part of the test, you will answer three questions. For each question, begin responding immediately after you hear a beep. No preparation time is provided. You will have 15 seconds to respond to Questions 4 and 5 and 30 seconds to respond to Question 6.

TOEIC® Speaking

Question 4 of 11

Imagine that an Australian marketing firm is doing research in your country. You have agreed to participate in a telephone interview about swimming pools vs. beaches.

Where would you prefer to go swimming, a pool or beach?

RESPONSE TIME
00:00:15

TOEIC® Speaking

Question 5 of 11

Imagine that an Australian marketing firm is doing research in your country. You have agreed to participate in a telephone interview about swimming pools vs. beaches.

When you go to a swimming pool or beach, what do you usually take?

RESPONSE TIME
00:00:15

TOEIC® Speaking

Question 6 of 11

Imagine that an Australian marketing firm is doing research in your country. You have agreed to participate in a telephone interview about swimming pools vs. beaches.

What do you usually consider before you go to a swimming pool or beach?

RESPONSE TIME
00:00:30

TOEIC Speaking

Questions 7-9: Respond to questions using information provided

Directions: In this part of the test, you will answer three questions based on the information provided. You will have 30 seconds to read the information before the questions begin. For each question, begin responding immediately after you hear a beep. No additional preparation time is provided. You will have 15 seconds to respond to Questions 7 and 8 and 30 seconds to respond to Question 9.

TOEIC Speaking — Questions 7-9 of 11

Current Technology National Conference
February 9th – 10th
Rosedale Conference, Las Vegas, NV

Feb 9

Time	Session
9:30 a.m.	Registration
10:45 a.m.	Welcome & Inauguration
11:45 a.m.	Panel Discussion on "Top 10 Strategic Technology Trends study" - Gardener
12:45 p.m.	Mobile Banking Payment System: Opportunities & Treats - Samantha Bank

Feb 10

Time	Session
9:30 a.m.	Panel Discussion on "Emerging Role of CIO's in Difficult Times" – Mark Anthony
11:15 a.m.	Identity Management – Tomas Jacob
11:45 a.m.	Emerging Opportunities in Analytics and Forensics – Rosaline Bake

PREPARATION TIME
00:00:30

Current Technology National Conference
February 9th – 10th
Rosedale Conference, Las Vegas, NV

Feb 9	
9:30 a.m.	Registration
10:45 a.m.	Welcome & Inauguration
11:45 a.m.	Panel Discussion on "Top 10 Strategic Technology Trends study" - Gardener
12:45 p.m.	Mobile Banking Payment System: Opportunities & Treats - Samantha Bank

Feb 10	
9:30 a.m.	Panel Discussion on "Emerging Role of CIO's in Difficult Times" – Mark Anthony
11:15 a.m.	Identity Management – Tomas Jacob
11:45 a.m.	Emerging Opportunities in Analytics and Forensics – Rosaline Bake

RESPONSE TIME
00:00:15

Current Technology National Conference

February 9th – 10th
Rosedale Conference, Las Vegas, NV

Feb 9

9:30 a.m.	Registration
10:45 a.m.	Welcome & Inauguration
11:45 a.m.	Panel Discussion on "Top 10 Strategic Technology Trends study" - Gardener
12:45 p.m.	Mobile Banking Payment System: Opportunities & Treats - Samantha Bank

Feb 10

9:30 a.m.	Panel Discussion on "Emerging Role of CIO's in Difficult Times" – Mark Anthony
11:15 a.m.	Identity Management – Tomas Jacob
11:45 a.m.	Emerging Opportunities in Analytics and Forensics – Rosaline Bake

RESPONSE TIME
00:00:15

Current Technology National Conference
February 9th – 10th
Rosedale Conference, Las Vegas, NV

Feb 9	
9:30 a.m.	Registration
10:45 a.m.	Welcome & Inauguration
11:45 a.m.	Panel Discussion on "Top 10 Strategic Technology Trends study" - Gardener
12:45 p.m.	Mobile Banking Payment System: Opportunities & Treats - Samantha Bank
Feb 10	
9:30 a.m.	Panel Discussion on "Emerging Role of CIO's in Difficult Times" – Mark Anthony
11:15 a.m.	Identity Management – Tomas Jacob
11:45 a.m.	Emerging Opportunities in Analytics and Forensics – Rosaline Bake

RESPONSE TIME
00:00:30

TOEIC Speaking

Question 10: Propose a solution

Directions: In this part of the test, you will be presented with a problem and asked to propose a solution. You will have 30 seconds to prepare. Then you will have 60 seconds to speak.

In your response, be sure to
- show that you recognize the problem, and
- propose a way of dealing with the problem.

TOEIC® Speaking

Question 10 of 11

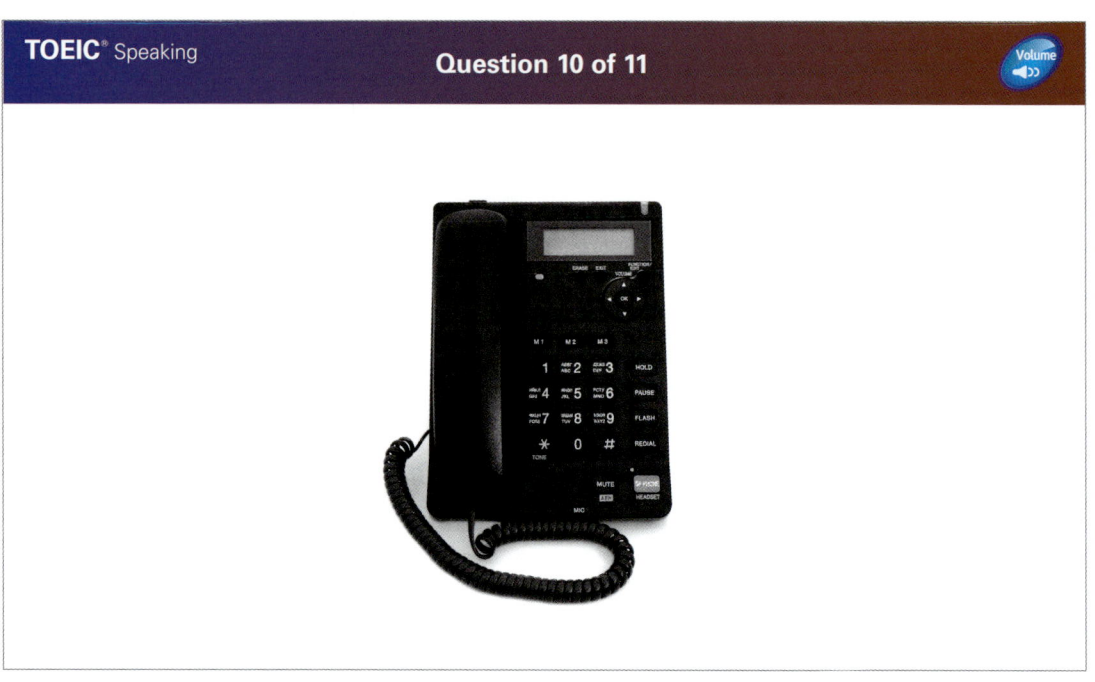

TOEIC® Speaking

Question 10 of 11

In your response, be sure to
- show that you recognize the problem, and
- propose a way of dealing with the problem.

PREPARATION TIME
00:00:30

RESPONSE TIME
00:01:00

TOEIC® Speaking

Question 11: Express an opinion

Directions: In this part of the test, you will give your opinion about a specific topic. Be sure to say as much as you can in the time allowed. You will have 15 seconds to prepare. Then you will have 60 seconds to speak.

TOEIC® Speaking

Question 11 of 11

Compared to the past, parents are having difficulties to teach their children how to harmonize with others. Do you agree or disagree with the statement?

PREPARATION TIME
00:00:15

RESPONSE TIME
00:01:00

Actual Test 04

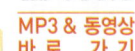
 S3_Actual 04_01~02

TOEIC® Speaking

Questions 1-2: Read a text aloud

Directions: In this part of the test, you will read aloud the text on the screen. You will have 45 seconds to prepare. Then you will have 45 seconds to read the text aloud.

TOEIC® Speaking

Question 1 of 11

Are you looking for a challenging summer job? If so, look no further than Banff Spruce Hotel. We are currently hiring wait staff to work in our five-star hotel restaurant. We are looking for energetic staff members with at least 6 months experience working in the hospitality industry. Interested applicants should email their résumés to carreers@sprucehotel.org.

PREPARATION TIME
00:00:45

RESPONSE TIME
00:00:45

TOEIC® Speaking

Question 2 of 11

This is a message for all Kelvin Microchips Inc. employees. Please be reminded that there will be a scheduled monthly checkup of the central cooling unit this Saturday afternoon. For the checkup, all the air conditioners will be turned off from 2 to 5 p.m. If anyone is planning to work overtime on Saturday, please inform the personnel in the Maintenance Department a day in advance. Thank you for your cooperation.

PREPARATION TIME
00:00:45

RESPONSE TIME
00:00:45

Question 3: Describe a picture

Directions: In this part of the test, you will describe the picture on your screen in as much detail as you can. You will have 30 seconds to prepare your response. Then you will have 45 seconds to speak about the picture.

Question 3 of 11

PREPARATION TIME
00:00:30

RESPONSE TIME
00:00:45

TOEIC® Speaking

Questions 4-6: Respond to questions

Directions: In this part of the test, you will answer three questions. For each question, begin responding immediately after you hear a beep. No preparation time is provided. You will have 15 seconds to respond to Questions 4 and 5 and 30 seconds to respond to Question 6.

TOEIC® Speaking   Question 4 of 11

Imagine that an Australian marketing firm is doing research in your country. You have agreed to participate in a telephone interview about text messaging.

Who do you usually text message?

RESPONSE TIME
00:00:15

TOEIC® Speaking — Question 5 of 11

Imagine that an Australian marketing firm is doing research in your country. You have agreed to participate in a telephone interview about text messaging.

Do you text people more than in the past?

RESPONSE TIME
00:00:15

TOEIC® Speaking — Question 6 of 11

Imagine that an Australian marketing firm is doing research in your country. You have agreed to participate in a telephone interview about text messaging.

What are some advantages of using text messaging?

RESPONSE TIME
00:00:30

TOEIC Speaking

Questions 7-9: Respond to questions using information provided

Directions: In this part of the test, you will answer three questions based on the information provided. You will have 30 seconds to read the information before the questions begin. For each question, begin responding immediately after you hear a beep. No additional preparation time is provided. You will have 15 seconds to respond to Questions 7 and 8 and 30 seconds to respond to Question 9.

TOEIC Speaking

Questions 7-9 of 11

Sugar Sweet Cosmetics
Investors' Meeting
Pebble Beach, March 23rd 2013

Time	Session	Speaker
8:00 a.m. – 8:15 a.m.	Opening	Robert Kline, CEO
8:15 a.m. – 9:00 a.m.	Financial Update of 2012	John Hayden, President of Investments
9:00 a.m. – 9:45 a.m.	Stocks and Shareholders Discussion	John Hayden, President of Investments
9:45 a.m. – 10:00 a.m.	Break	
10:00 a.m. – 10:50 a.m.	New Product Introduction	Thomas Helen, President Research & Development
10:50 a.m. – 11:30 a.m.	Marketing Strategies	Carol Sugarman, Marketing & Advertising Director
11:40 a.m. – 12:00 p.m.	Closing	Robert Kline, CEO

* After Closing session, we will have lunch at Pebble Beach Executive Club house.

PREPARATION TIME
00:00:30

Sugar Sweet Cosmetics
Investors' Meeting
Pebble Beach, March 23rd 2013

Time	Session	Speaker
8:00 a.m. – 8:15 a.m.	Opening	Robert Kline, CEO
8:15 a.m. – 9:00 a.m.	Financial Update of 2012	John Hayden, President of Investments
9:00 a.m. – 9:45 a.m.	Stocks and Shareholders Discussion	John Hayden, President of Investments
9:45 a.m. – 10:00 a.m.	Break	
10:00 a.m. – 10:50 a.m.	New Product Introduction	Thomas Helen, President Research & Development
10:50 a.m. – 11:30 a.m.	Marketing Strategies	Carol Sugarman, Marketing & Advertising Director
11:40 a.m. – 12:00 p.m.	Closing	Robert Kline, CEO

* After Closing session, we will have lunch at Pebble Beach Executive Club house.

RESPONSE TIME
00:00:15

Sugar Sweet Cosmetics Investors' Meeting
Pebble Beach, March 23rd 2013

Time	Session	Speaker
8:00 a.m. – 8:15 a.m.	Opening	Robert Kline, CEO
8:15 a.m. – 9:00 a.m.	Financial Update of 2012	John Hayden, President of Investments
9:00 a.m. – 9:45 a.m.	Stocks and Shareholders Discussion	John Hayden, President of Investments
9:45 a.m. – 10:00 a.m.	Break	
10:00 a.m. – 10:50 a.m.	New Product Introduction	Thomas Helen, President Research & Development
10:50 a.m. – 11:30 a.m.	Marketing Strategies	Carol Sugarman, Marketing & Advertising Director
11:40 a.m. – 12:00 p.m.	Closing	Robert Kline, CEO

* After Closing session, we will have lunch at Pebble Beach Executive Club house.

PREPARATION TIME
00:00:15

Sugar Sweet Cosmetics
Investors' Meeting
Pebble Beach, March 23rd 2013

Time	Session	Speaker
8:00 a.m. – 8:15 a.m.	Opening	Robert Kline, CEO
8:15 a.m. – 9:00 a.m.	Financial Update of 2012	John Hayden, President of Investments
9:00 a.m. – 9:45 a.m.	Stocks and Shareholders Discussion	John Hayden, President of Investments
9:45 a.m. – 10:00 a.m.	Break	
10:00 a.m. – 10:50 a.m.	New Product Introduction	Thomas Helen, President Research & Development
10:50 a.m. – 11:30 a.m.	Marketing Strategies	Carol Sugarman, Marketing & Advertising Director
11:40 a.m. – 12:00 p.m.	Closing	Robert Kline, CEO

* After Closing session, we will have lunch at Pebble Beach Executive Club house.

RESPONSE TIME
00:00:30

TOEIC Speaking

Question 10: Propose a solution

Directions: In this part of the test, you will be presented with a problem and asked to propose a solution. You will have 30 seconds to prepare. Then you will have 60 seconds to speak.

In your response, be sure to
- show that you recognize the problem, and
- propose a way of dealing with the problem.

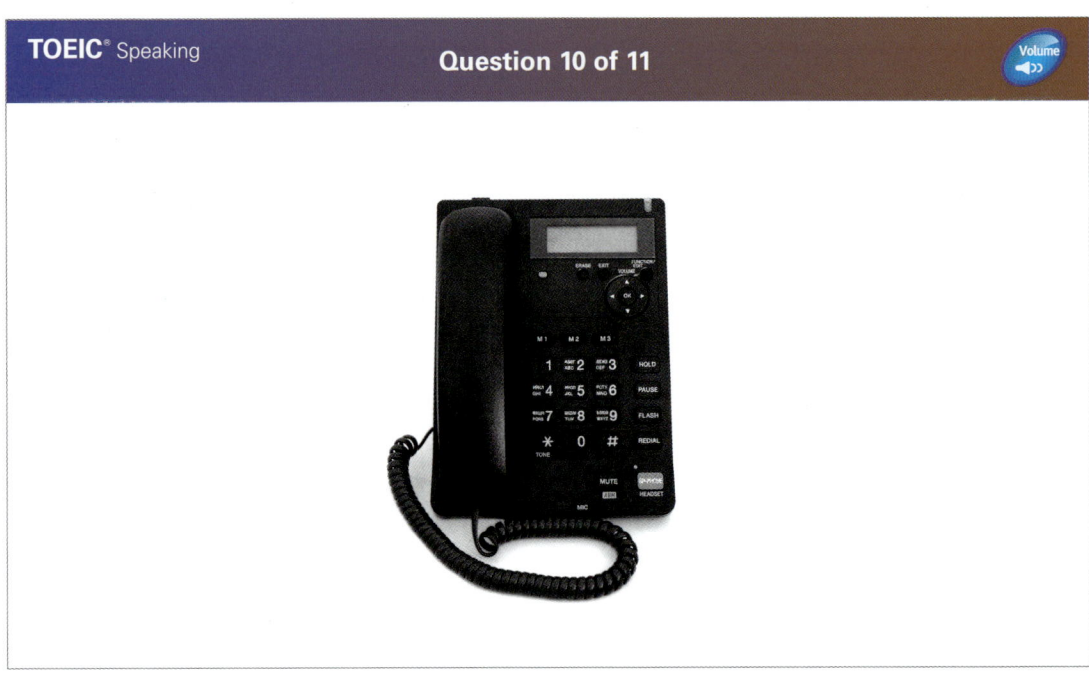

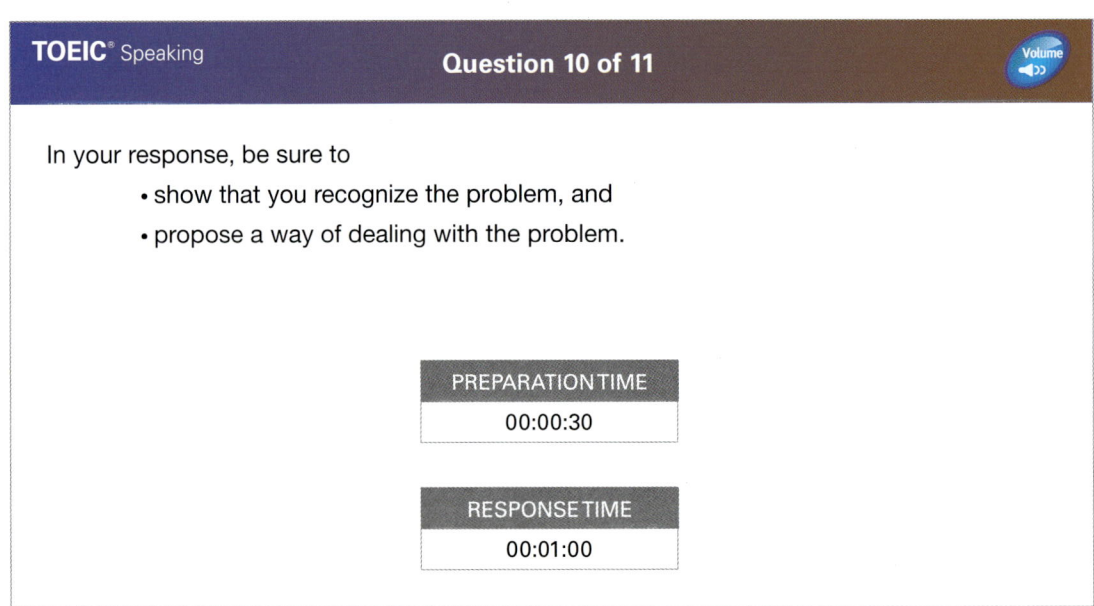

In your response, be sure to
- show that you recognize the problem, and
- propose a way of dealing with the problem.

PREPARATION TIME
00:00:30

RESPONSE TIME
00:01:00

TOEIC® Speaking

Question 11: Express an opinion

Directions: In this part of the test, you will give your opinion about a specific topic. Be sure to say as much as you can in the time allowed. You will have 15 seconds to prepare. Then you will have 60 seconds to speak.

TOEIC® Speaking

Question 11 of 11

There are many people who have different levels of experience and skills out there who are looking for jobs. To attract competent and experienced candidates, should companies offer private offices or education expenses? Support your opinion by giving specific reasons or examples.

Private office, education expenses

PREPARATION TIME
00:00:15

RESPONSE TIME
00:01:00

Actual Test 05

 S3_Actual 05_01~02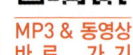

TOEIC® Speaking

Questions 1-2: Read a text aloud

Directions: In this part of the test, you will read aloud the text on the screen. You will have 45 seconds to prepare. Then you will have 45 seconds to read the text aloud.

TOEIC® Speaking

Question 1 of 11

Are you looking for things to do this summer? Come down to Downing Creek and enjoy water sports you have always wanted to try at an incredible price. You can enjoy water skiing, wake boarding and scuba diving only for $10 per hour. Don't be surprised yet! All the equipment is offered at no additional cost. So this summer, don't go far to get away from the heat. Come to the local creek and blast the summer away!

PREPARATION TIME
00:00:45

RESPONSE TIME
00:00:45

TOEIC® Speaking

Question 2 of 11

General campus tours and limited faculty specific activities are being offered during Spring Break. Choose from one of the three options defined below. Advance booking is required. Each prospective student should submit a separate registration form. Once registered, you will receive an email confirming your visit, and providing you with directions and parking instructions specific to Spring Break week.

PREPARATION TIME
00:00:45

RESPONSE TIME
00:00:45

TOEIC® Speaking

Question 3: Describe a picture

Directions: In this part of the test, you will describe the picture on your screen in as much detail as you can. You will have 30 seconds to prepare your response. Then you will have 45 seconds to speak about the picture.

TOEIC® Speaking

Question 3 of 11

PREPARATION TIME
00:00:30

RESPONSE TIME
00:00:45

TOEIC® Speaking

Questions 4-6: Respond to questions

Directions: In this part of the test, you will answer three questions. For each question, begin responding immediately after you hear a beep. No preparation time is provided. You will have 15 seconds to respond to Questions 4 and 5 and 30 seconds to respond to Question 6.

TOEIC® Speaking

Question 4 of 11

Imagine that an American marketing firm is doing research in your country. You have agreed to participate in a telephone interview about leadership.

How often do you work in a group?

RESPONSE TIME
00:00:15

TOEIC® Speaking

Question 5 of 11

Imagine that an American marketing firm is doing research in your country. You have agreed to participate in a telephone interview about leadership.

When was the last time you have been a leader and how did you become a leader?

RESPONSE TIME
00:00:15

TOEIC® Speaking

Question 6 of 11

Imagine that an American marketing firm is doing research in your country. You have agreed to participate in a telephone interview about leadership.

As a leader, what are some things you have to challenge?

RESPONSE TIME
00:00:30

Questions 7-9: Respond to questions using information provided

Directions: In this part of the test, you will answer three questions based on the information provided. You will have 30 seconds to read the information before the questions begin. For each question, begin responding immediately after you hear a beep. No additional preparation time is provided. You will have 15 seconds to respond to Questions 7 and 8 and 30 seconds to respond to Question 9.

Business Trip Itinerary for Jacob Butler

Mon Dec. 14

8:00 a.m.	Depart: Los Angeles (American Airlines Flight No. 542)
2:30 p.m.	Arrive: Buffalo (Royal York Hotel)
4:00 p.m.	Meeting – American Marketing Association: Financial Forecasting & Strategies
6:30 p.m.	Dinner – Oliver Garden in Town with AMA Executives

Tue Dec. 15

9:00 a.m.	Meeting with a Financial Director of AMA
12:00 p.m.	Lunch with Members
4:00 p.m.	Depart: Buffalo (American Airlines Flight No. 454)

PREPARATION TIME
00:00:30

Business Trip Itinerary for Jacob Butler

Mon Dec. 14

8:00 a.m.	Depart: Los Angeles (American Airlines Flight No. 542)
2:30 p.m.	Arrive: Buffalo (Royal York Hotel)
4:00 p.m.	Meeting – American Marketing Association: Financial Forecasting & Strategies
6:30 p.m.	Dinner – Oliver Garden in Town with AMA Executives

Tue Dec. 15

9:00 a.m.	Meeting with a Financial Director of AMA
12:00 p.m.	Lunch with Members
4:00 p.m.	Depart: Buffalo (American Airlines Flight No. 454)

RESPONSE TIME
00:00:15

Business Trip Itinerary for Jacob Butler

Mon Dec. 14

8:00 a.m.	Depart: Los Angeles (American Airlines Flight No. 542)
2:30 p.m.	Arrive: Buffalo (Royal York Hotel)
4:00 p.m.	Meeting – American Marketing Association: Financial Forecasting & Strategies
6:30 p.m.	Dinner – Oliver Garden in Town with AMA Executives

Tue Dec. 15

9:00 a.m.	Meeting with a Financial Director of AMA
12:00 p.m.	Lunch with Members
4:00 p.m.	Depart: Buffalo (American Airlines Flight No. 454)

RESPONSE TIME
00:00:15

TOEIC Speaking   Question 9 of 11

Business Trip Itinerary for Jacob Butler

Mon Dec. 14

8:00 a.m.	Depart: Los Angeles (American Airlines Flight No. 542)
2:30 p.m.	Arrive: Buffalo (Royal York Hotel)
4:00 p.m.	Meeting – American Marketing Association: Financial Forecasting & Strategies
6:30 p.m.	Dinner – Oliver Garden in Town with AMA Executives

Tue Dec. 15

9:00 a.m.	Meeting with a Financial Director of AMA
12:00 p.m.	Lunch with Members
4:00 p.m.	Depart: Buffalo (American Airlines Flight No. 454)

RESPONSE TIME
00:00:30

Question 10: Propose a solution

Directions: In this part of the test, you will be presented with a problem and asked to propose a solution. You will have 30 seconds to prepare. Then you will have 60 seconds to speak.

In your response, be sure to
- show that you recognize the problem, and
- propose a way of dealing with the problem.

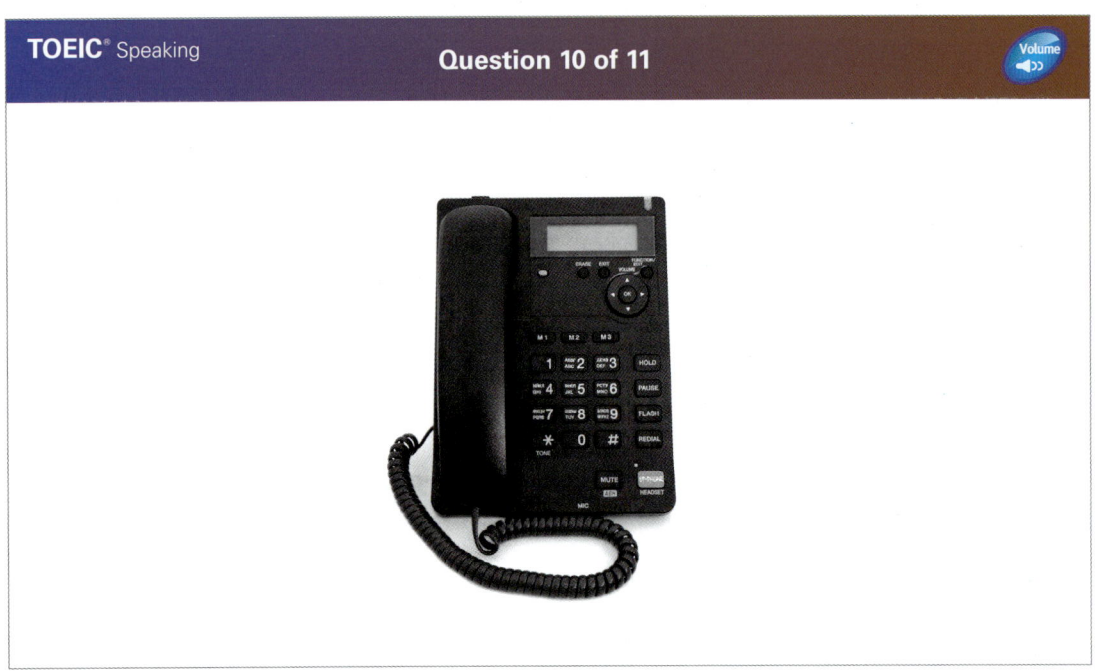

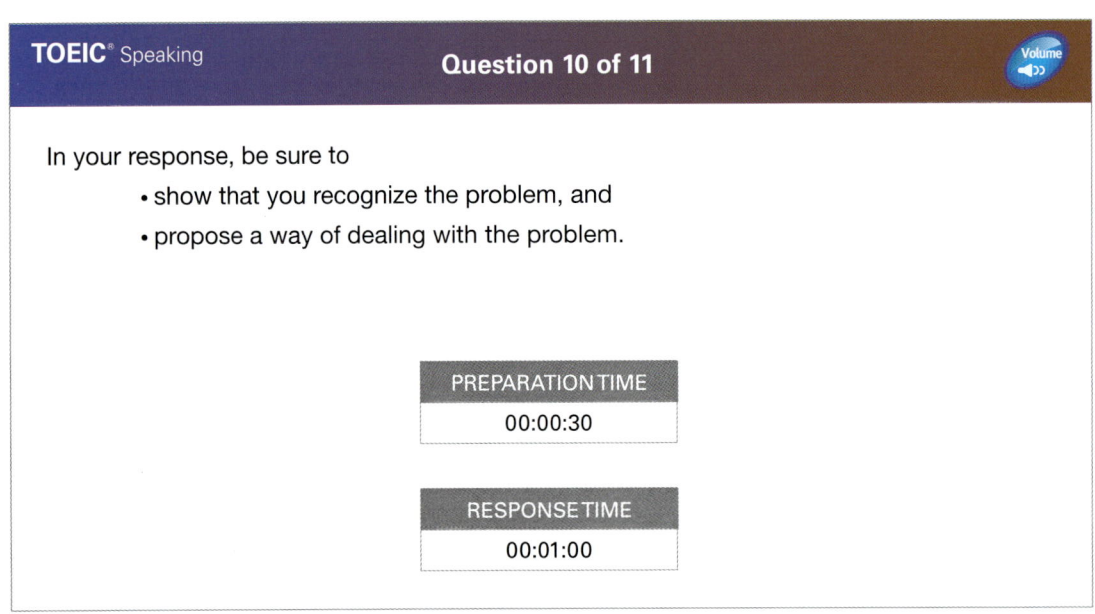

In your response, be sure to
- show that you recognize the problem, and
- propose a way of dealing with the problem.

PREPARATION TIME
00:00:30

RESPONSE TIME
00:01:00

TOEIC® Speaking

Question 11: Express an opinion

Directions: In this part of the test, you will give your opinion about a specific topic. Be sure to say as much as you can in the time allowed. You will have 15 seconds to prepare. Then you will have 60 seconds to speak.

TOEIC® Speaking

Question 11 of 11

These days there are tons of advertisements overflowing everywhere. And it has a greater effect on people more than ever. Do you agree or disagree with the statement? Please support your opinion by giving specific reasons and ideas.

PREPARATION TIME
00:00:15

RESPONSE TIME
00:01:00

토익스피킹 & 오픽 인터넷 강의 전문 사이트

플랜티라이브

국내 최초! 학원에서 진행되는 강의를 매일 촬영하여 그날 바로 온라인 서비스
스타 강사! 토익스피킹 억대 연봉 강사의 현장 강의를 100% 그대로 제공
최신 경향! 매달 달라지는 최신 기출 경향을 반영한 알찬 학습 자료

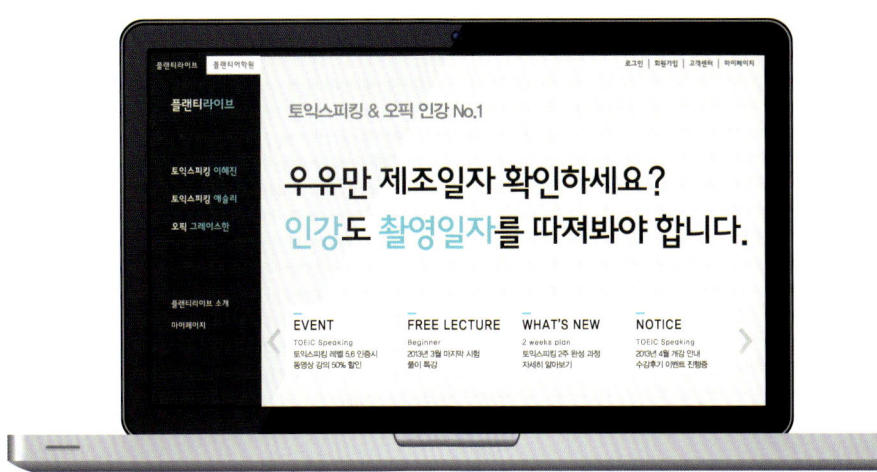

인터넷 강의! 왜 촬영일자를 따져야 하나요?

토익 스피킹 시험은 한 달에 3~5회, 하루 2~6회의 시험이 진행됩니다.
시험 출제 경향은 약 2개월마다 달라지고 있으며, 개인 학습자가 스스로 파악하기 어렵습니다.
아무리 유명 강사의 인터넷 강의라고 해도 촬영일자가 오래된 경우, 최신 경향을 반영하지 못합니다.
인터넷 강의! 반드시 촬영일자를 확인하십시오.

▷ 매일 촬영, 매일 업로드
현장 강의를 매일 촬영하여 당일 업로드

▷ 스타 강사의 강의를 인강으로
토스, 오픽 유명 강사의 현장 감동을 그대로 전달

▷ 매주 기출 문제 분석 및 제공
매주 2회 기출 문제 및 분석 강의 제공

▷ 무료 학습 콘텐츠
토익 스피킹 일일학습, 핵심 표현, 문제 풀이 제공

www.alwayslive.co.kr

수준별 TOEIC 맞춤 기본 학습 프로그램

 동영상 강의    www.nexusbook.com MP3 무료 다운로드

입문	초급 (500점 미만)	중급 (500~800점)	고급 (800점 이상)

기본서

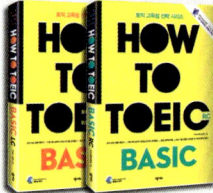  

- 토익 요거트 RC — 김부로(피터) 지음 | 사륙배판 | 620쪽 | 19,500원(저자 문제 풀이 직강, 10종 자료 제공)
- 토익 요거트 LC — 김부로·전희정·정주영 | 사륙배판 | 456쪽 | 18,000원(10종 자료 제공)
- 토익 스타트 — 권영준·조수현·김종춘·공혜란 지음 | 사륙배판 | 408쪽 | 16,800원(어휘집, 문제집 제공)
- 토익보다 쉬운 토익 플러스 — 원정서·공혜란·넥서스 TOEIC연구소 지음 | 사륙배판 | 312쪽 | 15,000원
- HOW TO TOEIC BASIC LC — 전희정·신충호 지음 | 사륙배판 | 388쪽 | 16,500원(MP3 CD 1장 포함)
- HOW TO TOEIC BASIC RC — 넥서스콘텐츠개발팀 지음 | 사륙배판 | 352쪽 | 16,000원(기출 어휘 딕테이션 부록 제공)
- HOW TO TOEIC LISTENING — 원정서·조강수 지음 | 사륙배판 | 448쪽 | 18,500원(MP3 CD 1장 포함)
- HOW TO TOEIC READING — 조강수·원정서 지음 | 사륙배판 | 676쪽 | 19,800원(워크북 제공, MP3 CD 1장 포함)
- 손오공 토익 LC/RC — 강희선 지음 | 사륙배판 | LC 408쪽 18,500원 RC 372쪽 17,500원(온라인/모바일 어휘 서비스 제공)

실전 전략서 (단계별 스터디용)

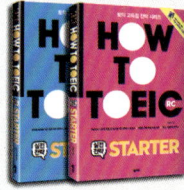 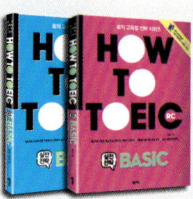 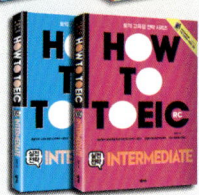 

- 토익 한 번에 끝내기 RC — 플랜티 어학연구소 지음 | 사륙배판 | 600쪽 | 19,800원
- 토익 한 번에 끝내기 LC — 플랜티 어학연구소 지음 | 사륙배판 | 384쪽 | 18,000원(MP3)
- TOEIC 구문 독해 PART 7 — 강진오, 강원기 지음 | 사륙배판 | 224쪽 | 11,000원
- HOW TO TOEIC 실전전략 STARTER LC — 조강수 토익연구소 지음 | 사륙배판 | 220쪽 | 13,500원(MP3 CD 1장 포함)
- HOW TO TOEIC 실전전략 STARTER RC — 조강수 토익연구소 지음 | 사륙배판 | 272쪽 | 12,000원
- HOW TO TOEIC 실전전략 BASIC LC — 엄대섭·이상미 지음 | 사륙배판 | 232쪽 | 13,500원(MP3 CD 1장 포함)
- HOW TO TOEIC 실전전략 BASIC RC — 우성수 지음 | 사륙배판 | 232쪽 | 12,000원(어휘 부록 온라인 제공)
- HOW TO TOEIC 실전전략 INTERMEDIATE LC — 엄대섭 지음 | 사륙배판 | 304쪽 | 13,500원(MP3 CD 1장 포함)
- HOW TO TOEIC 실전전략 INTERMEDIATE RC — 우성수 지음 | 사륙배판 | 256쪽 | 12,000원
- HOW TO TOEIC 실전전략 FINAL LC — 엄대섭 지음 | 사륙배판 | 248쪽 | 13,500원(MP3 CD 1장 포함)
- HOW TO TOEIC 실전전략 FINAL RC — 우성수 지음 | 사륙배판 | 244쪽 | 12,000원(어휘 부록 온라인 제공)

18일 만에
TOEIC SPEAKING의
기초부터
실전까지

토익 스피킹 한 번에 끝내기

플랜티 어학연구소 지음

스크립트 및 정답

생생한 **학원 강의** 제공
꼼꼼한 **파트별 유형** 분석
파트별 **Practice Test 9회**
실제 시험과 가장 유사한
Actual Test 10회

넥서스

18일 만에
TOEIC SPEAKING의
기초부터
실전까지

토익 스피킹 한 번에 끝내기

플랜티 어학연구소 지음

스크립트 및 정답

넥서스

S2_Answer_Day 01 본문 P146

↗ 올려 읽기, ↘ 내려 읽기, **Bold** 강조하기, / 끊어 읽기, ‿ 연음, **파란색 글자** 강세에 주의해야 할 어휘

1

Carrie's Diner will open its doors ‿ on Thursday, / → May 23rd. // ↘ Carrie's will add to a number of decent dining establishments / → in Finebury's river front district. // Andrea, / → former head chef ‿ at Sam's Bistro, / → began preparing to open her own restaurant / → in Finebury ‿ three years ago. // ↘ It remains to be seen / → whether the food appeals to Finebury's residents. // ↘ Carrie's Diner will be open ‿ Tuesdays through Sundays / → during lunch and dinner time. //

✪ 캐리즈 다이너는 5월 23일 목요일에 개업합니다. 이 식당은 파인베리의 강변 지대 내의 많은 멋진 식당가에 들어설 예정입니다. 전(前) 샘즈 비스트로 주방장 안드레아 씨가 3년 전에 파인베리에서 자신의 식당을 열기 위해 준비를 시작했습니다. 파인베리 주민에게 음식이 어떤 반응을 이끌어낼지는 아직 미지수입니다. 캐리즈 다이너는 화요일부터 일요일까지, 점심과 저녁 시간 동안 영업합니다.

✱ 참고 표현 **decent** 괜찮은 **district** 지역 **appeal to** ~에게 호소하다

2

Panera Bread, / → we are bakers of bread. // ↘ We are fresh from the oven. // ↘ We are a symbol of warmth and welcome. // ↘ We are a simple pleasure, / ↗ honest / ↗ and genuine. // ↘ We are a life story ‿ told over dinner. // ↘ We are a long lunch / → with an old friend. // ↘ We are your weekday ‿ morning ritual. // ↘ We are the kindest gesture of neighbors. // ↘ We are home. // ↘ We are family. // ↘ We are friends. // ↘

✪ 파네라 브레드, 저희는 빵을 굽는 사람들입니다. 오븐에서 갓 나왔습니다. 저희는 따뜻함과 환영의 상징입니다. 저희는 평범한 즐거움이자 정직과 진심입니다. 저희는 저녁 식탁에서 오가는 인생 이야기입니다. 저희는 오랜 친구와 함께하는 느긋한 점심입니다. 저희는 당신의 평일 아침의 일상입니다. 저희는 이웃의 가장 친절한 몸짓입니다. 저희는 집입니다. 저희는 가족이자 친구입니다.

✱ 참고 표현 **warmth** 따뜻함 **genuine** 진짜의 **ritual** 의식 절차

3

Sunset Resort Group ‿ proudly presents / → its renovated hotel ‿ in Las Vegas. // ↘ Our all-new hotel has ‿ royal suite rooms, / ↗ private meeting rooms, / ↗ and a VIP lounge / ↗ offered to all our special guests! // ↘ When you visit our newly renovated hotel, / → you will enjoy facilities a-la-mode / → with an upper-class service / that suits all your needs. // ↘ Sunset Resort Hotel / → will host the most precious day of your life! // ↘ For more information, / → call 1-800 / → -322- / → 9893. // ↘

✪ 선셋 리조트 그룹은 새롭게 단장한 라스베이거스의 호텔을 소개하게 되어 매우 자랑스럽습니다. 우리가 새롭게 단장한 호텔에는 로열 스위트룸, 개인 회의실, VIP 라운지 등이 모든 특별 초대 손님께 제공됩니다. 저희 호텔을 방문하시면 여러분에게 알맞은 상위 클래스의 서비스로 최신식 편의시설을 이용하실 수 있습니다. 선셋 리조트 호텔은 여러분 인생에서 가장 소중한 날들을 함께합니다. 자세한 내용은 1-800-322-9893으로 연락해주십시오.

✱ 참고 표현 **renovate** 개조하다 **upper-class** 상류층 **suit** ~에 맞다 **precious** 귀중한

Day 02

🎧 S2_Answer_Day 02 본문 P148

♩ 올려 읽기, ↘ 내려 읽기, **Bold** 강조하기, / 끊어 읽기,
‿ 연음, **파란색 글자** 강세에 주의해야 할 어휘

1

Congratulati‿ons ~ for making **Liam Asso‿ciates' tenth** year / → in **Indone‿sia** ~ such **a huge** succe‿ss. // ↘ In appreci‿ation of **all** you have done, / → we have scheduled ~ an Employee **Appreci‿ation Week** / → next month. // ↘ Throu‿ghout the week, / → the **ma‿nagement** team / → will be sponsoring a variety of eve‿nts / → for your hard work and conti‿nued contribu‿tions / → to the succe‿ss of **Liam Asso‿ciates**. // ↘ Li‿sted below are the acti‿vities / → that will be taking place. // ↘

🔵 리암 어소시에이츠의 10주년에 인도네시아에서 큰 성공을 거둔 것에 대해 축하합니다. 모두의 노력에 감사하는 뜻으로 다음 달에 직원 감사 주간을 계획하고 있습니다. 그 주 동안 관리팀은 리암 어소시에이츠의 성공을 가능케 한 여러분의 노고와 지속적인 협조에 보답하는 다양한 행사를 지원할 것입니다. 다음과 같은 행사들이 개최될 예정입니다.

✱ 참고 표현 **appreciation** 감탄 **management** 관리 **contribution** 기여

2

Attention passenge‿rs / → wai‿ting for **American Airli‿nes 60** ~ to **St. Paul**. // ↘ We ask your understa‿nding of a **four**-hour delay / → cau‿sed by the thick fog this mo‿rning. // ↘ For a safe take off, / → your flight has been rescheduled to depa‿rt / → at **11:15** a.m. ~ at **Gate 11**. // ↘ **Once** again, / → we since‿rely apo‿logize ~ for any inconve‿nience / → the flight change may have cau‿sed. // ↘ Tha‿nk you ~ for your coope‿ration and understa‿nding. // ↘

🔵 세인트 폴 행 아메리칸 에어라인 60편 탑승을 기다리고 계신 탑승객분들께 안내 말씀드립니다. 금일 오전 짙은 안개 때문에 4시간 출발이 지연되어 양해를 부탁합니다. 안전한 이륙을 위해 저희 비행기는 오전 11시 15분에 11번 게이트에서 출발하게 되었습니다. 다시 한 번 진심으로 시간 변경으로 인한 승객들의 불편에 사과의 말씀드립니다. 여러분의 이해와 협조 감사합니다.

✱ 참고 표현 **attention** 주목 **reschedule** 일정을 변경하다 **sincerely** 진심으로

3

Loca‿ted in a picturesque **country**side, / → the **Oak Reso‿rt** is just a **20**-minute drive / → from downtown **Rich**ville / ♩ and **35** minu‿tes ~ from the city's ai‿rport. // ↘ The **OR** is the pe‿rfect place ~ for bu‿siness travele‿rs / to stay and condu‿ct their meeti‿ngs. // ↘ Our **guest** roo‿ms inclu‿de ~ co‿ffeemakers, / ♩ Internet a‿ccess, / ♩ and ple‿nty of **work** space. // ↘ For a small extra fee, / → gue‿sts can also enjo‿y ~ our **fit‿ness** cen‿ter. // ↘ For reservati‿ons, / → please ~ call the **front** desk / at **762-** / → **777-** / → **5997**, / or e-mail us ~ at **reserva‿tion** / → **@ oakresort.com**. // ↘

🔵 그림 같은 시골에 있는 오크 리조트는 리치빌 시내에서 단 20분 거리에 있으며 지역 공항에서 35분 거리입니다. 오크 리조트는 업무상 출장을 오신 분들이 회의를 하거나 지내기에 완벽한 장소입니다. 저희 게스트 룸은 커피메이커와 인터넷 그리고 충분한 업무 공간을 갖추고 있습니다. 적은 추가금액으로 손님들께서도 저희 호텔 헬스장을 이용하실 수 있습니다. 예약은 프런트 데스크 762-777-5997로 연락해 주시거나 reservation@oakresort.com으로 이메일을 보내 주십시오.

✱ 참고 표현 **picturesque** 그림 같은 **conduct** 행동하다 **reservation** 예약

Day 03

S2_Answer_Day 03 본문 P150

♩ 올려 읽기, ↘ 내려 읽기, **Bold** 강조하기, / 끊어 읽기,
~~~ 연음, 파란색 글자 강세에 주의해야 할 어휘

1
Thank you for your interest / → in Folk Village Outdoor Marketplace. // ↘ For decades, / → we have been selling arts and crafts / → made solely by Folk Village residents. // ↘ Paintings, / ♩ jewelry, / ♩ clothing, / quilts, / ♩ and holiday decorations / → are among the items offered for sale. // ↘ We only accept **hand**-made items, / ♩ and we obtain them directly ~ from their creators. / → We do **not** deal in imported items. // ↘ Prices range from **$5** potholders ~ to fine furniture / → priced at **$200** and up. // ↘ The commission is **20%** of the price / → that an item sells for. // ↘

○ 전통마을 야외 장터에 관심을 가져주셔서 감사합니다. 수십 년 동안 저희는 전통마을 거주자가 만든 공예품이나 미술품만을 판매해 왔습니다. 그림, 보석류, 옷, 퀼트 그리고 명절 장식품 등이 판매됩니다. 저희는 수공예품만 취급하며 이러한 물품은 수입되지 않는 품목에 한하여 제작자에게 직접 받습니다. 가격대는 5달러 팟홀더부터 200달러 이상의 가구까지 다양합니다. 수수료는 물품 판매 가격의 20%입니다.

✱ 참고 표현 marketplace 시장, 장터 for decades 수십 년간 solely 오로지 commission 수수료

2
Listen to prestigious entrepreneurs / → from **all** areas of business / ♩ and learn how to achieve the **best** results ~ for your business. // ↘ JBTA seminars are led by today's top business leaders / → in our Dublin center. // ↘ Early registration is recommended as attendance / → is limited to **100** participants ~ per seminar. // ↘ Register online / → at www.jbtaseminars.ac.uk / ♩ or call Judy Nate / at **0131-** / **496-** / **0889** for more information. // ↘

○ 여러 분야의 저명한 기업가들의 이야기를 들을 수 있으며 어떻게 하면 당신의 사업을 통해 최상의 결과를 얻을 수 있을지에 대해 배웁니다. JBTA 세미나는 현재 최고 비즈니스 리더들에 의해 저희 더블린 센터에서 진행됩니다. 한 세미나당 참가 인원을 100명으로 제한하기 때문에 조기 참가 신청을 권장합니다. www.jbtaseminars.ac.uk에 접속하여 인터넷으로 신청하거나 자세한 내용은 0131-496-0889 주디 네이트 씨 앞으로 연락 주시기 바랍니다.

✱ 참고 표현 prestigious 명망 있는 entrepreneur 사업가 registration 등록

3
Kenneth International Airport ~ would like to inform passengers / → that wireless Internet access has recently been set up / → throughout all terminals. // ↘ It provides easy access / → so you can use the Internet / ♩ and send or receive e-mails ~ **24** hours a day. // ↘ The service is complimentary. // ↘ All you need is a **laptop** computer / → to get connected to the net. // ↘

○ 최근 케네스 국제공항에서 이용객들에게 모든 터미널에 무선 인터넷이 설치되었음을 알려 드립니다. 이 덕분에 여러분은 쉽게 인터넷을 사용하고 하루 24시간 항상 이메일을 받거나 보낼 수 있습니다. 해당 서비스는 무료입니다. 여러분께서 필요한 것은 인터넷에 접속 가능한 노트북 컴퓨터가 전부입니다.

✱ 참고 표현 wireless Internet 무선 인터넷 complimentary 무료의

Day_04

🎧 S2_Answer_Day 04 본문 P152

1

Level 6 모범 답변

I think this picture was taken outdoors. A couple **is** sitting at the table. **On** the right side of the picture, a man in **a white shirt** is holding a folk in his right hand while looking **at** a woman. A woman with blonde hair also wearing **a white shirt** is picking up something on the plate with **a** smile. On the table, there are a couple of **cups**, a coffee pot, and plates. I can tell there are a number of trees and flowers **in** the background. Judging from the sunny weather, it must **be** spring.

✪ 이 사진은 야외 사진인 것 같습니다. 사진의 앞부분에는 커플이 테이블에서 식사를 즐기고 있습니다. 오른쪽으로는 흰색 셔츠를 입은 남자가 오른손에 포크를 들고 있습니다. 마찬가지로 금발의 여자 또한 흰색 셔츠를 입고 접시 위의 무엇인가를 집고 있습니다. 테이블에는 2개의 커피 컵과 커피 주전자와 접시가 보입니다. 그들 뒤로는 많은 나무와 꽃이 보입니다. 날씨가 좋은 것으로 보아 봄임에 틀림없습니다.

Level 7 모범 답변

This picture shows the outdoors. In the foreground, there is a couple sitting at the table enjoying their meal. One the right side, a man in a white shirt is holding a fork in his right hand. Next to him to the left, a woman wearing a white shirt is picking up something from the plate. I can see, there are cups, a coffee pot, and plates on the table. Behind them, there are many trees and colorful flowers. It looks like such a wonderful day to be outside to enjoy a picnic.

✱ **참고 표현** **sitting at the table** 식탁에 앉다   **talking to each other** 서로 대화를 나누다   **having coffee with desserts** 디저트와 함께 커피를 마시다   **placed on the table** 테이블 위에 놓여 있다   **in the backyard/ garden** 뒷마당에서   **wearing a white shirt** 흰색 셔츠를 입다   **beautiful flowers and small bushes** 아름다운 꽃과 작은 나무   **having a good time** 즐거운 시간을 갖다

2

Level 6 모범 답변

This is **a** picture of people in a meeting room. On the right side of the picture, a man in **a** grey suit is standing **near** the white board and pointing **at** it. He seems to **be** giving a presentation. In front of him, 3 people are sitting around the table and listening **to** his presentation. One of them **is** using a laptop computer and **looking** at him. The others are leaning **on** the table and also listening to him. A woman wearing a white shirt standing next **to** them is taking a note. All of them seem to discuss something.

 회의실에서 찍은 사진입니다. 사진의 오른쪽으로 회색 정장을 입은 한 남자가 화이트 보드 옆에 서서 보드를 가리키고 있습니다. 프레젠테이션을 하고 있는 것 같습니다. 그 남자 앞으로는 3명의 사람이 앉아 프레젠테이션을 듣고 있습니다. 그들 중 한 명이 노트북 컴퓨터를 이용하고 있고 그를 보고 있습니다. 다른 사람들은 테이블에 기대어 듣고 있습니다. 그들 옆에 서 있는 흰색 셔츠를 입은 여자가 메모하고 있습니다. 그들 모두 토론하는 것 같습니다.

Level 7 모범 답변

This photo was taken in the meeting room. At the back of this picture, a man in a business suit is giving a presentation. In front of him, there are 3 people sitting at the table. They all seem to be concentrating on the presenter's speech. One of them is using his laptop computer and taking a note. The others are leaning on the table and listening to it. A woman wearing a white shirt is standing on the left side of this picture and taking a note on her notepad. All of them look very serious and are actively participating in the meeting.

✽ 참고 표현 **listening to** 귀를 기울이다 **pointing at** 가리키다 **waiting for** 기다리다 **reaching for** 손을 뻗다 **looking at** 바라보다 **staring at** 주시하다 **working on** 일하다 **placed on** 놓여 있다

3

Level 6 모범 답변

This is a picture taken inside a restaurant. There are 4 people sitting at the table and 2 people standing next to them. On the right side of the picture, there are customers sitting at the table ordering something from the menu. They are all looking at the menu. On the left side of the picture, there are 2 waiters standing next to them waiting for them to order. The woman is holding the order sheet. In the background, there are other customers sitting at the table. There are lots of decorations in the background as well. Overall, it reminds me of the time I went to a restaurant with my family. They also had a lot of pictures and decorations in the background.

✪ 이 사진은 레스토랑에서 찍은 사진입니다. 4명의 사람이 테이블에 앉아 있고 2명이 옆에 서 있습니다. 사진의 오른쪽에는 손님들이 테이블에 앉아 메뉴판을 보며 주문을 하고 있습니다. 사진의 왼쪽에는 2명의 웨이터가 그들이 주문하기를 기다리고 있습니다. 여자 웨이터는 주문서를 가지고 있습니다. 사진의 배경에는 다른 손님들이 앉아 있습니다. 주변에 많은 장식품과 사진이 있습니다. 가족과 함께 레스토랑 갔던 기억이 납니다. 거기도 많은 사진과 장식품이 있었습니다.

Level 7 모범 답변

In this picture, there are many diners enjoying meals in a restaurant. First of all, I can see two wait staff who are standing beside the table and waiting for the customers to order from the menu. One server is holding a notepad and is about to write. In front of them, there are four women who look like friends who are looking at the menu and making selections. I can tell that one of them seems to be ready to place an order. There are some large paintings on the wall and unique decorations on the shelves. Because of the look of the restaurant, I must say that they serve Mexican Food.

✱ 참고 표현 **wearing an apron** 앞치마를 입다 **holding a small note** 작은 노트를 들고 있다 **taking an order from customers** 손님으로부터 주문을 받다 **looking at the menu** 메뉴를 보다 **sitting around the table** 테이블에 둘러앉다 **waiting for their turn to order** 주문을 하기 위해 기다리다 **hanging on the wall** 걸려 있다 **unique decorations on the selves** 선반에 놓여 있는 독특한 물건들 **displayed on the shelves** 진열되어 있다

1

Level 6 모범 답변

This picture was taken at the kitchen and there is a man and his wife. On the left side of this picture, the wife in an apron is cutting tomatoes on the chopping board. In front of the board, I can see that there are 2 tomatoes and some are in a pot. Next to her, her husband is standing in front of the stove and stirring something in the pot. I guess they are preparing for their meal. In the background, I can see some cups, empty plates and a large bowl with fruit arranged on the shelves. It reminds me of my sister who just got married.

 이 사진은 주방에서 찍은 것 같으며 한 남자와 그의 부인이 있습니다. 사진의 왼쪽으로 앞치마를 걸친 여자가 도마 위의 토마토를 자르고 있습니다. 도마 앞으로는 2개의 토마토와 냄비 안에 들어 있는 토마토가 보입니다. 그녀 옆으로 남편이 스토브 앞에 서서 냄비 안에 무엇인가를 젓고 있습니다. 식사를 준비하고 있는 것 같습니다. 사진 뒤로는 컵과 빈 접시, 그리고 과일이 담긴 큰 그릇이 진열되어 있습니다. 얼마 전에 결혼한 저의 언니를 생각나게 하는 사진입니다.

Level 7 모범 답변

This picture seems to have been taken in a kitchen where a couple is preparing a meal. In the main focus of the picture, there is a woman using a knife to slice red bell peppers on a round, wooden cutting board. She is wearing a blue shirt with gathered sleeves and a checkered apron. To her left, there is a man wearing a white collared shirt who is using a wooden spoon to stir something in a colander. On the surface in front of them, there are many cooking utensils, vegetables, and cooking ware. In the background of the photo, there are dishes displayed on shelves and cabinets. The cabinetry is white, giving the kitchen a sharp and clean look. This picture reminds me of a cooking show where contestants prepare meals and compete against each other.

✽ 참고 표현 **a chopping board** 도마   **cutting or chopping** 자르다, 잘게 썰다   **wearing an apron** 앞치마를 입다   **holding a knife** 칼을 들다   **pots and pans** 솥과 냄비   **stirring with stick** 막대기로 젓다   **a stove** 스토브   **a bowl with fruit** 과일이 담긴 그릇   **preparing a meal** 음식을 준비하다

2

Level 6 모범 답변

This picture was taken in the bakery. There are two people near the counter. The woman in a pink skirt and white jumper is paying for her purchase. The other man in the other side of the counter is helping her with her purchase. He seems to be one of the bakers. Next to them, two people standing in front of the display are waiting for their turn. In the display, there are cakes and pastry ready to be purchased. There are lots of baking equipment in the background. I think this bakery is very popular among people. They seem to be busy working.

✪ 이 사진은 빵집에서 찍은 사진입니다. 카운터 주변에 2명이 있습니다. 핑크색 치마와 하얀 점퍼를 입은 여자가 계산을 하고 있습니다. 카운터 뒤에 있는 남자가 계산을 도와주고 있습니다. 제빵사 중 한 명인 것 같습니다. 그들 옆으로, 진열대 앞에 서 있는 2명은 그들의 차례를 기다리고 있습니다. 진열대 안에는 케이크와 빵이 있습니다. 뒤에는 빵 굽는 기구가 있습니다. 바쁘게 일하는 것 같습니다.

Level 7 모범 답변

This picture is of a small bakery in a shopping center. There is a woman with a white jacket, pink skirt, and black boots paying for her purchase at the cash register. To the right of the picture, there is a man and a woman waiting to be assisted by a worker, as they place their orders. It seems that an older, balding man is talking to the baker, while the woman is still browsing. In the background of the picture, there are many machines that are used for baking behind the display counter. This small business reminds me of a bakery that I used to work at when I was a college student.

✲ 참고 표현 **at the bakery** 빵집에서 **at the cash counter** 계산대 **paying for the purchase** 산 물건을 지불하다 **assisting a customer** 손님을 돕다 **giving change** 잔돈을 거슬러주다 **waiting for their turn to order** 주문하려고 기다리다 **waiting in a line** 줄을 서서 **looking inside the showcase** 쇼 케이스 안을 보다 **making a decision** 결정하다 **making a selection** 선택하다 **taking an order from a customer** 손님으로부터 주문을 받다 **placing an order** 주문하다 **placing items in the bag** 물건을 가방 안에 넣다 **various breads or pastries** 다양한 빵 또는 페이스트리 **displayed in the showcase** 진열대 안에 진열되어 있다 **arranged on the shelves** 선반 위에 나열되어 있다

3

Level 6 모범 답변

This picture seems to be taken on the dock. There are people walking on the dock and yachts docked next to them. The people walking on the dock are wearing shorts and T-shirts. They seem to be on holiday on the beach. There is a boat on the right side of the picture which is empty. The sails are put down and it doesn't look like a big boat. In the background, I can see that there is a mountain and the sky is very blue. It seems to be a very bright holiday season. It reminds me of the time I went traveling with my family.

✪ 이 사진은 부두에서 찍은 사진입니다. 부두 위에서 사람들이 걸어 다니고 있고 옆에는 보트가 정박해 있습니다. 부두 위에서 걷는 사람들은 다들 짧은 바지와 티셔츠를 입고 있습니다. 바닷가로 놀러 온 사람들 같습니다. 오른쪽에는 비어있는 보트가 있습니다. 보트의 돛이 내려와 있고 큰 보트는 아닌 것 같습니다. 뒤에는 산이 있고 하늘이 아주 파랗습니다. 휴가철인 것 같습니다. 가족들과 같이 놀러 갔을 때가 생각납니다.

Level 7 모범 답변

This picture seems to be taken on a dock in some harbor. The main focus of the picture is of a man walking on the dock while carrying a beach tote. On either side of the dock, there are numerous boats. The boat on the right of the dock is very noticeable in the picture. It seems to be a modern sail boat, with its sails drawn as it is docked in the harbor. In the background of the picture, there are mountains visible along the horizon, and a bright blue and cloudless sky. It seems like a nice day for vacationing and spending time on the water. It reminds me of my class field trip when we went to the ocean and went whale watching.

❋ 참고 표현 **on the dock** 부두   **walking on the dock** 부두를 걷다   **yachts docked** 요트가 정박해 있다
on holiday 휴가 중   **carrying some bags** 가방을 들다

S2_Answer_Day 06 본문 P158

1

Level 6 모범 답변

This picture shows 4 people in an office. In the foreground, there is a man sitting on the desk talking on the phone while looking at his notes. I can see piles of documents in front of him. There are 2 women sitting at the desk facing each other. It looks like they are having a discussion. One of them is showing a document and the other one is pointing at it. On the desk there are many office items. It looks very messy. In the background, a man in a purple shirt is standing beside the window and looking at something. Through the wide window, I can see outside and the weather seems to be cloudy. All of them look very busy with their work.

⭐ 이 사진은 4명의 사람이 사무실 안에 있는 모습을 보여 주고 있습니다. 사진의 앞부분에는 책상 위에 앉아 있는 한 남자가 전화 통화를 하면서 그의 노트를 보고 있습니다. 그의 앞에 많은 파일이 쌓여 있습니다. 그 옆으로 2명의 여자가 얼굴을 마주하며 책상을 중간에 두고 앉아 있습니다. 그녀들은 무엇인가를 의논하는 듯 보입니다. 그들 중 한 명은 문서를 보여 주고 있고 다른 사람은 그것을 가리키고 있습니다. 책상 위에는 많은 사무용품이 있습니다. 좀 지저분해 보입니다. 사진의 뒷부분에는 보라색 셔츠를 입은 남자가 창가에 서서 무엇인가를 보고 있습니다. 창문을 통해서 밖을 볼 수 있는데 날씨가 흐린 듯합니다. 모두 자신이 하는 일로 바빠 보입니다.

Level 7 모범 답변

This picture seems to be an office in a casual company. The workers seem to be wearing casual outfits, so they don't seem to deal with many customers face to face. There are two women sitting at a desk, looking at and discussing material that is between them, while in the foreground, there is a guy who is sitting on the desk while he is on the phone and using a calculator. In the background, there is a guy wearing a purple sweater in the background with his back to the camera. The office seems to be several stories up, with some windows showing the scenery of the city. The atmosphere of the office seems pretty serious and busy, even though they aren't dressed formally. This picture reminds me of the student workers and peer advisors of my university when I studied abroad.

※ 참고 표현 **sitting on the desk** 책상 위에 앉아서 **talking on the phone** 전화 중이다 **facing to each other** 얼굴을 마주하고 **working together** 같이 일하다 **having discussion** 의논하다 **messy** 지저분한 **scattered on the desk** 책상 위에 흩어져있다 **standing beside the window** 창문 옆에 서서 **showing his back** 등을 보이다 **through a wide window** 창문을 통해

2

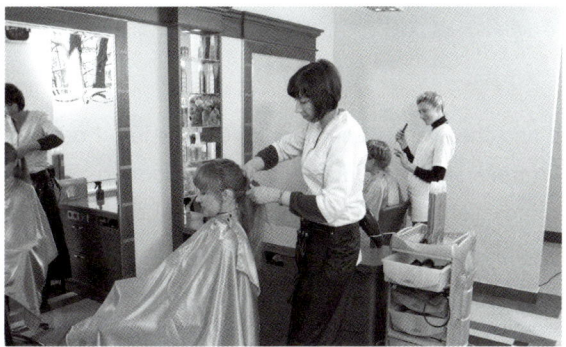

Level 6 모범 답변

This picture was taken at the salon shop. There are total 4 people in the picture. The hair designers are behind the customers designing their hair. A woman with blonde hair has an orange gown around her neck and body. Behind her, the designer is wearing a black apron. Next to them, a blonde-haired hair artist is holding a black brush. There are lots of hair products on the shelves of the table in the middle. I think the women are getting ready for a party.

> 이 사진은 미용실에서 찍혔습니다. 사진에는 총 4명이 있습니다. 헤어 디자이너들이 손님 뒤에 서서 머리를 손질하고 있습니다. 금발의 여자가 목과 몸에 주황색 가운을 두르고 있고 그 뒤로 검은색 앞치마를 두른 디자이너가 서 있습니다. 그들 옆으로 금발의 헤어 디자이너가 검은색 빗을 들고 있습니다. 많은 헤어 용품이 선반에 있습니다. 제 생각에는 손님들이 파티에 가려고 준비하는 것 같습니다.

Level 7 모범 답변

This picture was taken at a hair salon. In the foreground, there is a stylist that is cutting a woman's hair. She is wearing a white shirt, a blue skirt, and some sort of apron to hold her cutting shears and other tools. The woman who is getting her hair cut is wearing an orange gown so the trimmed hairs will not fall into her clothing. She is sitting in a barber's chair in front of a large mirror. They are in a hair cutting station that is separated from another station by a partition of beauty tools, products, and supplies. In the background of the picture, you can see another woman getting her hair done by another professional. This picture reminds me of the salon that I like to frequent with my mother.

* **참고 표현** wearing orange gown 주황색 가운을 입다   getting hair cut trimmed 커트를 하다   cutting hair 머리를 자르다   hair dresser/ designer 미용사   consulting 상의하다   making a decision 결정하다   offering suggestions 제안하다   a large mirror 큰 거울   reflection in the mirror 거울에 반사된   drawers with hair accessories and equipment 헤어 용품과 기계가 서랍장에 놓여 있다

3

Level 6 모범 답변

This picture was taken at the airport and there are some people. On the left, I can see that a woman in a blue jacket is standing in front of the counter and asking some questions. In the middle of the picture, there is an old lady getting help from a staff member. Also, I can see a security guard in a uniform watching people who are standing outside of the bar in a line for their turn to get their tickets. In the background, there are a number of staff in uniforms preparing something. They all look very busy. It reminds me of the International Airport in San Francisco I've been to 2 years ago.

 이 사진은 공항에서 찍힌 사진이며 몇 명의 사람들이 있습니다. 왼쪽으로는 파란색 재킷을 입은 여자가 카운터 앞에 서서 질문을 하는 모습이 보입니다. 사진의 중간에는 나이 드신 분이 공항 직원으로부터 도움을 받고 있습니다. 또한, 유니폼을 입은 경호원이 줄 밖으로 티켓을 사려고 줄을 서 있는 사람들을 바라보고 있습니다. 사진의 뒤로는 몇 명의 유니폼을 입은 직원들이 무엇인가를 준비하고 있으며 매우 바빠 보입니다. 2년 전에 가 본 샌프란시스코 국제공항이 생각나는 사진입니다.

Level 7 모범 답변

This picture seems to have been taken at an airport. In the foreground of the picture, there is a woman with brown, wavy hair that is talking to a worker that is not pictured. She is standing at the counter where they weigh and take luggage for flights. To the right of the picture, there are people waiting in line and asking questions to airport staff and security. The people in line are waiting behind stanchions, waiting to be assisted by the next available clerk. In the background of the picture, there are more staff members doing their respective jobs, keeping busy to allow the airport to run smoothly. This picture reminds me of my first experience traveling abroad, when I had to ask airport staff many questions.

* **참고 표현** ticket counter 매표구   waiting for ~을 기다리다   assisting customer/ helping customer 손님에게 도움을 주다   standing behind the bar 바 뒤에 서서   a security guard 경호원

Day 07

1 | Imagine that an American marketing firm is doing research in your country. You have agreed to participate in a telephone interview about shopping.
미국의 한 마케팅 회사가 당신의 나라에서 설문 조사를 하고 있다고 가정해 보세요. 당신은 쇼핑에 관한 전화 인터뷰에 응하기로 동의했습니다.

Question 4. How many times have you been shopping for clothes in the last 6 months?
지난 6개월 동안 몇 번이나 옷을 사기 위해 쇼핑을 했습니까?

Level 6 모범 답변

In the last 6 months, I have been shopping **for** clothes **three times**. Especially, I usually go to **the** Brita department store which is **located** near my house.
최근 6개월간 옷을 사러 간 것은 3번입니다. 특히 저는 집에서 가까운 브리타 백화점에 주로 갑니다.

Level 7 모범 답변

I think, I have been shopping for clothes about 5 times over the last 6 months. I went to the department store near my house because they had a special promotional sale.

Question 5. Why do you buy new clothes?
새 옷을 사게 된 이유가 무엇입니까?

Level 6 모범 답변

I need some new clothes to refresh myself and want to look good **for** others. Shopping always **makes** me happy. So I go shopping every season with my friends.
기분 전환을 하거나 다른 사람들에게 좋게 보이기 위해서 옷을 삽니다. 쇼핑은 항상 저를 행복하게 합니다. 그래서 저는 친구들과 계절이 바뀔 때마다 쇼핑하러 갑니다.

Level 7 모범 답변

Well, I feel that I need new clothes when every season changes. Not only do I love clothes but I also need it for my work. At work, I must look stylish since I am working in the fashion industry.

Question 6. Describe the new clothes you recently purchased.
최근에 새로 구입한 옷에 대해 설명해보시오.

Level 6 모범 답변

I bought **a** T-shirt last week at the **Stars** department store with my mother. The shirt that I bought is dark blue and it has long **sleeves**, and it has **a rounded** neck and some paintings **on** the front. I love this shirt, so even now I'm wearing it.
지난주에 어머니와 함께 스타즈 백화점에 가서 티셔츠를 한 장 샀습니다. 그 옷은 짙은 푸른색의 긴 팔 티셔츠입니다. 앞에 그림이 있는 라운드 타입니다. 전 그 옷을 정말 좋아하고 지금도 입고 있습니다.

Level 7 모범 답변

Let me think, recently, I purchased a white linen jacket. It cost me approximately $130. I bought it at the store near my parents' house. I bought it because I had shoes and pants to match. Also, it looks really good on me. I feel very lucky that I bought the jacket.

* 참고 표현 **looks really good on me** 나한테 잘 어울린다 **over the last 6 months/ in the last 6 month** 지난 6개월 동안 **not only ~but also** 그것뿐만 아니라 ~또한

2

> Imagine that an Australian marketing firm is doing research in your country. You have agreed to participate in a telephone interview about the Internet.
> 호주의 한 마케팅 회사가 당신의 나라에서 설문 조사를 하고 있다고 가정해 보세요. 당신은 인터넷에 관한 전화 인터뷰에 응하기로 동의했습니다.

Question 4. How long do you usually spend time on surfing the Internet?
인터넷 웹서핑을 얼마나 자주 합니까?

Level 6 모범 답변

I usually spend two **hours** to get information on **the** Internet every day. I'd like to read articles on **the** website.

정보를 찾기 위해 매일 2시간 정도 인터넷을 이용합니다. 저는 웹사이트에서 기사 읽는 것을 좋아합니다.

Level 7 모범 답변

I usually spend about 3 hours surfing the Internet and I usually use it to check my email and facebook to be updated on my friends' activities.

Question 5. What kinds of information do you usually look for on the Internet?
인터넷으로 주로 어떤 정보를 찾습니까?

Level 6 모범 답변

I look for bakery recipes on **the** Internet most **of the** time. I like **to** bake something sweet such as cookies and cakes. I usually go **to** my neighbors' blog and learn how to make it.

대부분 인터넷에서 제과제빵 레시피를 찾아 봅니다. 쿠키나 케이크와 같은 달콤한 음식 만드는 것을 좋아합니다. 저는 주로 이웃 블로그에 가서 어떻게 만드는지 배웁니다.

Level 7 모범 답변

On the Internet, mostly, I look for some English news articles. I usually go to the New York Times website to read interesting articles to study English.

Question 6. Do you find that using the Internet is a convenient and easy way to look for information?
인터넷이 정보를 찾기 쉽고 편리하다고 생각하십니까?

Level 6 모범 답변

I think using **the** Internet is **convenient** and **is an** easy way to look for information. There are several **reasons**. First, I can get various **kinds** of information on the Internet, such as articles, reviews, pictures, and **videos**. Secondly, I can shop **easily** on **the** website **and** compare **products** that I want to buy.

저는 인터넷이 정보를 찾는 데 있어서 편리하고 간편한 방법이라고 생각합니다. 몇 가지 이유가 있습니다. 우선 저는 인터넷에서 영상, 사진, 논평, 기사 등 다양한 정보를 얻습니다. 두 번째로 웹사이트에서 쉽게 원하는 물건을 비교하고 살 수 있습니다.

Level 7 모범 답변

Definitely the Internet is the most convenient and easy way to look for information. I don't have to waste my time to travel to a public library and also it only takes less than two seconds to find information. Especially, when I shop online, it is easy to compare the features, designs and prices.

✱ 참고 표현   **article** 기사   **waste time** 시간 낭비하다   **compare** 비교하다

---

3   Imagine that an American marketing firm is doing research in your country. You have agreed to participate in a telephone interview about restaurants.

미국의 한 마케팅 회사가 당신의 나라에서 설문 조사를 하고 있다고 가정해 보세요. 당신은 음식점에 관한 전화 인터뷰에 응하기로 동의했습니다.

Question 4. How often do you go to a restaurant to dine out?

얼마나 자주 외식을 합니까?

Level 6 모범 답변

I go to **a** restaurant once **a** week. My family usually **dines** out after **going** to church together on the weekend.

저는 일주일에 한 번 정도 식당에 갑니다. 저희 가족은 보통 주말에 교회에 함께 다녀온 후 외식을 합니다.

Level 7 모범 답변

Once a week, I go to a restaurant to dine out with my roommate. We both love to go to a family restaurant.

Question 5. What kind of menu do you order when you dine out?

외식을 할 때 어떤 음식을 주문합니까?

Level 6 모범 답변

I'd like to order Italian **foods** such as **pasta** and pizzas at **a** restaurant. I also enjoy **a glass of** wine with them.

저는 파스타나 피자 같은 이탈리아 음식을 주문합니다. 와인 한 잔을 같이하는 것도 좋아합니다.

Level 7 모범 답변

Well, my friends order OZie cheese fries and I usually order tender chicken breast salad with my favorite dressing, thousand island.

Question 6. What do you consider the most when you select a restaurant?
Location, menu, price

음식점을 고를 때 무엇을 가장 중요하게 생각합니까?
위치, 메뉴, 가격

Level 6 모범 답변

I would consider the location the most when I select **a** restaurant. There are several **reasons**. First, I have **a** big family. It's hard to go **to a** restaurant which is far from my house with all of my family **members**. Second, I don't have a car. So I prefer **a** restaurant which is easy to get to by **foot**.

저는 음식점을 고를 때 위치를 가장 중요하게 생각합니다. 거기에는 여러 가지 이유가 있습니다. 첫 번째로 저희는 대가족입니다. 모든 식구들이 멀리에 있는 음식점에 가기 어렵습니다. 두 번째로 저는 자가용이 없습니다. 따라서 저는 걸어서 갈 수 있는 음식점을 선호합니다.

Level 7 모범 답변

I must consider the location. Since I am a student, I don't have a car to go to the restaurant. So the restaurant must be located near a public transportation station. And then after eating, I don't really feel like walking because I get tired after eating. So I must consider the location.

✱ 참고 표현 **dine out** 외식하다 **roommate** 룸메이트 **get tired** 지치다, 흥미를 잃다

🎧 S2_Answer_Day 08   본문 P164

1

Imagine that a British marketing firm is doing research in your country. You have agreed to participate in a telephone interview about driving.

영국의 한 마케팅 회사가 당신의 나라에서 설문 조사를 하고 있다고 가정해 보세요. 당신은 운전에 관한 전화 인터뷰에 응하기로 동의했습니다.

Question 4. When was the last time you used a share driving service?
마지막으로 차를 함께 탄 적이 언제인가요?

Level 6 모범 답변

The last time I used share driving service was when I was traveling to New York from Boston. It was shared by 3 people.

마지막으로 차를 나누어 탄 것은 보스턴에서 뉴욕으로 여행할 때였습니다. 3명이 같이 차를 탔습니다.

Level 7 모범 답변

I am afraid I've never done that before.

Question 5. Who usually drives when sharing the car?
같이 차를 탈 때 주로 누가 운전을 하나요?

Level 6 모범 답변

My parents usually drive when sharing the car. Mostly, my dad drives because he is better driver than my mother.

같이 차를 타면 부모님께서 주로 운전을 하십니다. 어머니보다 아버지께서 운전을 더 잘하시기 때문에 주로 아버지께서 운전하십니다.

Level 7 모범 답변

Just as a quick guess, probably the car owner would drive. Who would want to leave their car in someone else's hands?

Question 6. When you carpool with others, what are the advantages?
다른 사람과 돌아가며 운전을 하면 어떠한 이점이 있나요?

Level 6 모범 답변

The advantage of share driving is that you can get to a destination without getting tired. Usually when one person drives for the whole journey, they get really tired from the driving so there can be accidents that occur from too much driving. Also, you need to be concentrated when driving. If the driver is sleepy, he needs to change drivers in order to arrive at a destination safely.

돌아가면서 운전하는 것의 장점은 피곤하지 않게 목적지에 도착할 수 있는 것입니다. 주로 한 사람이 다 운전을 하면 운전을 너무 장시간 한 나머지 피곤하게 되고 사고가 자주 나기도 합니다. 또한, 운전을 할 때는 집중해야 합니다. 만약 운전자가 졸리면 안전하게 목적지에 도착하기 위해 다른 사람이 운전해야 합니다.

Level 7 모범 답변

This is tough as I've always been seated in the backseat dozing off. Well, when I think about it, driving could be an extremely boring and tiring task. But if there is someone to take half of the responsibility, it would be less tiring.

✽ 참고 표현 **share driving or carpool service** 승용차 함께 타는   **in order to** ~하기 위해   **destination** 도착지   **journey** 여행   **doze off** 잠이 들다

---

2 Imagine that an American marketing firm is doing research in your country. You have agreed to participate in a telephone interview about presents.
미국의 한 마케팅 회사가 당신의 나라에서 설문 조사를 하고 있다고 가정해 보세요. 당신은 선물에 관한 전화 인터뷰에 응하기로 동의했습니다.

Question 4. Have you bought a gift for someone recently? What was the occasion?
최근에 누군가를 위해 선물을 산 적이 있습니까? 어떤 상황이었습니까?

Level 6 모범 답변

I bought some chocolate for my boyfriend to celebrate Valentine's Day. I also bought a perfume with the chocolate.

밸런타인 데이 기념으로 남자 친구에게 술 초콜릿을 샀습니다. 향수도 같이 샀습니다.

Level 7 모범 답변

What a coincidence! Just yesterday, I got my friend a gift for her 27th birthday.

Question 5. Would you consider giving money as a gift to your friends and family on a special day?
특별한 날 친구나 가족에게 선물로 돈을 주는 것에 대해 고려해 본 적이 있습니까?

Level 6 모범 답변

Yes, I consider giving money as a gift to my friends and family. I don't always know exactly what gift to get for them on a special day. It is an easy way to meet their preferences.

네, 저는 친구나 가족에게 돈을 주기도 합니다. 특별한 날에 무엇을 줘야 할지 항상 정확히 알지 못하기 때문입니다. 그들이 좋아하는 것을 사 줄 수 있는 간편한 방법입니다.

Level 7 모범 답변

Why not? I mean, sometimes picking out a gift feels like a huge burden since I have no idea what that person might want or need. So, instead if I give cash, it is a win-win situation for both sides.

Question 6. What is the best gift that you have ever received?
받았던 선물 중 최고의 선물은 어떤 것입니까?

Level 6 모범 답변

The most special gift I have ever received is a handmade album from my boyfriend which was filled with pictures that we have taken together. It reminded me of every moment we have shared, and some special places we have visited. I really liked that gift.

받은 선물 중 가장 좋았던 선물은 남자 친구에게 받은 함께 찍은 사진을 담아 직접 만든 앨범입니다. 그 앨범을 보면 함께했던 모든 순간과 특별한 장소가 기억납니다. 저는 정말 그 선물이 마음에 듭니다.

Level 7 모범 답변

A gift is a gift. I can't really pick which was the best one since each of them has a different meaning. Although, I can pick the most memorable one. I think it was my birthday 5 years ago. My friends brought in a hideous cake with candles and they said they had made it themselves for my birthday. Of course, the taste was as disgusting as it looked, but it was definitely touching.

※ 참고 표현　**celebrate** 축하하다　**preference** 선호　**handmade album** 손으로 만든 앨범　**every moment** 매 순간

3

Imagine that an Australian marketing firm is doing research in your country. You have agreed to participate in a telephone interview about cell phones.

호주의 한 마케팅 회사가 당신의 나라에서 설문 조사를 하고 있다고 가정해 보세요. 당신은 휴대폰에 관한 전화 인터뷰에 응하기로 동의했습니다.

Question 4. How often do you use your cell phone?
얼마나 자주 휴대폰을 사용하십니까?

Level 6 모범 답변

I use my cell phone almost every minute of every day. I can't live without my phone. I use my cell phone to call or send text messages to my friends and family.

저는 휴대폰을 거의 매일 항상 씁니다. 휴대폰 없이는 살 수 없을 정도입니다. 저는 친구나 가족에게 전화나 문자를 보내는 데 사용합니다.

Level 7 모범 답변

I wake up with my cell phone and sleep on it. My day literally revolves around my phone.

Question 5. How long have you had your current cell phone?
지금 가지고 계신 휴대폰은 얼마나 사용하셨습니까?

Level 6 모범 답변

I have had my current cell phone for about 3 months; I just changed my phone to a smart phone. It is great to have a smart phone since there are lots of functions.

지금 쓰는 휴대폰은 3개월 정도 사용했습니다. 스마트폰으로 바꾼 지 얼마 되지 않았습니다. 여러 가지 다양한 기능이 있어 스마트폰이 좋습니다.

Level 7 모범 답변

I think it's almost been a year now. I bought it right after my summer vacation, because I lost mine during the holiday.

Question 6. What do you usually do with your cell phone other than calling people?
사람들에게 전화하는 것 말고 휴대폰으로 무엇을 합니까?

Level 6 모범 답변

In my case, there are a number of things I do with my cell phone. First of all, I send text messages to friends and family. Second of all, since my phone is a smart phone, I can use it to look for various kinds of information using its Internet service. There are more things I do such as watch TV, listen to my favorite music, and review documents. It is very useful.

저 같은 경우, 휴대폰으로 여러 가지를 합니다. 우선 친구와 가족에게 문자를 보냅니다. 또한, 스마트폰을 가지고 있기 때문에 인터넷 서비스를 이용해서 정보를 검색합니다. 게다가 텔레비전을 보거나 음악을 듣거나 문서를 읽기도 합니다. 매우 유용합니다.

Level 7 모범 답변

In order to answer this question, I might need more response time. There are plenty of things I can do with my phone. Actually I don't use my phone to call anymore. People don't consider phone calling as the primary function of a cell phone. I play, work, listen, communicate, enjoy, study, search, watch… literally everything and anything.

✽ 참고 표현   **can't live without something** ~없이는 살 수 없다   **look for** 찾다   **primary** 주요한

Day 09

🎧 S2_Answer_Day 09 본문 P167

1 Imagine that an American marketing firm is doing research in your country. You have agreed to participate in a telephone interview about weather.
미국의 한 마케팅 회사가 당신의 나라에서 설문 조사를 하고 있다고 가정해 보세요. 당신은 날씨에 관한 전화 인터뷰에 응하기로 동의했습니다.

Question 4. What kind of weather do you like?
어떤 날씨를 좋아합니까?

Level 6 모범 답변

I like sunny and warm weather since there are a lot of activities I can enjoy. When the weather is cold or rainy, I don't feel like to doing anything. I get very lazy and sad.

저는 여러 가지 활동하는 것을 좋아하기 때문에 화창하고 따뜻한 날씨를 좋아합니다. 춥거나 비가 오면 아무것도 하고 싶지 않습니다. 매우 게을러지고 우울해집니다.

Level 7 모범 답변

I don't hang out on rainy days or cold days. I can't stand both days, and other than that, I don't care.

Question 5. How does the weather affect your mood?
날씨가 당신의 기분에 어떤 영향을 미칩니까?

Level 6 모범 답변

I think weather affects my mood very much because when it rains, I usually feel very down. But if the weather is bright and sunny, I feel very energetic and become active.

날씨가 상당히 저의 기분을 좌우하는 것 같습니다. 보통 비가 오면 저는 우울해집니다. 하지만 날씨가 맑고 화창하면 아주 활기차고 활동적으로 바뀝니다.

Level 7 모범 답변

I am not a teenager anymore. I have a life to carry on, despite the weather conditions of the day. It doesn't affect my mood at all.

Question 6. Do you want to live in a place where the weather is the same or where the seasons change?
계절이 바뀌는 곳과 항상 같은 기후인 곳 중 어느 곳에서 살고 싶습니까?

Level 6 모범 답변

I want to live in a place where the weather is different and the seasons change. First of all, I like change. I wouldn't want to live in a place where everything is the same all the time. Also, I like buying clothes according to the season and weather. If I lived in a place where the weather is always the same, then I won't have a reason to buy clothes according to the weather. So I would rather live in a place where the weather is different.

저는 계절이 바뀌고 날씨가 변화하는 곳에서 살고 싶습니다. 우선 저는 변화를 좋아합니다. 항상 모든 것이 똑같은 곳에서 살고 싶지 않습니다. 또한, 저는 날씨나 계절에 맞춰 옷을 사는 것을 좋아합니다. 만약 날씨가 항상 똑같은 곳에서 산다면 저는 날씨에 따라 옷을 살 이유가 없어집니다. 그래서 전 날씨가 변화하는 곳에서 살고 싶습니다.

Level 7 모범 답변

Well, if I can pick which weather I want, then I would live where it's consistent. Changes in the weather are very bothersome. For every season I have to change my outfit according to the weather, and when the weather changes, I have to put away the last weather's clothes and get out the new weather's clothes. I change my outfits back and forth, over and over. And for people around my age, we can't be free from trends, so I have to spend money on shopping for the newest season's latest fashions.

※ 참고 표현   **feel down** 울적하다   **energetic** 활동적인   **get lazy** 게을러지다

2

> Imagine that an American marketing firm is doing research in your country. You have agreed to participate in a telephone interview about soft drinks.
> 미국의 한 마케팅 회사가 당신의 나라에서 설문 조사를 하고 있다고 가정해 보세요. 당신은 음료수에 관한 전화 인터뷰에 응하기로 동의했습니다.

Question 4. How often do you usually drink soda or soft drinks?
얼마나 자주 탄산음료나 청량음료를 마십니까?

Level 6 모범 답변

Soft drinks are part of my daily routine. I think I drink them without even noticing.

청량음료는 제 일상의 한 부분입니다. 저는 의식하지도 않고 음료수를 마시는 것 같습니다.

Level 7 모범 답변

I drink soda very often, at least once a day. I think I'm addicted to soda and my favorite drink is Coke. I know it is bad for my teeth but I can't resist it.

Question 5. Other than a supermarket, where do you buy soda or soft drinks?
슈퍼마켓 이외에 어디에서 음료수를 삽니까?

Level 6 모범 답변

I would probably buy it online in bulk.

저는 아마 온라인에서 대량으로 살 것입니다.

Level 7 모범 답변

I usually buy soda or soft drinks at the vending machine because it is much easier to buy it in a vending machine than go all the way to the store.

Question 6. When you are buying a drink, what do you think is the most important thing to consider?
Flavor, brand name, nutrition
음료수를 살 때 고려할 가장 중요한 점은 무엇이라고 생각하십니까?
맛, 브랜드, 영양

Level 6 모범 답변

When buying a drink I think the brand name is the most important thing to consider. The first reason is that good brand name drinks are always delicious. Its flavor is original. Secondly, it is much nutritional than low or no brand name drinks. Therefore, I think the brand name is the most important thing to consider even though I have to pay extra.

음료수를 살 때 어느 회사에서 만들었는가를 고려해야 한다고 생각합니다. 첫 번째 이유는 유명한 회사 음료수는 항상 맛이 좋습니다. 맛도 독특합니다. 또한, 유사품보다 훨씬 영양이 풍부합니다. 따라서 저는 조금 더 비싸긴 하지만 브랜드가 고려해야 할 가장 중요한 항목이라고 생각합니다.

Level 7 모범 답변

Among the options above, I think nutrition is the most important one. Many still consider brands when picking grocery products and the importance of flavor is too obvious, that it doesn't need to be mentioned. However, concerning nutrition, it is a fact that soft drinks are not so favorable for our body.

※ 참고 표현 **soda** 탄산음료 **soft drink** 청량음료 **addicted to** ~에 중독된 **at least** 최소한, 적어도 **resist** 저항하다 **vending machine** 자판기 **delicious** 맛있는 **nutritional** 영양상의 **even though** 비록 ~일지라도

---

3 Imagine that a British marketing firm is doing research in your country. You have agreed to participate in a telephone interview about movie theaters.

영국의 한 마케팅 회사가 당신의 나라에서 설문 조사를 하고 있다고 가정해 보세요. 당신은 극장에 관한 전화 인터뷰에 응하기로 동의했습니다.

Question 4. How often do you go to a movie theater and who do you usually go with?

얼마나 자주 영화를 보러 가며 누구와 같이 가십니까?

Level 6 모범 답변

I go to a movie theater once a week especially on Saturday since I am busy during the week. I usually go to a theater with my friends or boyfriend.

일주일에 한 번 영화를 보러 가며 평일은 바빠서 주로 토요일에 갑니다. 주로 친구나 남자 친구와 같이 갑니다.

Level 7 모범 답변

Whom I go with is obviously different, but frequency is quite stable. I go to a movie theater once a month with different people.

Question 5. Have you seen the same movie more than twice?

극장에서 같은 영화를 두 번 넘게 본 적이 있습니까?

Level 6 모범 답변

Yes, I have, but it was only because I had no choice. I will never do it again.

네, 하지만 선택의 여지가 없었습니다. 다시는 그렇게 하지 않을 것입니다.

Level 7 모범 답변

Since I love to watch movies, I have seen the same movie more than twice. For instance, I watched "Lord of the Rings" more than twice because it is my favorite movie.

Question 6. What service must a movie theater improve to attract more people to come other than changing the prices?
더 많은 사람을 끌어 모으기 위해 극장은 가격을 변경하는 것 이외에 어떤 점을 개선해야 한다고 생각하십니까?

Level 6 모범 답변

There are a number of services that movie theaters must improve on to attract more people to come other than changing the prices. First they must extend their business hours so people can go there whenever they feel like it. Also, to increase customers' satisfaction, they must hire more educated staff. These ways, movie theaters can attract more people.

더 많은 관객을 모으기 위해 가격을 변경하는 것 외에 극장이 개선해야 할 서비스는 여러 가지가 있습니다. 우선 사람들이 언제든 올 수 있도록 영업시간을 늘려야 합니다. 또한, 고객 만족을 높이기 위해 더 전문적인 직원을 고용해야 합니다. 이렇게 하면 극장은 더 많은 손님을 유치할 수 있습니다.

Level 7 모범 답변

Although overpriced tickets are the biggest problem, besides that, I think more customers would be attracted if they can buy snacks at a lower price. I am dying to know how much it costs to make a bag of popcorn and why they charge so much for that. If a movie theater provides snacks at a lower cost, more people would visit.

❋ 참고 표현 **for instance** 예를 들어 **improve** 향상시키다 **attract** 끌다 **extend** 연장하다 **business hours** 영업시간 **increase** 증가시키다 **satisfaction** 만족도

1

Bay Department CEO's SCHEDULE

July 6th (Fri)

For Alex Jonathan

TIME	EVENT
8:30 a.m. – 9:30 a.m.	Meeting with Bay Department Board of Directors
10:00 a.m. – 10:30 a.m.	Conference call with Collin Thomson, Executive of Midas Technology
10:30 a.m. – 11:30 a.m.	Meeting with a Sales Representative: Quarterly Sales Report
12:00 p.m. – 1:00 p.m.	Lunch: reserved at Milestone
1:00 p.m. – 2:30 p.m.	Play Golf with Government Officials
3:00 p.m. – 4:00 p.m.	Meeting with the Vice President: Discuss Financial Status

Hello, this is Alex Jonathan. I've lost my schedule for tomorrow. Would you tell me the details?

베이 백화점 대표의 일정

7월 6일(금)

알렉스 조나단 씨에게

시간	행사 내용
8:30 a.m. – 9:30 a.m.	베이 백화점 이사회와 회의
10:00 a.m. – 10:30 a.m.	마이더스 테크놀로지 대표 콜린 토마스 씨와 전화 회의
10:30 a.m. – 11:30 a.m.	영업부장과 회의: 분기별 판매 실적 보고
12:00 p.m. – 1:00 p.m.	점심 식사: 마일스톤 식당 예약
1:00 p.m. – 2:30 p.m.	정부 관료와 골프
3:00 p.m. – 4:00 p.m.	부사장과 회의: 재무 상태 논의

안녕하세요, 저는 알렉스 조나단입니다. 내일 저의 일정표를 잃어버렸습니다. 자세히 말씀해 주시겠습니까?

Question 7. What time am I scheduled to have a conference call?

전화 회의가 예정된 시각은 언제입니까?

모범 답변

You are scheduled to have a conference call with Collin Thomson who is the Executive of Midas Technology from 10:00 to 10:30.

오전 10시에서 10시 30분까지 마이더스 테크놀로지의 콜린 토마스 대표와 전화 회의가 예정되어 있습니다.

Question 8. After lunch, do I have time to meet with my friends?
점심 식사 후 친구를 만날 시간이 있습니까?

> 모범 답변

Actually not right away. You have plans to play golf with government officials from 1:00 to 2:30. And from 3:00 to 4:00, you have a meeting with the vice president. You will be able to have time to meet with your friends after the meeting.

사실상 바로 만나실 시간은 없을 것 같습니다. 오후 1시부터 2시 30분까지 정부 관료들과 골프 일정이 있고 오후 3시부터 4시까지 부사장과 회의가 있습니다. 이 회의 이후에 친구분과 만나실 수 있을 것입니다.

Question 9. Besides the conference call, as far as I understand, there are several meetings scheduled. Would you tell me the details about them?
전화 회의를 제외하고 여러 회의가 잡혀있는 것으로 알고 있습니다. 그 회의에 대해 자세히 말씀해 주시겠습니까?

> 모범 답변

There are three meetings. First of all, you **will be having** a meeting with the board of directors **from** 8:30 a.m. **to** 9:30 a.m. After that, you **will be having** a meeting with a sales representative **about** the quarterly sales report from 10:30 to 11:30 a.m. Then, you **will be having** a meeting with the vice president and **will be discussing** the financial status from 3 p.m. to 4 p.m.

총 3개의 회의가 있습니다. 우선 오전 8시 30분부터 9시 30분까지 이사회와 회의가 있습니다. 그 후, 오전 10시 30분부터 11시 30분까지 영업부장과 분기별 판매 실적 보고가 예정되어 있습니다. 그리고 오후 3시에서 4시까지 부사장님과 재무 상태를 논의할 예정입니다.

✻ 참고 표현 **will be having** 가질 계획이다 **will have lunch** 점심시간을 가질 계획이다 **will be discussing** 논의할 것이다 **board of directors** 이사회 **conference call** 전화 회의 **executive** 경영 간부 **quarterly sales report** 분기별 판매 보고 **financial status** 재무 상태

2

Job Fair for University Students across Asia

When: July 10-11, 2013
Where: Artex Convention Center

Opening Address	9:00-9:30	Joshua Green, CEO, Asia Headhunters
Workshops	9:45-11:00	Writing the Perfect Cover Letter and Résumé
West Hall, Room 5	11:00-12:00	Building Your Interview Skills
Seminars	10:00-11:00	Top Jobs for the Future
West Hall, Room 2	11:00-12:30	10 Steps to Promotion
	1:30-3:00	Easy Communication in the Workplace
Booths, Main Hall	11:00-5:00	Representatives from 50 companies

*student ID card required

Hi, I have a son who might be interested in attending your job fair. He's out of town now, but has asked me to ask you some questions in advance. I hope you can answer them for me.

아시아 지역 대학생을 위한 취업 설명회

시간: 2013년 7월 10일~11일

장소: 아텍스 컨벤션 센터

개회 축사	9:00-9:30	조슈아 그린, 아시아 헤드헌터 사 대표
워크숍 웨스트홀 5번 방	9:45-11:00	완벽한 자기소개서와 이력서 작성하기
	11:00-12:00	실전 면접 대비
세미나 웨스트홀 2번 방	10:00-11:00	가장 전망 있는 직업
	11:00-12:30	승진으로 가는 10단계
	1:30-3:00	직장 내 쉬운 의사소통 방법
부스, 대강당	11:00-5:00	50개 회사의 대표들

*학생증 지참 요망

안녕하세요. 이번에 열리는 취업 설명회에 참가하려는 아이의 아버지입니다. 지금 아들이 잠시 떠나 있는 상태인데 미리 저에게 몇 가지 질문을 부탁했습니다. 이 질문에 답변을 해 주실 수 있을까요?

Question 7. When is the workshop on Building Your Interview Skills?

실전 면접 대비에 관한 워크숍은 언제 합니까?

모범 답변

From 11:00 to 12:00, Building Your Interview Skills will be held at West Hall, Room 5, on July 10-11, 2013.

오전 11시부터 오후 12시까지 웨스트홀 5번 방에서 해당 워크숍이 열리며 2013년 7월 10일~11일에 걸쳐 개최됩니다.

Question 8. Is there anything that my son has to take with him to the job fair?

취업 설명회에 갈 때 반드시 지참해야 하는 것이 있습니까?

모범 답변

Yes, every participant must take a student ID card with them. We require them to present it at the entrance door.

네, 모든 참가자는 학생증을 가지고 오셔야 합니다. 행사장 입구에서 확인합니다.

Question 9. Besides the workshop, what else can my son expect at the job fair?

취업 박람회에 워크숍 말고 다른 일정은 없습니까?

모범 답변

There are two programs. First, from 10 to 3, he can participate in the seminar. In the seminar, there are Top Jobs for the Future, 10 Steps on the Way to Promotion, and Easy Communication in the Workplace. Afterwards, from 11 to 5, he also has an opportunity to ask questions to representatives from 50 companies at the booths.

2가지 프로그램이 있습니다. 오전 10시에서 오후 3시까지 세미나에 참석할 수 있습니다. 해당 세미나에서는 가장 전망 있는 직업, 승진으로 가는 10단계, 직장 내 쉬운 의사소통 방법 등을 다룹니다. 그 후 오전 11시부터 5시까지 부스에서 50개 회사의 대표자에게 질문할 수 있는 기회도 있습니다.

※ 참고 표현 **will be held/ will take place** 개최되다   **opening address** 개회사   **identification card** 신분증
entrance door 입구   **present** 제시하다   **afterwards** 그 후에   **building our interview skills** 인터뷰 실력 쌓기

3

Bradley Buckley
July 6th (Fri)

Résumé ID: 11392
Location: USA VA Virginia Beach
Education: 2-yr Degree
Experience: 12 years

Education:	The Culinary Institute of Brannan (San Francisco)
	Associate Degree Culinary Arts (May 1997)
Work Experience:	**Bread and Pastry Baker: 3 years**
	The Pastry Chefs, West Lafayette, Indiana
	Made pastries for formal gatherings, functions, weddings, and high volume production.
	Pastry Chef: 2 years
	Atkinson's Market Hailey, Idaho
	Specialized in creating pastries and desserts in high volume for banquets, parties and special events.
	Baker: 2 years
	Von's Cakes & Cookies, Honolulu, Hawaii
	Prepared breakfast, lunch, and dinner meals, and was responsible for breads and desserts.
	Assistant Baker: 5 years
	Café Olsson, New Orleans, Louisiana
	Prepared and produced bagels, donuts, rolls, muffins, cake decoratings, and pastries.
	Prepared display cases for retail sales.

Hello, this is Mark Peterson. This afternoon, I am interviewing one of the candidates for the baker position. Somehow, I don't remember where I placed his résumé. I am sure you have his résumé in your system. Please it will be helpful if you answer some questions.

브래들리 버클리
7월 6일 (금)

이력서 번호: 11392 **학력:** 전문학사 학위
지역: 미국 버지니아 주 버지니아 비치 **경력:** 12년

학력: 브랜넌 요리학교 (샌프란시스코 소재)
조리학 전문학사 학위 (1997년 5월 취득)

직무 경력: **빵, 페이스트리 제빵사: 3년**
페이스트리 셰프, 인디애나 주 웨스트 라파예트
격식 있는 모임, 행사, 결혼식, 대량 주문

페이스트리 요리사: 2년
앳킨슨 마켓, 아이다호 주 헤일리
연회, 파티, 특별 행사용 페이스트리, 디저트 제작 전문

제빵사: 2년
본 케이크&쿠키, 하와이 주 호놀룰루
아침, 점심, 저녁 식사 중 빵, 디저트 담당

제빵 보조: 5년
카페 올슨, 루이지애나 주 뉴올리언스
베이글, 도넛, 롤, 머핀, 케이크 장식, 페이스트리 준비와 제작
판매를 위한 진열

안녕하세요, 저는 마크 피터슨입니다. 오늘 오후 제빵사 지원자 면접을 보게 되었습니다. 그런데 제가 어디에 이력서를 두었는지 생각이 나지 않습니다. 아마 당신 전산 시스템에 보관되어 있는 것 같은데 질문 몇 가지에 답을 해 주시면 정말 큰 도움이 될 것 같습니다.

Question 7. Which school did he go to get his degree and where?
어느 대학에서 학위를 받았고 어디에 있는 곳이죠?

모범 답변

He went **to** the Culinary Institute of Brannan **in** San Francisco. He **got an** Associate Degree **for** Culinary Arts in May 1997.
그는 샌프란시스코에 있는 브랜넌 요리학교를 졸업했고 1997년 5월 조리학 전문학사 학위를 취득했습니다.

Question 8. Does he have any experience working at a café, since we will be launching one soon?
우리가 이제 곧 카페를 하나 개업하려고 하는데 카페에서 일한 경력이 있나요?

모범 답변

Yes, he has an experience working at Café Olsson. He **prepared** and **produced** bagels, donuts, rolls, muffins, cake decorating and pastries. He **displayed** cases for retail sales.
네, 그는 카페 올슨에서 일했습니다. 베이글, 도넛, 롤, 머핀, 케이크 장식과 페이스트리를 준비하고 만들었습니다. 판매를 위해 진열하는 업무도 담당했습니다.

Question 9. Could you tell me all the baking experience he has?
그의 제과제빵 경력을 말해 주실 수 있습니까?

모범 답변

He has three baking **experiences**. First, he worked **as** the bread and pastry baker at the Pastry Chefs, in West Lafayette, Indiana for three **years**. Second, he worked **as** the pastry chef at Atkinson's Market in Hailey, Idaho for 2 years. Lastly, he worked **as** a baker at Von's Cakes & Cookies in Honolulu, Hawaii for two years.

그는 3가지 제빵 경력이 있습니다. 첫째, 그는 인디애나 주 웨스트 라파예트의 페이스트리 셰프에서 3년 동안 빵, 페이스트리 제빵사로 일했습니다. 두 번째로 그는 아이다호 주 헤일리의 앳킨슨 마켓에서 2년 동안 페이스트리 요리사로 일했습니다. 마지막으로 그는 하와이 주 호놀룰루의 본 케이크&쿠키에서 2년 동안 제빵사로 일했습니다.

※ **참고 표현** studied at ~에서 공부하다   worked at ~에서 일했다   worked as ~으로 일하다   was responsible for ~ing 책임을 지다   culinary institute 요리학교   pastry 페이스트리   gatherings/ functions 모임

1

Healthy Baking Seminar Agenda

Date: September 04, 2011
Venue: Casablanca Hotel, Main Conference Hall

8:00 – 8:45 a.m.	Registration and Morning Refreshments
8:45 – 9:30 a.m.	Developing and Marketing New Bread Products - Jason Wright, King Bakery
9:30 – 10:30 a.m.	Adding Flavor with Today's Fibers - Shannen Peters, Director, Sun Ingredients Group
10:30 – 10:45 a.m.	Morning Break
10:45 – 11:50 a.m.	Meeting with Technical Baking Experts
11:50 – 1:20 p.m.	Lunch – Casablanca Hotel Dining Hall
1:20 – 3:00 p.m.	New Breakthrough Recipes for 2012 - Kerry McNicol
3:00 – 4:00 p.m.	Baking for Health, Baking for Success - Laura Brice, Founder and CEO, Fine Bakery

Hi, this is Jason Wright calling. I haven't received the agenda for the Healthy Baking Seminar yet. I have some questions, and hopefully you have the answers to them.

건강 제빵 세미나 의제

일자: 2011년 9월 4일
장소: 카사블랑카 호텔 본 회의장

8:00 – 8:45 a.m.	참가 접수 및 다과
8:45 – 9:30 a.m.	새로운 제빵 상품의 개발과 마케팅 - 제이슨 라이트, 킹 베이커리
9:30 – 10:30 a.m.	오늘의 식이섬유 향 첨가 - 섀넌 피터스, 선 인그리디언트 그룹 이사
10:30 – 10:45 a.m.	오전 휴식
10:45 – 11:50 a.m.	제빵 기술 전문가 회의
11:50 – 1:20 p.m.	점심 식사 - 카사블랑카 호텔 식당
1:20 – 3:00 p.m.	2012년 획기적인 새로운 요리법 - 케리 맥니콜
3:00 – 4:00 p.m.	건강을 위한 베이킹, 성공을 위한 베이킹 - 로라 브라이스, 파인 베이커리 창업자이자 대표

안녕하세요, 전 제이슨 라이트입니다. 건강 베이킹 세미나에 대한 의제 목록을 아직 받지 못했는데요. 질문 몇 가지에 답해 주시면 정말 고맙겠습니다.

Question 7. Where is the seminar taking place and what time will the seminar start and end?

세미나는 어디서 열리며 언제 시작하고 끝나나요?

> 모범 답변

The seminar will take place in Casablanca Hotel at Main Conference Hall on September 04. The seminar will start at 8 in the morning till 4 in the afternoon.

세미나는 9월 4일 카사블랑카 호텔 본 회의장에서 열립니다. 오전 8시에 시작해서 오후 4시까지 진행됩니다.

Question 8. I heard that I will be giving my presentation after the morning break, right?

오전 휴식 이후에 제가 발표를 하게 될 거라고 들었는데, 맞나요?

> 모범 답변

Mr. Wright. I think you are misinformed. You will give a presentation right after the registration. The presentation starts at 8:45 a.m.

라이트 씨, 잘못 전달된 것 같습니다. 참가 접수가 이루어진 후 바로 발표를 할 예정입니다. 오전 8시 45분에 시작됩니다.

Question 9. What's scheduled after the morning break?

오전 휴식 이후 일정이 어떻게 됩니까?

> 모범 답변

According to the schedule, there are three sessions after the morning break. The first session will start at 10:45 a.m. You will have a meeting with Technical Baking Experts. And then at 1:20 p.m. Kerry McNicol will introduce new breakthrough recipes for 2012. The last session will start at 3 p.m. Laura Brice, Founder and CEO of Fine Bakery, will give a speech on Baking for Health and Baking for Success.

일정표에 의하면 오전 휴식 후에 3가지 강연이 있습니다. 첫 번째는 오전 10시 45분에 시작되며 제빵 기술 전문가와 회의가 있을 예정입니다. 그리고 오후 1시 20분에는 케리 맥니콜 씨가 2012년의 획기적인 새로운 요리법을 소개할 것입니다. 마지막 강연은 오후 3시이며 파인 베이커리의 창립자이자 대표인 로라 브라이스 씨가 건강을 위한 베이킹, 성공을 위한 베이킹이라는 주제로 강연할 예정입니다.

✱ **will be held at/ on** 열리다   **we will have/ we are scheduled to have** ~할 계획이 있다   **will talk about/ will give speech on** ~에 관해 얘기할 것이다   **will present** 발표하다   **will introduce** 소개하다   **according to** ~에 의하면   **looking at the schedule now and it shows me** 일정표를 보고 있는데/ 일정표에 따르면

2

The Frontier of Data center Management

February 11, 2013
Venue: Ramada Hotel, Burlington

8:30 - 9:30	Registration and Breakfast
9:30 - 9:45	Welcome and Overview Catlin Shaw, Divisional Director, FMD Distribution Ltd.
9:45 - 10:15	The Frontier of Data center Management Jonathan Silver, Business Development Manager, Corson
10:15 - 11:00	The Frontier of Data center Infrastructure Robbie Laird, Vice President(Marketing), Angel Systems Ltd., India
11:00 - 11:15	Morning Refreshments
11:15 - 12:00	The Frontier of Data center Tech Support Sebastian MacFarlane and Charily Bruce, APL Industries
12:00 - 12:45	The Frontier of Data center Design Martha Owsley, Technical Training Manager, Semitronics
1:00	Lunch

Hi, this is Sean, one of the Directors at FMD. I've just arrived from a business trip to South Africa, and my colleague has told me that I need to attend the Frontier of Data center Management Seminar. Can you answer some of the questions I have?

데이터 센터 관리의 한계

2013년 2월 11일
장소: 벌링턴 라마다 호텔

8:30 - 9:30	접수 및 조식
9:30 - 9:45	환영사 및 행사 개요 캐틀린 쇼, ㈜ FMD 유통 사업부 이사
9:45 - 10:15	데이터 센터 관리의 한계 조나단 실버, 코슨 사 사업 개발 매니저
10:15 - 11:00	데이터 센터 인프라의 한계 로비 레이어드, 인도 ㈜엔젤 시스템 부사장(마케팅)
11:00 - 11:15	오전 다과
11:15 - 12:00	데이터 센터 기술 지원의 한계 세바스찬 맥팔레인과 찰리 브루스, APL 공업
12:00 - 12:45	데이터 센터 디자인의 한계 마사 오슬리, 세미트로닉스 사 기술 교육 담당자
1:00	점심 식사

안녕하세요. 저는 FMD 유통의 션입니다. 저는 남아프리카에 출장을 갔다 방금 도착했습니다. 제 동료가 제가 데이터 센터 관리의 한계 세미나에 참석해야 한다고 하던데요. 질문 몇 가지에 답해 주실 수 있습니까?

Question 7. When is the seminar taking place and where is it going to be held?
세미나는 언제 열리며 어디서 열릴 예정인가요?

> **모범 답변**

It will be held at Ramada Hotel in Burlington on February 11, 2013. The registration will start at 8:30 a.m. And we are scheduled to have breakfast until 9:30 a.m.

세미나는 2013년 2월 11일 벌링턴에 있는 라마다 호텔에서 열립니다. 접수는 오전 8시 30분부터 시작됩니다. 오전 9시 30분까지 조식이 예정되어 있습니다.

Question 8. Will my friend Martha Owsley be giving a presentation on the network fiber solutions?
제 지인 마사 오슬리 씨가 네트워크용 광섬유에 관한 해결책에 대해 발표를 하게 되어 있습니까?

> **모범 답변**

Well, regarding the schedule, Ms. Owsley from Semitronics will give a speech on the Frontier of Data center Design.

일정표에 따르면 세미트로닉스 사의 오슬리 씨는 데이터 센터 디자인의 한계에 대해 발표할 예정입니다.

Question 9. Due to a business meeting I have in the early morning, I think I will attend after 11. What will I be missing?
제가 사업 미팅이 오전에 잡혀 있어서 11시 이후에 도착할 것 같은데 참석 못하는 행사는 무엇인가요?

> **모범 답변**

If you attend the seminar after 11 a.m., you will be missing two major sessions. The first session will start at 9:30 a.m. Jonathan Silver, Business Development Manager from Corson, will introduce the Frontier of Data center Management. The second seminar is at 10:15 a.m. Robbie Laird, Vice President, will be talking about The Frontier of Data center Infrastructure. Other than these two sessions, you will be missing welcome speech and overview.

만약 오전 11시 이후에 참석하시면 2개의 행사를 놓치게 됩니다. 첫 번째는 오전 9시 30분에 시작되는 코슨 사의 사업 개발 매니저인 조나단 실버 씨의 데이터 센터 관리의 한계에 관한 세미나입니다. 두 번째는 오전 10시 15분부터 시작되는 부대표인 로비 레이어드 씨의 데이터 센터 인프라의 한계에 관한 발표입니다. 이 두 강연을 제외하면 환영사와 행사 개요에 참석하시지 못할 것 같습니다.

✽ **참고 표현** **will be held/ will take place** 열리다 **will have/ are scheduled to have** ~계획이 있다 **will talk about/ will give speech on** ~에 관해 얘기할 것이다 **will present** 발표하다 **will introduce** 소개하다 **venue** 장소 **frontier of something** 특정 지식, 활동 영역의 한계 **divisional director** 사업부 이사 **distribution** 분배 **Ltd. [Limited]** 회사 **infrastructure** 기반 시설 **refreshment** 다과 **tech support** 기술 지원팀

3

Picurean Catering Service
PICUREAN GROUP — the natural choice.

Invoice: 103
Client: Synergy International

Ready by: Thursday, June 18 (10:00 a.m.)
Pick up: 874 Quince Orchard Blvd. Suite 1

Category Item	Services/ Quantity	Total Price ($)
Chicken Fajitas *	10	35.00
Mexican Rice	10	7.50
Fudge Nut Brownies	10	8.50
Ham & Swiss on Onion Roll *	5	31.25
Tortellini Vegetable Salad *	5	9.95
Fresh Fruit Salad *	5	13.70
Subtotal:		136.90
Taxes:		5.30
Invoice Total:		142.20
Balance Due:		**Fully paid**

* Meat, cheese, salad & fruit must be kept cool. They are pre-packaged in an icebox.

Hello. I am calling from Synergy International. Two days ago we requested catering service, and I must make sure everything is in order. So I will ask you some questions to confirm our order.

피큐리언 케이터링 서비스
PICUREAN GROUP — the natural choice.

송장 번호: 103
고객명: 시너지 인터내셔널

준비 기한: 6월 18일 목요일 (오전 10시)
수령 장소: 퀸스 오차드 대로 874번지 1호

품목	서비스/ 수량	항목별 소계 (달러)
치킨 파히타 *	10	35.00
멕시칸 라이스	10	7.50
퍼지 넛 브라우니	10	8.50
햄 앤 스위스 온 어니언 롤 *	5	31.25
토르텔리니 야채 샐러드 *	5	9.95
신선 과일 샐러드 *	5	13.70
소계:		136.90
세금:		5.30
송장 합계:		142.20
잔금:		**전액 지불**

* 육류, 치즈, 샐러드, 과일은 냉장 보관해야 합니다. 아이스박스에 미리 포장될 예정입니다.

안녕하세요, 시너지 인터내셔널에서 연락드립니다. 이틀 전 케이터링 서비스를 요청했는데 모든 것이 제대로 준비되고 있는지 확인해야 합니다. 저희 주문 관련해서 몇 가지 확인하고 싶습니다.

Question 7. When will the order be ready to pick up and where is your office located?
주문한 물건은 언제 수령이 가능하며 사무실은 어디에 있습니까?

모범 답변

Your order will be ready by 10 a.m. on Thursday, June 18th. Our store is located at 874 Quince Orchard Blvd. Suite 1.

귀사에서 주문하신 물건은 6월 18일 목요일 오전 10시까지 준비 완료될 예정입니다. 저희 가게는 퀸스 오차드 대로 874번지 1호에 위치해있습니다.

Question 8. How much do I have to pay for the service?
이번 주문으로 얼마를 지불해야 합니까?

모범 답변

According to your invoice, you don't have to pay anything when you come to pick up your order. It is fully paid. Just in case, your grand total came out to be $142.20.

송장에 따르면 주문하신 물건을 받으실 때에는 지불하지 않으셔도 됩니다. 이미 결제 완료되었습니다. 참고로 총액은 142.20달러입니다.

Question 9. Is there any food that I have to keep cool? Please tell me anything that I have to be aware of to prevent the food from going bad.
냉장 보관해야 하는 음식이 있습니까? 제가 음식이 상하지 않도록 알아야 할 점을 말씀해 주십시오.

모범 답변

All the meat, cheese, salad & fruit must be kept cool. Those items are already pre-packaged in an icebox. So you should not worry about it. Just in case, I will tell you what items will be pre-packaged: Chicken Fajitas, Ham & Swiss on Onion Roll, Tortellini Vegetable Salad and Fresh Fruit Salad.

모든 육류와 치즈, 샐러드, 과일은 냉장 보관하셔야 합니다. 이 품목은 이미 아이스박스에 사전 포장되어 있습니다. 그러니 크게 걱정 안 하셔도 됩니다. 참고로 제가 사전 포장될 품목을 말씀드리겠습니다. 치킨 파히타, 햄 앤 스위스 온 어니언 롤, 토르텔리니 야채 샐러드 그리고 신선 과일 샐러드입니다.

✽ **참고 표현** will be ready by ~까지 준비되다   ordered 주문하다   pay by 지불하다   prepaid 미리 지불하다/선납하다   fully paid 완불   located at 위치하다   fajitas 파히타   fudge nut brownie 퍼지 초콜릿 케이크   tortellini 토르텔리니

1

Employee Development Day
1st floor White Hall, Wednesday, June 7th

Time	
9:00	Lecture by Sally Connor: What employers look for · Team Development Skills · Negotiating Skills
10:20	Reports from Departments · Quarterly Sales Report: Robert Finch, Sales Department · Market Trends: Helen Clever, Marketing Department · Global Trade: Sharon Pond, Planning Team
11:00	Special Performance by Employees · Karaoke by Kim and Eric · Line Dance by Westside · A capella by Jigga and Linkin Park
11:30	Q&A Session
12:00	Lunch (BBQ)

Hello, my name is Natalie. On employee development day, I know there are some events that we need to attend, but I still haven't got the schedule. I think the schedule was sent to the wrong email address. Since the event is tomorrow, I would like to get some information. I hope you can answer some of my questions.

직원 개발의 날
6월 7일 수요일 1층 화이트 홀

시간	
9:00	샐리 코너의 강연: 고용주가 원하는 것 · 팀 개발 능력 · 협상 능력
10:20	각 부서별 보고 · 분기별 판매 보고: 영업부 로버트 핀치 · 시장 경향: 헬렌 클레버, 마케팅 부서 · 글로벌 무역: 섀런 폰드, 기획팀
11:00	직원 특별 공연 · 김과 에릭의 노래 · 웨스트사이드의 라인 댄스 · 지가와 린킨파크의 아카펠라
11:30	질의응답 시간
12:00	점심 식사 (바비큐)

안녕하세요, 저는 나탈리입니다. 직원 개발의 날에 참가해야 하는 행사가 있다고 하는데 아직 일정을 받지 못했습니다. 아마도 잘못된 메일 주소로 간 것 같습니다. 행사가 당장 내일이라 알아야 할 것 같아서요. 제 질문 몇 가지에 답변을 해 주셨으면 합니다.

Question 7. Where should I go to participate in the event and what time should I be there?

행사에 참가하려면 어디로 가야 하며 언제까지 도착해야 합니까?

모범 답변

The event will take place on the 1st floor White Hall on Wednesday June 7th. You must be there by 9 a.m. The first session is a lecture by Sally Connor.

해당 행사는 6월 7일 수요일 1층 화이트 홀에서 개최됩니다. 적어도 오전 9시까지 도착해야 하며 첫 시간은 샐리 코너의 강연입니다.

Question 8. I've heard that Helen Clever will be talking about the quarterly sales report. Is that correct?

헬렌 클레버 씨가 분기 판매 보고를 한다고 들었는데, 사실인가요?

모범 답변

No, I am sorry but you have the wrong information. Helen Clever will be talking about Market Trends. The session will start at 10:20 a.m.

아니요, 잘못된 정보인 것 같네요. 헬렌 클레버는 시장 경향에 대해 발표하며, 오전 10시 20분에 시작합니다.

Question 9. Other than reports from departments, what events are listed on the schedule?

다른 부서의 보고 이외에 어떤 이벤트가 예정되어 있습니까?

모범 답변

There are number of events other than reports from departments. First, at 9 a.m., Sally Connor will give a lecture about what employers look for. She will be talking about team development skills and at 11:00 there are special performances by employees. Kim and Eric will sing, Westside will show a line dance and the last one is a capella by Jigga and Linkin Park.

부서별 보고 이외에 다양한 행사가 예정되어 있습니다. 우선 오전 9시에 샐리 코너 씨가 '고용주가 원하는 것'이라는 주제에 대해 강연할 예정입니다. 그녀는 팀 개발 능력에 대해 다룰 것이고 오전 11시에 직원들의 특별 무대가 준비되어 있는데 김과 에릭은 노래를 하고 웨스트사이드는 라인 댄스를 선보일 예정입니다. 또한, 지가와 린킨파크는 아카펠라를 할 예정입니다.

✵ 참고 표현 **will give a lecture (about something)** 강연을 하다 **will be talking about/ will discuss** ~관해 말하다 **perform** 공연하다 **negotiating** 협상 **quarterly** 분기별의 **market trends** 시장 성향 **global trade** 세계 무역 **a capella** 아카펠라

2

Creativity worlds in the making — A NATIONAL SYMPOSIUM

Wake Forest University
March 18, 2009

Time	Event
8:00 a.m. – 8:45 a.m.	Registration: Lobby
8:45 a.m. – 9:00 a.m.	Welcome: Betsy Gatewood, Director of the Office of Entrepreneurship & Liberal Arts
9:00 a.m. – 10:45 a.m.	Public Panel Discussion: Border Crossings, Edwards Godwin
10:45 a.m. – 11:30 a.m.	Gala Opening Reception for Creativity: Worlds in the Making
11:30 a.m. – 1:00 p.m.	Lunch & Plenary Sessions
1:00 p.m. – 2:00 p.m.	Open Forum & Idea Exchange: Reynolda Reyes (Green Room)
2:00 p.m. – 2:30 p.m.	Guest Lecture: Josh Frieman, the Department of Physics, WFU
2:30 p.m. – 4:00 p.m.	Pre-Performance Context Talk: Meredith Mong and Lynn Book

Hello, my name is Edwards Godwin. I would like to confirm the schedule since I am scheduled to lead one of the sessions at the symposium. I am sure you are kind enough to tell me all the information.

Creativity worlds in the making 내셔널 심포지엄

웨이크 포레스트 대학
2009년 3월 18일

시간	내용
8:00 a.m. – 8:45 a.m.	접수: 로비
8:45 a.m. – 9:00 a.m.	환영사: 벳시 게이트우드, 기업가 정신과 교양 사무실장
9:00 a.m. – 10:45 a.m.	공개 토론: 경계 넘나들기, 에드워드 고드윈
10:45 a.m. – 11:30 a.m.	창조성을 위한 갈라 오프닝 연회: 제작의 세계
11:30 a.m. – 1:00 p.m.	점심 식사 & 본회의
1:00 p.m. – 2:00 p.m.	오픈 포럼 & 의견 교환: 레이놀다 레이즈 (그린 룸)
2:00 p.m. – 2:30 p.m.	초대 강사: 조시 프리먼, 웨이크 포레스트 대학 물리학부
2:30 p.m. – 4:00 p.m.	사전 문맥 토크: 메르디스 몽과 린 북

안녕하세요, 저는 에드워드 고드윈입니다. 심포지엄에서 강연을 하나 맡기로 되어서 그러는데 일정 좀 확인해 주실 수 있습니까? 제가 원하는 정보를 주실 수 있을 거라고 생각합니다.

Question 7. When should I be there to lead the panel discussion?
공개 토론을 진행하려면 언제 도착해야 합니까?

모범 답변

You should be here no later than 9 in the morning as you are scheduled to lead the discussion.

공개 토론은 오전 9시에 시작하므로 오전 9시까지는 도착하셔야 합니다.

Question 8. I am planning to go meet someone during lunch. Can I do that?
점심시간 동안 누굴 만나려고 하는데 가능합니까?

모범 답변

Based on my interpretation, it looks like you have to be present even during lunch for the plenary session.

정말 죄송하지만 점심시간인 오전 11시 30분부터 오후 1시까지 본회의가 진행되기 때문에 불가능합니다.

Question 9. After lunch, I may have to leave earlier because of my flight schedule. Is it possible to tell me what I will be missing?
비행기 시간 때문에 점심 식사 후 일찍 떠나야 할 것 같습니다. 제가 어떤 내용을 놓치게 되는지 말씀주실 수 있습니까?

모범 답변

Let me give you a brief summary of the things you will miss. After lunch, from 1 to 4 p.m., a session by Reynalda Reyes, a lecture by Josh Frieman and Meredith Mong and Lynn Book's talk would take place for the hours that you won't be able to join.

당신이 놓치게 될 것을 간단하게 요약해 말씀드리겠습니다. 점심 식사 후 1시부터 4시까지 레이놀다 레이즈의 강연, 조시 프리먼의 강의, 메러디스 몽과 린 북의 토크가 당신이 자리를 비운 시간 동안 진행됩니다.

✽ 참고 표현 **registration** 등록 **reception** 연회 **context** 문맥 **plenary** 총회의

3

Spring Niagara Falls Tour

Date: May 19
Departure time: 8 a.m. – Finch Subway Station

10:00 a.m.	Niagara Falls: Journey Behind the Falls
12:00 p.m.	Lunch – The Skylon Tower
1:30 p.m.	Helicopter Trip around Niagara Falls
3:00 p.m.	Niagara Winery (Complimentary ice wine tasting)
4:00 p.m.	Daredevil Museum
5:30 p.m.	Visit to Niagara-On-The-Lake
7:00 p.m.	Dinner and Show (Niagara's Grand Hotel)
9:00 p.m.	Depart for Toronto

Return: Estimated arrival at 11:00 p.m. (Finch Subway Station)
Cost: $120 (Including all admission fees, lunch and dinner)
*10% discount for groups of 4 or more

Good afternoon, this is John Smith calling. I'm a member of your travel club and I have just heard from another member that there will be a tour of Niagara Falls next Saturday. You see, I have some relatives visiting next week and thought this trip might be what I'm looking for.

봄맞이 나이아가라 폭포 투어
일자: 5월 19일
출발 시간: 오전 8시 - 지하철 핀치역

시간	일정
10:00 a.m.	나이아가라 폭포: 폭포 뒤편 탐방
12:00 p.m.	점심시간 - 스카이론 타워
1:30 p.m.	나이아가라 폭포 주변 헬리콥터 여행
3:00 p.m.	나이아가라 포도주 양조장 (아이스 와인 무료 시음)
4:00 p.m.	데어데블 박물관
5:30 p.m.	나이아가라 온 더 레이크 방문
7:00 p.m.	저녁 식사와 쇼 (나이아가라 그랜드 호텔)
9:00 p.m.	토론토로 출발

도착: 예상 도착 시간 오후 11시 (지하철 핀치역)
비용: 120달러 (모든 입장료, 점심, 저녁 식사비 포함)
*4인 이상 그룹 10% 할인

안녕하세요, 저는 존 스미스라고 합니다. 저는 귀하의 여행 클럽 회원인데 다음 주 토요일에 나이아가라 폭포 투어가 있을 거라고 다른 회원이 말해 주었습니다. 다음 주에 친척들이 방문합니다. 그래서 이 투어는 제가 찾던 여행이라고 생각했습니다.

Question 7. What time does the tour start and how long will it be?
언제 투어가 시작되며 얼마나 걸립니까?

모범 답변

The Niagara Falls tour will start at 10 a.m. and end at 9 p.m. But you must arrive at Finch subway station since we will be departing at 8 a.m.

나이아가라 폭포 투어는 오전 10시에 시작될 예정이며 오후 9시 종료 예정입니다. 하지만 오전 8시에 출발하기 때문에 지하철 핀치역에 도착하셔야 합니다.

Question 8. How much will it cost? I heard that it costs no more than $100. Is this true?
비용은 얼마나 드나요? 100달러가 안 넘는다고 들었는데, 맞나요?

모범 답변

I am really sorry to tell you but no. The tour costs $120. It includes all admission fees, lunch and dinner. There is 10% discount for groups of 4 or more.

정말 죄송합니다만 잘못 알고 계십니다. 투어 비용은 120달러입니다. 모든 입장료와 점심, 저녁 식사 비용이 포함되어 있습니다. 4명 이상 그룹이 참가하게 되면 10% 할인됩니다.

Question 9. I think I'll have to join the tour team after 2 p.m. because I need to attend my son's graduation ceremony in the morning. What programs are left?
아침에 아들 졸업식에 참가해야 해서 오후 2시에 투어에 참가하게 될 것 같은데요. 그 이후에는 어떤 일정이 있습니까?

모범 답변

Well, if you are joining after 2 p.m., there are still things you can enjoy. At 3 p.m., we will visit

Niagara Winery and you can taste complimentary ice wine. At 4 p.m., you will tour Daredevil Museum and visit Niagara-On-The-Lake at 5:30 p.m. Lastly, you will have dinner and watch a show at Niagara's Grand Hotel.

만약 오후 2시 이후에 합류하더라도 아직 즐길 거리가 많이 남아있습니다. 오후 3시에는 나이아가라 포도주 양조장을 방문하여 아이스 와인 무료 시음을 할 예정입니다. 오후 4시에는 데어데블 박물관 투어를 하고 오후 5시 30분에 나이아가라 온 더 레이크를 방문합니다. 마지막으로 나이아가라 그랜드 호텔에서 저녁 식사를 하면서 쇼를 감상할 예정입니다.

✳ 참고 표현   **journey** 여행   **winery** 포도주 양조장   **depart** 출발하다   **admission fee** 입장료   **complimentary** 무료의

S2_Answer_Day 13   본문 P179

1

Hello, this is Tracey Adams from Orion Electronics. I have recently purchased several pieces of furniture from your store. I am delighted with the condition of the products as well as the fact that nothing was damaged during the shipment. The products that I had to assemble myself were easy to put together, but the desk did not arrive with the assembly instructions. I tried to assemble the desk without them but it was not as easy as I expected. My customer ID number is 7782 and the order number is 8512. I attached a copy of the invoice for further reference. I purchased from your store in the past and was surprised that such an oversight was made this time. Again this is Tracey Adams and I would greatly appreciate it if the relevant instructions could be emailed to me at this address or faxed to me at this number, 628-9873.

안녕하세요, 저는 오리온 전자의 트레이시 애덤스라고 합니다. 저는 최근 귀하의 가게에서 가구를 몇 점 구매했습니다. 물건 상태가 배송 중에 전혀 부서지거나 흠집이 나지 않아서 매우 기뻤습니다. 직접 조립해야 하는 상품 또한 제가 쉽게 조립할 수 있었습니다. 하지만 탁자에는 조립 설명서가 들어있지 않았습니다. 설명서 없이 조립해보려 했지만 생각보다 쉽지 않았습니다. 제 회원 번호는 7782번이고 주문 번호는 8512번입니다. 참고를 위해 송장을 복사해서 첨부했습니다. 이전에도 여러 번 당신 가게를 이용했는데 이번에 이런 문제가 발생하다니 당황스럽습니다. 다시 한 번 저는 트레이시 애덤스이고, 관련 설명서를 이 주소로 보내 주시거나 628-9873으로 팩스를 보내 주시면 정말 감사하겠습니다.

Level 6 모범 답변

Hello, Tracy Adams. This is Lucy from Ace Furniture Store. I got your message saying that you bought **several pieces of furniture** from our store. However, the problem is that **the** desk did not arrive with **assembly instructions**. So you want me to handle this matter. **I apologize for** the inconveniences we've **caused** you. After checking into the situation I've found **out** that our delivery man made **a** mistake **when he delivered**. Don't worry, I already asked someone to **deliver them to** your place **by** tonight. You will receive the products today. If you have any **questions**, please contact me anytime. Thank you.

안녕하세요, 트레이시 애덤스 씨. 저는 에이스 가구의 루시입니다. 저희 가게에서 가구를 구입했다는 메시지 받았습니다. 하지만 조립용 탁자에 설명서가 들어 있지 않고 이 문제를 해결해 달라는 말씀이시죠. 불편을 끼쳐 드린 점 사과드립니다. 확인한 결과 배달할 때 저희 배달원이 실수를 한 것으로 밝혀졌습니다. 제가 이미 오늘 저녁에 배달해 달라고 부탁해 놓았으니 걱정 않으셔도 됩니다. 오늘 받으실 수 있습니다. 다른 궁금한 점이 있으시면 언제든 연락 주십시오. 감사합니다.

Level 7 모범 답변

Hello, Mrs. Adams. This is Lucy from the customer service department. I got your message today and it said that you purchased furniture from us. However, one of the furniture pieces arrived without instructions and it is very difficult to assemble without them. So you would like me to email the instructions or fax it to you as soon as possible? First of all, I am really sorry for the inconvenience. One of our new staff members made a mistake while she was packing your orders. I suggest you check the email. I sent it an hour ago. It is in PDF format, so you may need to print out what you need. If you still haven't received it, please contact me right away. Since we made a mistake, I would like to give you a 10% off coupon for your next order. I hope to continue to have you as our dear customer. If you have any other questions, please feel free to call us. Thanks.

2

> Hi, this is Jodi from the Hillside Hotel. I am calling you because I can't think of anyone else but you. Since you are working at the marketing department, I think you can help me out with the problem I am facing. You know, during the winter, we've been renovating the business suites, outdoor swimming pool and restaurant patio for the coming summer to lure more customers. But the problem is that I never worked in these kinds of fields. So, I don't really know how to effectively promote to let people know about the new changes at our hotel. We only have 4 weeks left to prepare for our promotion. I know we don't have a lot of time. Please, I would like to share some ideas about this. Once again this is Jodi. Call me when you are free. I will appreciate your help. Thanks.
>
> 안녕하세요, 저는 힐사이드 호텔의 조디입니다. 다른 연락할 만한 사람이 생각나지 않아서 연락드립니다. 당신은 마케팅 부서에서 근무하기 때문에 제 문제를 해결하는 데 도움을 줄 수 있을 거라고 생각합니다. 아시다시피 저희 호텔은 여름에 더 많은 이용객을 확보하기 위해 겨울 동안 비즈니스 스위트룸, 야외 수영장, 레스토랑 테라스를 재단장했습니다. 하지만 저는 이쪽 업무 경험이 없습니다. 어떻게 해야 저희 호텔이 새롭게 바뀌었다는 점을 사람들에게 효과적으로 홍보할 수 있을지 모르겠습니다. 저도 시간이 촉박하다는 것을 알고 있습니다. 이 문제에 관해 의견을 나누고 싶습니다. 저는 조디였고요, 언제든지 연락 바랍니다. 감사합니다.

Level 6 모범 답변

Hello, Jodi. This is Robert from **the** marketing department. I just checked your message and understand that you are **in** charge **of** this promotion. You mentioned **that** you need to promote the new changes **at** your hotel to customers. However, you don't know how to promote **them** effectively. So you asked me **to** give you a piece of advice. It will be no problem for me to help you. I suggest **what** you **should** do is hold an event to introduce **the** new changes **at** your hotel to the customers. Also advertising online is **a great way** to reach people **quickly and inexpensively** for the event. Let me know **what** you think about my suggestion. Good luck.

안녕하세요, 조디 씨. 저는 마케팅 부서 로버트입니다. 방금 메시지 확인했습니다. 홍보를 담당하시고 계신다고요. 고객에게 새로 단장한 호텔을 홍보해야 하는데 어떻게 해야 효과적으로 할 수 있을지 모르겠다는 말씀이신데요. 그런 문제라면 조언을 해 드릴 수 있습니다. 도와 드리는 건 전혀 문제가 되지 않습니다. 저는 조디 씨가 호텔 고객들에게 홍보하는 이벤트를 열었으면 합니다. 또 인터넷을 통해서 이벤트를 홍보하는 것 또한 신속하고 저렴한 좋은 방법입니다. 제 제안에 대해 어떻게 생각하시는지 알려 주십시오. 행운을 빕니다.

Level 7 모범 답변

Hello Jodi. This is Robert. I got your message today and it said that your hotel has renovated a number of facilities. However, you don't really know how to promote it since you are new to this department. So, you would like me to share some ideas with you. I have some suggestions for your promotion. I think you should set a date for a reopening party. You must advertise on the website and make a news letter to send out to the formal guests. That way, people may come back to your hotel and have a chance to experience it. If they are satisfied with your changes, they will tell others and continuously come back to you. I do have more ideas, so if you have time this weekend, we should get together to discuss it further. I will wait for your call. Good Luck.

3

> Hi, Brian, this is Maria Gomez, your manager. Well, since the New Year is coming, I would like to bring in a new campaign to the company. I thought about what would be a good campaign slogan and I came up with something related to environmental friendliness. As you know, this is a global issue and I would like our employees to contribute in some sort of way. This campaign must be exercised in every part of our employees' daily activities. However the spending budget must be minimal. So I would like you to gather some ideas and report them to me by next week. I am sure you will come up with a brilliant idea and I do have great expectations about this new campaign. As soon as you're done, please let me know so we can implement it as soon as possible. Thanks, I am looking forward to it.
>
> 안녕하세요, 신시아 씨. 저는 매니저 마리아 고메즈입니다. 새해가 다가오고 있는 만큼 회사에 새로운 캠페인을 시작했으면 합니다. 캠페인 슬로건으로 어떤 게 좋을지 생각해 봤는데 친환경적인 것이 어떨까요. 아시다시피 이 문제는 전 세계적인 문제이며 우리 직원들이 어떠한 방법으로든 기여했으면 하는 바람입니다. 이 캠페인은 우리 직원들의 일과 전반에서 실천되어야 할 것입니다. 그러나 지출 예산은 최소화해야 합니다. 그래서 저는 당신이 다음 주까지 이에 관련된 아이디어를 조사해 주었으면 합니다. 기발한 아이디어를 줄 거라 믿어 의심치 않으며 이번 캠페인에 거는 기대가 정말 큽니다. 끝나는 대로 바로 시행할 수 있도록 알려 주시기 바랍니다. 감사합니다. 기대하겠습니다.

Level 6 모범 답변

Hello, Maria Gomez. This is Brian. I got your message regarding your request. You would like to bring **in** a new campaign related **to environmental** friendliness to **the** company. Also, this campaign must **be exercised** in every part of our employees' daily activities. However, the spending budget is minimal. So you want me to gather some ideas **and** report them to you by next week. Well, I have **a** friend who **works** in this field. He has **a lot of** experience about **the environmental** friendliness campaign. I've already sent you **an** email with his name and contact number. And I already talked to him about it and he is looking forward **to** seeing you to discuss this matter. If you have any further questions **concerning** this matter, feel free to **contact** me any time. Bye.

안녕하세요, 마리아 고메즈 씨. 브라이언입니다. 메시지 잘 받았습니다. 회사에 새로운 친환경 캠페인을 시작하고 싶으시다고요. 그 캠페인은 모든 직원의 일과 중에 시행될 예정이고요. 하지만 지출 예산을 최소화하는 방향을 원하시는군요. 다음 주까지 관련 아이디어를 조사해 보고 해달라고 하셨죠. 사실 제 친구 중에 이 분야에서 일하는 친구가 있습니다. 그는 친환경 캠페인 분야 경험이 많습니다. 이미 그 친구의 이름과 연락처를 이메일로 보냈습니다. 친구와 이미 이야기했고 이 건에 관하여 당신을 만나고 싶어 합니다. 만약 이 건에 대한 다른 의문점이 있으시면 언제든지 연락 주시기 바랍니다. 그럼 이만.

Level 7 모범 답변

Hello, Mrs. Gomez. This is Brian. I got your message today and it said that you are trying to bring in a new campaign and want employees to contribute. However, the budget is very limited and I don't have enough time. So, you want me to come up with an idea so we can implement it soon.

I have a number of suggestions. But let me give you one now. You must send out emails to your employees with detailed information on how they can input their thoughts. Also, you must give a prize so they can actively contribute. That way, you will have many options to decide your slogans and so on for the campaign. If you need more ideas, I already sent some information to your email. Please, you may check the mail and if you have any further questions, call me anytime. I will talk to you soon and wish that you will successfully lead the campaign.

S2_Answer_Day 14   본문 P182

1

Hello. This is **Debbie** from the Oliver Café Lounge. I really need your advice on the event we are supposed to hold next Monday. We **will be hosting more than 100 people** so it is very important for us to lead this event successfully. At the event, we **need a head chef who has experience** with various kinds of events. The chef is supposed to be responsible for overlooking all the procedures; must be able to manage the preparation, manage the staff and must manage time to prepare the orders. As **you know we do have two assistant chefs**. But I don't know whether they are qualified and who is supposed to lead the event. Both are very talented and experienced. Is it possible for you to give me some tips on **how to choose the right chef for this event**? Once again, I need to be very careful about whom to choose. So please consider it and **give me some tips**. Please, call me as soon as possible after you get this message. I will expect your call, thanks.

안녕하세요. 올리버 카페 라운지의 데비입니다. 다음 주 월요일에 열릴 이벤트에 대해 조언을 얻고 싶습니다. 저희는 100명 이상의 손님을 초대할 예정이며 매우 중요한 행사이기 때문에 성황리에 치러져야 합니다. 행사에서는 다양한 행사 경험이 있는 한 명의 주방장이 필요합니다. 그 주방장은 모든 과정을 맡게 되는데 모든 준비 과정을 관리해야 하고 직원을 관리하며 주문을 준비하는 시간 등도 관리해야 합니다. 아시다시피 저희는 2명의 보조 주방장이 있습니다. 하지만 그들이 이번 행사를 성공적으로 개최할 수 있을 만큼 실력이 있는지 모르고 누가 이번 행사를 이끌어가야 할지 모르겠습니다. 두 명 모두 매우 소질이 있고 경험이 있습니다. 이번 이벤트에 적당한 요리사를 선택하는 데 조언을 해 주실 수 있습니까? 다시 한 번 말씀드리지만 이번에 주방장을 정하는 문제는 매우 신중해야 합니다. 이 점 고려하셔서 조언 부탁드리겠습니다. 이 메시지 받으시는 대로 연락 부탁드립니다. 전화 기다리겠습니다, 감사합니다.

Level 6 모범 답변

Hello, Debbie, this is Pamela. I got your message and understand that you need to make a very important decision on the event that we will be holding. The problem is that there are two assistant chefs and we must choose one of them to assign as head chef to manage the event and preparations. Since you have no idea how to pick one, you would like to listen to my ideas, right? Don't worry. I can definitely give you some tips. First, you can test their abilities by assigning some projects and see how they accomplish it. Or if you send me their résumés and work evaluations, I may be able to tell you who you should consider to assign as a head chef. At this moment, these are all I can think of. Let me know if there's anything else I can do for you. Good luck.

안녕하세요 데비 씨, 저는 파멜라라고 합니다. 메시지 잘 받았습니다. 앞으로 있을 행사와 관련해 중요한 결정을 해야 한다고요. 문제는 2명의 보조 주방장이 있어서 1명을 행사를 관리하고 책임질 주방장으로 임명해야 한다는 말씀이신데요. 누구를 임명할지 몰라서 제 의견을 듣고 싶으신 거죠? 걱정하지 마십시오. 제가 몇 가지 팁을 드리죠. 우선 그들에게 역량을 평가할 수 있는 프로젝트를 부여해서 어떻게 수행하는지 지켜보십시오. 혹은 저에게 두 분의 이력서나 업무 평가서를 메일로 보내 주시면 제가 누구를 주방장으로 임명할지 알려 드릴 수 있을 것 같습니다. 현재로선 이게 제가 생각할 수 있는 최선인 것 같군요. 만약 다른 도움이 필요하시면 연락 주십시오. 행운을 빕니다.

Level 7 모범 답변

Hi, Debbie. It's Belinda returning your call. So, next Monday it is. Hmm… normally I would ask if this event meant so much for you, why did you have to wait until the last moment? Anyway, let's not waste more time. Picking a leading chef is not an easy task. You have to think about if their style will go along with the flow of the event. Why don't you interview each of them and see who understands the event better? Of course, you have to consider how smoothly they can co-operate with the team, too. My advice for now is to interview them, and find out which one understands the event and their role. It would be better if they can prepare a short presentation on how they might run it.

✳ 참고 표현   overlook 감독하다   qualified 자격이 있는   procedure 절차   consider 고려   talented 재능이 있는   compete 경쟁하다   evaluation 평가   assign 맡기다   able to 할 수 있다   at this moment 지금 현재로는

2

Hello, my name is **Elena Chloe**, a parent of Maria, who goes to your kindergarten. Normally, **I organize the schedule for all the volunteers**. This morning I got a call from **one of the volunteers** that she can't make it. This is a big problem for me because we are short of volunteers for next week. Since the weather got better, the children prefer to play outside for a while and the teacher definitely **needs a volunteer to take care of them**. So this is a big problem for teachers. If we **don't have enough volunteers, we can't have our children play outside**. It will be very frustrating to control them. We only have three days to find one. Do **you know anyone who** is friendly and can be patient with the children? I am really desperate to find one, so please contact me as soon as you find one. Again this is Elena Chloe. I will wait for your call.

안녕하세요, 저는 유치원에 다니고 있는 마리아의 부모 엘리나 클로이입니다. 보통 저는 모든 자원봉사자의 일정을 관리합니다. 오늘 아침 자원봉사자 중 한 명으로부터 시간이 안 될 것 같다는 연락을 받았습니다. 문제는 다음 주에 자원봉사자가 부족할 것이라는 사실입니다. 날씨가 좋아지면서 아이들이 야외에서 놀기를 희망하고 선생님들은 그들을 보살필 자원봉사자가 필요합니다. 선생님들께는 큰 문제가 되지요. 만약 자원봉사자 수가 충분치 않다면 우리 아이들이 야외에서 놀 수 없게 됩니다. 아이들을 통제하는 것은 아주 힘든 일입니다. 3일 만에 한 명을 추가로 구해야 합니다. 혹시 아이들에게 이해심 많고 친절한 분 알고 계신가요? 정말 간절하니 사람 구하는 대로 연락 주시기 바랍니다. 엘리나 클로이였습니다. 전화 기다리겠습니다.

Level 6 모범 답변

Hello, Chloe. This is Samuel calling. I just checked your message and it seems to me that you need my advice. You told me that you are in charge of organizing the schedule for all volunteers for your daughter's kindergarten. The problem is that one of the volunteers can't make it. Don't worry. I have some suggestions. First of all, I do have a list of volunteers' names and contact numbers from last year. So if you need I can email it to you and you can contact them or you should contact career counselor at the university or church. Let me know if there's anything else I can do for you. Good luck.

안녕하세요, 클로이 부인. 저는 사무엘입니다. 방금 메시지 확인했습니다. 제 조언이 필요하신 것 같군요. 유치원에서 일할 자원봉사자의 일

정을 관리하고 계신다고요. 문제는 자원봉사자 한 명이 시간이 안 된다고 하셨네요. 걱정하지 마십시오. 저에게 생각이 있습니다. 우선 저에게 지난해 자원봉사자 명단과 연락처가 있습니다. 만약 필요하시면 연락할 수 있도록 이메일로 보내드릴 수 있습니다. 아니면 대학이나 교회의 직업 상담사에게 연락을 해보는 것도 좋습니다. 제가 더 도울 일이 있으면 연락 주십시오. 행운을 빕니다.

Level 7 모범 답변

Hello, Chloe, it's Blake Johnson. First of all, thank you for your time and effort you are putting in to take better care of our children. I am sure with your help we will find a solution for the problem we are having at the moment. Although there isn't a lot of time left to fill the position, somehow I am not so worried about it. I will first put up an announcement about the vacancy on our town's community website and all around the area. If people don't volunteer, I will make them sign up for the position. I can't afford to pay them in cash, but I can offer them gift coupons for some places that are attractive enough for college students. I would also be disappointed to watch our children locked up inside with such beautiful weather. I am on it, so don't worry.

* 참고 표현   **kindergarten** 유치원   **organize the schedule** 시간표를 짜다   **volunteer** 자원봉사자   **take care of** 돌보다   **frustrate** 좌절감을 주다   **patient** 끈기 있게   **desperate** 간절히 필요로 하다   **career counselor** 경력 상담관   **willing to** 흔쾌히 ~하다

3
Hello, Mr. Simon. This is **Cynthia** from Grace Children's Orphanage. As you know, we hold **a fundraising auction** annually and every year, the event was successful. So this year, we will be holding the 15th fundraising auction on Saturday May 14th. I'm **in charge of organizing this event**. Everyone who attends will have the **opportunity to bid** on **a fantastic collection of handmade crafts from local artists**. However, there were some conflicts between our organization and **the artists** who were supposed to donate their works. So, we **won't be getting any crafts**. Moreover, we planned to **provide food and clothing for the orphans** but **not many people donated**. As you have much experience on organizing various kinds of events, you might have a good solution to these matters. I am really desperate and we only have 5 days to finalize this event. Please advise me. Once again, my name is Cynthia and my contact number is 354-3324. Thanks, talk to you soon.

안녕하세요 사이먼 씨. 저는 그레이스 칠드런 고아원의 신시아입니다. 아시다시피 저희는 매년 기금 마련 경매를 열고 있고 매년 성공적이었습니다. 올해도 마찬가지로 5월 14일 토요일에 제15회 기금 마련 경매를 열 계획입니다. 참가하는 사람 누구나 지역 예술가의 환상적인 수제 공예품 경매에 참여할 수 있습니다. 하지만 우리 단체와 작품을 기부하기로 한 예술가 사이에 조금의 갈등이 있습니다. 그래서 아직 아무런 공예품을 받지 못한 상태입니다. 게다가 고아들에게 음식과 옷을 나누어 주려고 계획했지만 기부받은 양이 많지 않습니다. 당신은 여러 가지 이벤트를 기획하신 경험이 풍부하신 만큼 좋은 해결 방안을 알고 계실 것 같습니다. 이벤트까지 앞으로 5일밖에 남지 않아 정말 절망적입니다. 조언 부탁드립니다. 다시 한 번 저는 신시아이고요, 제 연락처는 354-3324입니다. 감사하며, 다시 연락 드리겠습니다.

Level 6 모범 답변

Hello Cynthia. This is Simon returning your call. I understand that you are in charge of the fundraising auction and it sounds like you are going through a tough time. You left a message saying that there won't be any support from a private company and you won't be getting any of handmade crafts for the auction from the artists. So you would like me to help you to overcome this situation. Don't worry. I have some ideas to help you. First of all, I have a list of companies who donated last year and I am sure they are willing to do it this year, so I will email it to you. You must try to contact them. Also, you must talk to the artists since it is very important part of the event. If it doesn't work, let me introduce you to some artists that I know of who are willing to donate for such an event. Let me know if there's anything else I can do for you. Good luck.

안녕하세요 신시아 씨. 사이먼입니다. 기부금 마련 경매를 담당하고 계시고 현재 어려운 상황에 처해 계시군요. 민간 기업의 지원은 없고 경매에 내놓을 공예품도 못 받을 거라고 메시지 남겨 주셨네요. 이 상황을 해결하기 위해 몇 가지 말씀드리겠습니다. 걱정하지 마십시오. 제가 도와 드릴 수 있습니다. 우선 저에게 지난해 기부받았던 회사 목록이 있는데 분명 올해도 기부해 줄 것입니다. 메일로 보내 드리죠. 꼭 연락해 보세요. 또한, 이 행사에서 아주 중요한 부분이기 때문에 예술가들과도 이야기해 보셔야 합니다. 만약 일이 잘 안 풀리면 제가 알고 있는 분들을 소개해 드리겠습니다. 그런 행사에 기꺼이 기부해 주실 만한 분들입니다. 더 도움이 필요하시면 연락 주십시오. 행운을 빕니다.

Level 7 모범 답변

Ms. Cynthia, this is Simon returning your call. Just to check if I got everything right, I will re-tell the story to you since there were a lot of details. What I heard is that you are in charge of the fundraising event that is being held in 5 days. Donated art pieces of local artists will be sold to raise money for orphans. But something went wrong. There are no donated pieces, so you have nothing or very little to sell. Hmm… you are in a tough spot. If I were you, I would take all the necessary actions to postpone the event. I mean, when you have nothing to sell, how are you going to raise money? Plus, it is in 5 days. It will be so obvious that you have done a lousy job preparing for the event and people will be very disappointed. You know, when it comes to trust, it's a lot easier to lose it than to earn it back. Probably, it is not what you wanted to hear but it is my honest opinion.

✻ 참고 표현   **fundraising auction** 기금 마련 경매   **in charge of** ~을 맡아서   **handmade** 손으로 만든   **local artists** 지역 예술가들   **conflict** 충돌   **orphan** 고아   **donate** 기증하다   **tough time** 어려운 시간

S2_Answer_Day 15   본문 P185

1

Hello, this is **Gordon Blake**, Watsonville bank branch manager. These days, I'm very concerned about our branch. As you know, we've been **doing business for five years** and up until now, we've been bringing many customers. We were one of the top five branches in western region. But lately, I've noticed **that a number of our customers are decreasing and no sign of new customers since** two of other **competitive banks are opened near** our branch. I'm guessing that many of our customers are going there to open up a new account and using their service. Before it is too late, I need to **come up with strong strategies to make the situation better**. As you are the marketing manager at the head office, do you **have any good ideas**? I really like to get your advice and looking forward to hearing from you soon.

안녕하세요, 저는 왓슨빌 은행 지점장 고든 블레이크입니다. 요즘 저희 지점에 걱정거리가 생겼습니다. 아시다시피 저희는 지금까지 5년 동안 영업을 해왔고 많은 고객을 유치했습니다. 저희는 서부 지역 상위 5위 안에 드는 지점이었습니다. 하지만 최근 2개의 경쟁 은행 지점이 근처에 영업을 시작한 후 고객 수가 줄어들고 새 고객이 올 기미도 보이지 않습니다. 아마도 저희의 많은 고객들이 그 경쟁 지점에 가서 새로 계좌를 개설하고 서비스를 이용하고 있는 것 같습니다. 너무 늦기 전에 이 상황을 호전시키고 싶습니다. 본사의 마케팅 팀장인 만큼 좋은 생각이 있으시겠죠? 정말 당신의 조언을 듣고 싶습니다. 연락 기다리겠습니다.

Level 6 모범 답변

Hello, Mr. Blake. You are calling from Watsonville bank branch. This is Zelda from head office. Regarding your message, your bank seems to have been running fine up until the new competitor bank opened up nearby. Since they opened up, many of your customers are not coming to your bank. So you need my advice to make this situation better, before it gets worse. Well, I recommend you some ideas. First of all, why don't you advertise on the local newspaper with new promotions. I can help you on that matter? Also you must find out what the competitor bank is offering to their customers and then we may set up a meeting to discuss this issue. Think about my suggestions and call me back to arrange a meeting. I am looking forward to hearing from you.

안녕하세요 블레이크 씨. 왓슨빌 지점에서 연락해 주셨군요. 저는 본사의 젤다입니다. 보내 주신 메시지에 따르면 근처에 경쟁 은행 지점이 생기기 전까진 순조롭게 운영하셨다고요. 경쟁 지점이 영업을 시작한 후 기존 고객들이 오지 않는다는 말씀이시죠. 그래서 더 늦기 전에 이 상황을 만회하기 위해 제 도움이 필요하신 거죠. 그렇다면 제가 몇 가지 아이디어를 드리죠. 우선 지역 신문에 새 홍보 계획을 광고하는 게 어떠신가요? 또 경쟁 은행이 고객에게 어떤 서비스를 제공하는지 알아야 하고 우리는 이 건에 대해 회의를 할 것입니다. 제 제안을 생각해 보시고 회의 일정 결정되면 연락해 주십시오. 연락 기다리겠습니다.

Level 7 모범 답변

I am leaving this message for Gordon Blake. This is Shana. As we all know there are ups and downs in all businesses. Even if the situation seems to be going down hill, it could only be a temporary thing; what we can do is do our best to not let it become permanent. Usually, these problems can be fixed by changing the smallest detail. Before trying to bring a dramatic change, we should take a close look at what we already have. What I mean is let's reorganize, reestablish our current setting. Let's start with employee training. Probably, some of us must have forgotten how important it is to greet people with a smile. Also, if we can afford it, we could renovate the interior. Again, I don't mean a dramatic one, but something simple, like hanging some paintings on the wall. I will give you a call once I have a detailed plan. Talk to you soon.

* 참고 표현 **up until** ~까지 **competitor** 경쟁자 **get worse** 나빠지다 **decrease** 감소하다 **no sign of** 조짐이 보이지 않다 **arrange a meeting** 미팅을 주선하다

2

Hello, my name is **Gary Lancing**. I am calling about a problem that I'm having. I'm in my senior year, and I'm **busy** these days **applying for jobs**. A few days ago, I got a call from Weston Plaza Corp. to **have an interview**. Hum… here is the problem. I really **don't have a lot of time to prepare for the interview** and I **don't know who to ask for help**. So I am **calling you to get guidance**, since you are a career counselor at the University. Oh, one more thing, they set up the interview for March 27th, on Wednesday. So I only have three days left before the interview. I haven't got enough time to prepare, and I'm really desperate. Please call me as soon as you get this message and **advise me on what I should do**. I will wait for your call and you can reach me any time at this number, 903-898-1545. Thank you.

안녕하세요, 게리 랜싱입니다. 문제가 좀 있어서 연락드렸습니다. 현재 대학 4학년이고 구직 활동을 하느라 요새 바쁜 날을 보내고 있습니다. 며칠 전, 웨스턴 플라자라는 회사에서 면접에 오라는 전화를 받았습니다. 음… 여기서 문제가 있는데, 저는 인터뷰 준비할 시간이 부족하고 누구에게 도움을 요청해야 할지 모르겠습니다. 그래서 대학 직업 상담인인 당신의 조언을 얻으려고 연락드렸습니다. 아, 또 한 가지는 3월 27일 수요일에 면접이 있습니다. 면접까지 3일밖에 안 남았습니다. 준비할 시간이 충분치 않아 절망적입니다. 메시지 받으시는 대로 연락 주셔서 어떻게 해야 할지 조언 부탁드립니다. 제 번호는 903-898-1545이며 언제든지 연락 주셔도 됩니다. 감사합니다.

Level 6 모범 답변

Hello, Gary. Let me congratulate you first that you will be getting a job interview at Weston Plaza Corporation. According to the message, you are very busy applying for jobs and didn't have enough time to prepare for an interview. So you are afraid and calling me to get some guidance, right? Don't worry too much, you will be fine. First of all, I sent you an email with some information that you should know to prepare for an interview. It has all the steps to follow. But don't forget to practice with others so you won't make any mistakes in front of interviewers. Let me know if you want to practice interview with me. We can arrange time to meet. Good luck and if you need my help call me back at any time.

안녕하세요, 게리. 우선 웨스턴 플라자의 면접 기회를 얻은 것에 대해 축하한다는 말씀드리고 싶네요. 메시지에 의하면 요즘 구직 준비로 바빠서 면접을 준비할 시간이 충분치 않으시다고요. 그래서 걱정이 되어 저에게 조언을 얻고 싶다고 하셨죠? 너무 걱정하지 마십시오. 다 잘 될 겁니다. 우선 면접 준비하는 데 필요한 정보를 이메일로 보내드렸습니다. 단계별로 따라하시면 됩니다. 하지만 면접관 앞에서 실수하지 않도록 다른 사람과 미리 연습해 보는 것 잊지 마십시오. 만약 저와 면접 연습을 하고 싶으시다면 연락 주십시오. 제가 시간을 조정해 보겠습니다. 행운을 빌고, 도움이 필요하면 언제든지 연락하십시오.

Level 7 모범 답변

Hi, Gary. I heard your situation and I hope I am not calling too late. Well, since there isn't too much time left, let me give you some quick tips. I don't think I need to mention the importance of your appearance on the day of the interview. Actually, the first impression covers 50% of it, so be sure to dress up and try to look neat. Now, about the preparation, the first thing you need to do is you must get a list of common sample questions. They are all over the Internet and it won't take long. Then try to come up with smart answers for each. Basically, it is a rehearsal so the process will help you to get used to the interview itself. Also, my personal advice is that you should gather information about the company or the position you are applying for. Interviewers would want to check how much you understand about the job. Anyway, I hope for the best result.

✽ 참고 표현 **get guidance** 지도를 받다 **desperate** 절망적인 **arrange time** 시간을 잡다 **gather information** 정보를 모으다 **apply for** 지원하다

3

Hello. My name is **Tanya** and I am a friend of Hurley who I got your number from. She told me I might get some help from you on the problem I am facing. Currently, I am **running a franchise restaurant** at South East Blvd. and Cambridge Street. I am **supposed to change the wall and signboard for renovation**. However, our **budget is very tight** so I have **to look for volunteers to do it and I have no idea where to look and how to recruit them. Since you've done your building according to** Hurley, I thought you might be able to **give me some thoughts and share your information** if you have no problem with it. I know it is a bit awkward since you don't know me well. I really need your help and it may be a good idea to see each other to discuss this. I hope to get your message soon and my contact number is 504-283-1843. I really appreciate your time and talk to you soon. Good day.

안녕하세요. 저는 타냐라고 합니다. 제 친구 헐리에게서 연락처를 받았습니다. 그녀가 당신에게서 제 문제를 해결할 도움을 받을 수 있을 거라고 했습니다. 현재 저는 사우스 이스트 대로와 케임브리지 거리에서 프랜차이즈 레스토랑을 운영하고 있습니다. 저는 가게 개조를 위해 벽과 간판을 바꾸려고 합니다. 하지만 예산이 빡빡하여 자원봉사를 해줄 사람이 필요한데 어디서 그들을 구할 수 있을지 모르겠습니다. 헐리에게 듣기로 당신은 이미 자원봉사로 개조를 한 경험이 있다고 하던데요. 괜찮으시다면 이 건에 관련해서 좋은 방법이나 정보를 알려 주실 수 있으신가요? 저를 잘 모르는 상황에서 이렇게 연락드리는 게 좀 놀라우실 수 있다는 것 알고 있습니다. 전 정말 당신의 도움이 절실하고 직접 만나서 의논하는 것도 좋을 것 같습니다. 연락 기다리겠습니다. 제 연락처는 504-283-1843입니다. 정말 감사하고 연락 기다리겠습니다. 좋은 하루 보내십시오.

Level 6 모범 답변

Hello, Tanya. Hurley called and told me about your situation. So I was waiting for your call. According to your message, you are running a franchise restaurant and you feel that it is time for you to change the look of your restaurant. But the problem is that the budget is very tight so you need some volunteers. Well, definitely, I like to share my information and give you some thoughts. First of all, let me contact some people who helped me last year. I am sure they are willing to work on your project. In the mean time, I would like you to call the community center to find people who are willing to work for you with low pay just in case. I will call you back after I call them up. Let me know if you need anything. Don't hesitate to call me.

안녕하세요 타냐 씨. 헐리 씨가 전화해서 타냐 씨의 상황에 대해 말해 주어서 연락 기다리고 있었습니다. 메시지를 들어보니 프랜차이즈 레스토랑을 경영하고 계시는데 가게 외관을 새롭게 바꿔야 할 때라고 느끼시는군요. 하지만 예산이 너무 빡빡해서 자원봉사자를 고용했으면 좋겠다고요. 기꺼이 제가 알고 있는 정보를 드리고 싶습니다. 우선 지난해 저를 도와주었던 자원봉사자에게 연락해보겠습니다. 그들은 당신의 프로젝트를 기꺼이 돕고 싶어 할 것입니다. 그동안 만일을 대비해 주민 센터에 적은 임금으로도 일해 줄 수 있는 사람을 구할 수 있는지 연락해 보는 것도 좋을 것 같습니다. 자원봉사자에게 연락해보고 결과 알려 드리겠습니다. 다른 도움이 필요하시면 말씀하십시오. 주저하지 마시고 전화 주세요.

Level 7 모범 답변

Hi, Tanya. This is Sam. I believe you left a message for me and there is nothing for you to feel awkward about. Well, how is Hurley these days? Anyway, to summarize, the wall and signboard need to be renovated, you have a tight budget, and now you are looking for volunteers. Well like what you heard from Hurley, I've done this, but it did take some time to get it started. But if you can bear the time, try talking to the city council. They have a special program that supports town businesses, and on the other hand, provides jobs to the needy and unemployed. Call them and tell them what kind of work needs to be done and how many you need to get it done. Then, they will put you on the list. Once they've discussed your situation and planned their response, they'll notify you. I think this is the best option you have, but again, it takes time. Anyway, I hope my call didn't let you down. Let's meet up sometime with Hurley. See you.

✻ 참고 표현 **franchise** 가맹점   **budget is very tight** 예산이 충분치 않다   **community center** 주민 센터   **signboard** 간판   **renovation** 수리   **recruit** 모집하다   **awkward** 어색하다   **just in case** 만일을 대비해

S2_Answer_Day 16   본문 P188

1

Which one of the mass media most likely explains information related to current issues? Give specific reasons or examples to support your opinion.

Newspaper, Internet, TV

어느 대중 매체가 최근 현안에 관련된 정보를 가장 잘 설명해주는 것 같습니까?
신문, 인터넷, 텔레비전

Level 6 모범 답변

I think **the** Internet most likely **explains** information related to current issues. There are **a** few reasons to support my idea. First, I can get **a lot of** information **easier** than other mass medias. When I search the Internet, I can easily access various kinds of information. Second, most people use social **networks** nowadays. So I can get information from them. Also, I can share the ideas and discuss it with them. In my case, I usually get daily news on the Internet. I search the daily weather, read the articles and communicate **with** people via social networks. For these reasons, I think **the** Internet most likely explains information related to current issues.

제 생각엔 인터넷이 가장 현안에 대해 잘 설명해 주는 매체인 것 같습니다. 거기에는 여러 가지 이유가 있습니다. 우선, 다른 대중 매체보다 쉽게 정보를 얻을 수 있습니다. 인터넷을 이용하면 다양한 정보에 접근할 수 있습니다. 둘째, 대부분의 사람이 요즘에 소셜 네트워크를 이용하고 있어 쉽게 정보를 얻을 수 있습니다. 또한, 생각을 공유하고 그에 관해 토론할 수 있습니다. 저의 경우 주로 인터넷을 통해 뉴스를 접합니다. 저는 날씨를 찾거나 기사를 읽고 소셜 네트워크를 통해 사람들과 대화합니다. 이러한 이유로 인터넷이 현재의 이슈에 관한 정보를 가장 잘 제공해 준다고 생각합니다.

Level 7 모범 답변

Among the three choices, I think TV explains information related to current issues the best. I would like to explain why. One of the reasons is that it is not the fastest media to access current issues, but it shows images and video clips on TV which cannot be remade. So people can trust the information that is shown on TV. Moreover, images and video clips are synchronized with the broadcaster's explanation or written script which increases the people's belief. Therefore, in my opinion, TV explains information related to current issues worldwide the best.

✻ 참고 표현   **mass media** 다량 정보 매체   **current issues** 최근 이슈   **remake** 새로 만들다   **synchronized** 동시 통합된   **script** 대본   **worldwide** 전 세계적인   **a wide range of news/ sources** 광범위한 뉴스/ 정보

2

Which of these do you think is the most important for an employee's success? Please choose one and explain with reasons or examples.

Effective oral communication skills, work experience, knowledge

다음 중 어느 것이 직원들이 성공하는 데 가장 중요하다고 생각합니까? 한 가지를 고르고 이유와 예를 들어 설명하세요.
효과적인 구두 의사소통 능력, 직무 경험, 지식

Level 6 모범 답변

I think the most important thing is work experience for an employee's success. There are several reasons. First of all, those who have practical working knowledge know how to deal with **an** emergency situation. They can solve the problem easily with their experience. Secondly, they have **experience in** handling **the** problems among people. When there are conflicts among co-workers, **they** know how to make people cooperate together for their goals. In my case, one of my friends **has** various work experiences in her field. At first, she couldn't really deal with the problems caused while working. However, she is getting the knowledge **on** how to deal **with** emergency situations and conflicts between people nowadays.

직원이 성공하는 데 가장 중요한 것은 직무 경험이라고 생각합니다. 몇 가지 이유가 있습니다. 우선, 실무 지식이 있는 사람은 비상 상황에서 대처하는 법을 알고 있습니다. 그들은 그들의 경험으로 쉽게 문제를 해결할 수 있습니다. 다음으로 그들은 경험상 사람들 사이에서 일어나는 문제를 어떻게 해결해야 하는지 알고 있습니다. 동료 사이에서 갈등이 있을 때 어떻게 서로 협조하여 목표를 달성하는지 알고 있습니다. 저의 경우 제 친구 중 한 명이 해당 분야에서 다양한 직무 경험이 있습니다. 처음에 그녀는 일하는 동안 발생한 문제를 해결할 수 없었습니다. 그러나 최근에는 비상 상황에 대처하거나 사람들 사이의 갈등을 어떻게 해결하는지 알게 되었습니다.

Level 7 모범 답변

There are many skills that are required for employees to have in order to succeed. However, I think that one of the most important things is work experience. First of all, they can generate and share ideas to come up with better solutions to solve problems. Generally, from their various experiences they know which way is the best way to deal with them. It is achieved by practice and mistakes, not from books. Secondly, all successful people told us about the importance of timing. People with various work experiences know how to manage their time and will use it wisely, so, most of the time they keep to the deadlines. Therefore, I think employees must have work experience to be successful.

* 참고 표현 emergency situation 비상 상황 have experience in 겪어 본 적이 있다 conflict 갈등 cooperate 협력하다 nowadays 요즘에는 required 필수 generate 발생시키다 share ideas 의견을 나누다 achieve 달성하다 deal with ~을 다루다 timing 시기 선택 wisely 현명하게 deadline 기한

3

In your opinion, which technology development has had the greatest influence on people's lives? Choose one option and support your opinion by giving specific reasons and examples.

Digital camera, e-mail, mobile phones

당신이 생각하기에 어떠한 기술 발전이 인간의 생활에 가장 큰 영향을 미친 것 같습니까? 한 가지를 고르고 구체적인 이유와 예시를 들어 의견을 뒷받침하세요.
디지털 카메라, 이메일, 휴대폰

Level 6 모범 답변

I think mobile phones have had the greatest influence on people's lives. When there was the development of phones used at homes, a lot of people were happy that they could call anywhere and at anytime at home without using email or mail. However, with the development of mobile phones, we can now contact anyone without having to be at home. Also, by using the mobile phone, we can send text messages and surf the Internet for information which shows how much we benefit from mobile phones. I think mobile phones are the greatest influence.

휴대폰이 사람들의 인생에 가장 큰 영향을 미쳤다고 생각합니다. 처음 전화기가 나왔을 때는 집에서만 이용할 수 있었고 많은 사람들이 편지나 이메일 없이 사람들과 연락할 수 있어 좋아했습니다. 하지만 휴대폰이 개발되고 나서 이제 우리는 어디서나 사람들과 연락할 수 있습니다. 또한, 휴대폰을 통해 문자와 인터넷까지 이용할 수 있으므로 휴대폰으로 인해 많은 혜택을 보고 있다고 할 수 있습니다. 그러므로 휴대폰이 가장 큰 영향을 미쳤다고 생각합니다.

Level 7 모범 답변

I think mobile phones have the greatest influence on people's lives. One of the reasons is mobile phones allow people to be fluid. People can be on the phone while they are walking on the street or on public transportation. The other reason is with Wi-Fi service, people can access the Internet to do various things. People can look for information, send emails, chat with people in real time, and read e-books. It is really amazing what we can do with mobile phones compared to the past. Definitely, this development of technology has made our lives very convenient in many ways and brought us many benefits.

✻ 참고 표현   **influence** 영향   **a key to** ~의 열쇠   **historical event** 역사적 사건   **sensual** 감각적인   **be awed** 두려워하다   **tap** 톡톡 두드리다   **surf the Internet** 인터넷 서핑을 하다   **be free to move** 무엇이든 자유롭게 할 수 있다   **dream** 꿈꾸다

S2_Answer_Day 17   본문 P190

1 Do you agree or disagree that money is the most essential part of our lives in modern society? Please give specific reasons and support your answer.

현대 사회의 삶에서 가장 중요한 부분은 돈이라는 의견에 찬성하십니까, 혹은 반대하십니까? 구체적인 이유를 들어 의견을 뒷받침하세요.

Level 6 모범 답변

I agree that money is the most essential part of our lives in modern society. There are some reasons. First of all, people's level of happiness can be measured by what they have and how much they earn. So people want to get rich in order to have a better life. It is important to be satisfied with their lives. Also, the cost of living increases each year, most of people are obsessed to earn more money to keep their living standards. Even though some people don't think money is not the purpose of their life, managing money is important to make their lives better. Therefore I think that money is the most essential part of our lives in modern society.

저는 현대 사회의 삶에서 가장 중요한 부분이 돈이라는 생각에 동의합니다. 몇 가지 이유가 있습니다. 먼저 사람의 행복 수준은 그들이 얼마나 버는지 또 얼마나 가졌는지에 따라 정해질 수 있습니다. 그래서 사람들은 더 나은 삶을 위해 부자가 되고 싶어 합니다. 자신의 삶에 만족하는 것은 중요합니다. 또한, 생활비는 매년 증가하고 있으며 대부분의 사람이 그들의 생활 수준을 유지하기 위해 더 많은 돈을 벌려고 필사적으로 노력하고 있습니다. 비록 일부 사람은 돈이 자신의 삶의 목적이 아니라고 생각하지만 돈을 관리하는 것은 그들의 삶을 더 나아지게 하는 데 중요합니다. 따라서 현대 사회 생활에서 가장 필수적인 부분은 돈이라고 생각합니다.

Level 7 모범 답변

I agree that money is the most essential part of our lives in modern society, because with enough money, you can live a comfortable life. Money is needed to travel and to blend in with society, not to mention that money is needed to attain a good education, which means access to a better job. It also takes a lot of money to raise children and provide for future generations. With enough money, people can fulfill their desires. Wealth is a measure of an individual's success in our developed world. Therefore, I believe that money is indeed the most essential part of our lives in modern society.

✻ 참고 표현 **modern society** 현대 사회 **essential** 필수적인 **be measured** 측정되다 **be satisfied with** 만족하는 **obsess** 사로잡다 **living standard** 생활 수준 **fulfill their desires** 소망을 달성하다

---

2 Do you agree or disagree with this opinion after school activities such as joining clubs are important for high school students? Use a specific example for your reasons.
클럽 활동과 같은 방과 후 활동이 고등학생에게 중요하다는 의견에 찬성하십니까 반대하십니까? 자세한 예를 들어 이유를 설명하세요.

Level 6 모범 답변

In my opinion, it is very important for students to join clubs or extracurricular activities especially for high school students for some reasons. First, many students will have an opportunity to practice social skills and to experiment with activities that may represent career interests. Also, it will help to form their profile for consideration in college admissions. These days, most universities or colleges are considering some other factors such as a demonstrated talent in athletics or the arts or leadership in school extracurricular activities, rather than scores. Through these diverse activities students can have fun, build a résumé for college, increase creativity, improve organization skills, learn time management, and develop social skills. For those reasons, I think it is crucial for students to take extracurricular activities after school.

클럽 활동과 같은 과외 활동은 학생, 특히 고등학생에게 중요하다고 생각합니다. 여러 가지 이유가 있지만 우선, 많은 학생들이 그들의 사회성을 키울 수 있는 기회이며 향후 그들의 직업을 선택하는 데 필요한 경험을 할 수 있습니다. 또한, 대학 입학에도 도움이 되는 경력을 쌓을 수 있습니다. 요즘 대부분의 대학은 입학에 점수보다는 지원자의 예체능, 학교 과외 활동에서의 리더십과 같은 입증할 수 있는 재능을 고려하고 있습니다. 이러한 다양한 활동을 통해 학생은 재미를 느끼고, 대학을 위한 경력도 쌓으며, 창의력을 높일 수 있고, 협동 능력을 향상시키거나 시간 관리 요령을 습득하거나 사회성을 발달시킬 수 있습니다. 이러한 이유로 방과 후 활동이 학생에게 중요하다고 생각합니다.

Level 7 모범 답변

I disagree with the opinion that after school activities are important for high school students. Many students are busy with their personal engagements and responsibilities, as well as studying hard to enter prestigious universities. Students lack the time and energy to commit to frivolous activities when they are busy preparing for examinations. I think that although after school activities, such as clubs, are fun, I don't think they are necessary for one's future. I think that as long as a student is well-balanced, is a contributing citizen and has a normal social life, then after school activities are not necessary.

※ **참고 표현** **extracurricular** 정규 교과 외의 **opportunity** 기회 **practice** 연습하다 **represent** 대표하다 **career interests** 직업 관심 분야 **profile** 약력 **admission** 입학 **demonstrated** 입증된 **athletics** 운동 **rather than** ~보다는 **crucial** 결정적인

3

Why do you think that younger generations are having a harder time to find a job than before? Use a specific example for your reasons.

왜 요즘 젊은 세대는 예전보다 일자리를 찾기가 더 힘들다고 생각하십니까? 구체적인 예를 들어 이유를 설명하세요.

Level 6 모범 답변

These days, newly graduated students are having a difficult time to find a job than before. There are some reasons for this. First, the job market is extremely competitive and second, there aren't many chances for the young generation. Because of high technology, many companies have become more productive by doing more with fewer workers. Therefore, companies are asking their employees to take on a broader array of skills. For example, factory assembly workers need to program computers to run the machinery. If they don't know how to manage the computer, they can't keep their job or get hired. Eventually companies are asking for more skills and knowledge for simple factory jobs. Since they don't need a lot of people to run their business, the number of employees they need decreases. There are not many opportunities but a great number of people who have high education with various knowledge and skills are trying to put their foot in at the companies. So it is very competitive, and if you don't have a broad array of skills or knowledge, you won't be asked for an interview. There are many factors why young generations are having a difficult time to find jobs, but I think these are the key factors.

요즘 갓 졸업한 학생들은 과거보다 더 구직 활동이 힘듭니다. 몇 가지 이유가 있습니다. 우선, 취업 시장이 과도하게 경쟁적이고, 두 번째로 젊은 세대에게 기회가 많지 않습니다. 진보된 기술의 발달로 많은 기업이 전보다 적은 사원으로도 더 생산적입니다. 따라서 기업은 직원에게 더 넓은 범위의 업무를 주고 있습니다. 예를 들어, 조립 공장 직원은 기계를 가동하기 위해 컴퓨터를 조작해야 합니다. 만약 컴퓨터를 다룰 줄 모른다면 일을 계속하거나 취업을 할 수 없습니다. 결국 기업들은 단순한 공장 업무에 더 많은 기술과 지식을 요구하고 있습니다. 기업을 운영하는 데 많은 사람이 필요하지 않기 때문에 회사는 인원을 감축할 것입니다. 기회가 많지 않은 것에 비해 엄청난 수의 사람이 회사에 들어가기 위해 고학력과 다양한 지식과 능력을 갖추고 있습니다. 그래서 경쟁이 치열하며, 지식이나 기술이 없으면 면접을 볼 기회가 없을 것입니다. 젊은 세대의 구직 활동이 힘든 이유에는 여러 가지가 있을 수 있지만 저는 이것이 가장 중요한 부분이라고 생각합니다.

Level 7 모범 답변

I think that these days the young generations are having a harder time to find a job than before because of the high expectations of companies and the fierce competition amongst applicants. Because there are many people trying to get jobs, there are a lot of applicants, and few positions opening up. With the advancement in technology, many jobs are becoming obsolete, or are being outsourced to reduce costs. Among the remaining jobs, many require experience and skill, and so, it is difficult for young and inexperienced people to have the necessary edge in the job market. It isn't as difficult to get a job in food service or sales, especially with a charming youthfulness. However, many serious jobs are more accessible to the older generations.

※ 참고 표현 young generations 청년들 newly graduated students 갓 졸업한 대학생들 extremely competitive 극도로 경쟁적인 high technology 최첨단 기술 broader array of skill 다양한 기술 assembly 조립 run the machinery 기계를 돌리다 manage the computer 컴퓨터를 다루다 decrease 감소하다 put one's foot in 발을 들여 놓다

🎧 S2_Answer_Day 18   본문 P192

1 Do you agree or disagree with the following statement? "Providing good quality customer service is one of the ways to succeed in business." Please give specific reasons and support your answer.
다음 문장에 찬성하십니까 혹은 반대하십니까? "양질의 고객 서비스를 제공하는 것이 사업에서 성공하는 이유 중 하나이다." 구체적인 이유를 들어 의견을 뒷받침하세요.

Level 6 모범 답변

To tell you the truth, providing good quality customer service is the key to succeed in business, especially these days. One of the reasons is that many consumers are not fools anymore. Most of them are more educated than before. People are able to access a wide range of sources on the Internet and various kinds of advertisements are providing information. So consumers are better informed than before and they expect better products and services. If companies are trying to hide some truth or treat people unfairly, people can find out sooner or later from mouth to mouth and spread through the Internet in a short period of time. Therefore, if company wants to be successful in business for the long run, they must be honest and provide good quality products and services.

사실상 양질의 고객 서비스를 제공하는 것이 특히 요즘 시대에서 사업의 성공 열쇠라고 할 수 있습니다. 그 이유 중 하나는 많은 고객들이 어리석지 않다는 점입니다. 대부분이 전보다 고학력자입니다. 사람들은 인터넷으로 다양한 정보에 접근할 수 있으며 많은 광고가 정보를 제공합니다. 그래서 소비자는 전보다 잘 알고 있으며 더 나은 상품과 서비스를 기대합니다. 만약 기업이 어떤 사실을 숨기려고 하거나 사람을 공평하게 대하지 않는다면 소비자는 입소문으로 금방 알게 되고 단시간에 인터넷에 이 정보가 퍼져 나갑니다. 따라서 만약 회사가 사업을 오랫동안 성공적으로 유지하려면 정직해야 하며 양질의 상품과 서비스를 제공해야 합니다.

Level 7 모범 답변

I agree that providing good quality customer service is one of the best ways to succeed in business for a few reasons. Whenever a customer buys a product or uses a support service, the customer service provided can greatly influence how a person feels about the product and the company. If the sales representative is viewed as friendly, smart and knowledgeable, then it is more likely for him to make a sale. When there is a problem with a product and a customer needs to talk to customer support, the situation is already complicated and annoying, and the customer is already experiencing some sort of problem with the product. If the customer service of the support team is exceptional, then the customer will be pleased with the company's professionalism and dedication. That is why providing good customer service is one of the ways to succeed in business.

✽ 참고 표현 **to tell you the truth** 사실대로 말하자면 **a key to** ~의 열쇠 **access** 접근 **a wide range of sources** 다양한 정보 **unfairly** 부당하게 **treat** 대하다 **from mouth to mouth** 입에서 입으로 **for the long run** 장기적으로 볼 때

2

> Do you think working at large companies is more beneficial to people than working at small companies? Please give specific reasons and support your answer.
> 대기업에서 일하는 것이 소기업에서 일하는 사람보다 더 혜택이 많다고 생각하십니까? 구체적인 이유를 들어 의견을 뒷받침하세요.

Level 6 모범 답변

I think that working at large companies is more beneficial to people. There are some reasons. First of all, large companies are more specialized. And since people work on a specific area, they can become experts in their field. Also, they can have better benefits packages such as flexible working hours, long term vacations, provided meals. In my case, I've been working at a large company for three years. I had more opportunities to grow since there were a lot of programs. Moreover, I had a long-term vacation. I could relieve my stress. Therefore, it is more beneficial to work at a large company.

대기업에서 일하는 것이 더 혜택이 많다고 생각합니다. 몇 가지 이유가 있습니다. 먼저, 대기업은 더욱 전문화되어 있고 그 때문에 사람들은 특정 분야의 일을 하기 때문에 그 분야에서 전문가가 될 수 있습니다. 또한, 그들은 탄력적 근무 시간이나 장기 휴가, 중식 제공 등 더 나은 복지를 누릴 수 있습니다. 제 경우, 3년 동안 대기업에서 일했습니다. 회사에 다양한 교육 프로그램이 있어서 성장할 수 있는 더 많은 기회가 있었습니다. 게다가 저는 장기 휴가도 받아서 스트레스를 해소할 수 있었습니다. 따라서 대기업에서 일하는 것이 더 혜택이 큽니다.

Level 7 모범 답변

I think that working at small companies is more beneficial to people. Usually small companies are a lot more relaxed and intimate, and there is a lot more personal responsibility. These days there are many giant corporations that control much of the modern world, but small companies are still in existence and are less immoral or corrupt. Working at a small company is like working in a close-knit community, where you work cohesively with your coworkers. In a large company, there are strict rules and regulations, and no special considerations or exceptions. Just pure business in a stressful and competitive environment. Even though small companies have to work harder to stay afloat in today's economy, they are more personable and caring to people.

✽ 참고 표현 **beneficial** 유익한 **specialized** 전문적인 **flexible working hours** 탄력적 근무 시간 **close-knit** 긴밀히 맺어진 **cohesively** 응집력 있게 **afloat** 빚은 안 질 정도의

3

> Advertisements are influencing people more than in the past. Do you agree or disagree? Use a specific example for your reasons.
> 광고가 과거에 비해 사람에게 더 많은 영향을 미치고 있습니다. 찬성하십니까 혹은 반대하십니까? 구체적인 이유를 들어 의견을 뒷받침하세요.

Level 6 모범 답변

I agree that advertisements are influencing people more than in the past. There are some reasons. First of all, advertisements provide a wide range of information. It is easy to compare the products. Also, a company must gain trust from people since people are exposed to various sources of information through advertisements and the Internet. These days, people are smarter than before. Companies should make more reliable advertisements. Moreover, there are a lot of online advertisements. People can compare information about products and price. Therefore, I think advertisements are influencing people more than in the past.

저는 광고가 과거보다 사람에게 더 많은 영향을 미친다는 데에 동의합니다. 몇 가지 이유가 있습니다. 우선, 광고는 넓은 범위의 정보를 제공합니다. 그래서 제품을 비교하기 쉽습니다. 또한, 회사는 사람들이 인터넷과 광고를 통해 보다 다양한 정보 소스에 노출되어있기 때문에 소비자의 신뢰를 얻어야 합니다. 요즘 사람들은 과거보다 더 현명해졌으며 기업들은 보다 더 믿을 수 있는 광고를 제작해야 합니다. 게다가 많은 온라인 광고가 있습니다. 소비자는 제품의 정보와 가격을 비교할 수 있습니다. 따라서 저는 광고가 과거보다 더 사람에게 큰 영향을 미치고 있다고 생각합니다.

Level 7 모범 답변

I agree that advertisements are influencing people more than in the past for a number of reasons. Many people are exposed to advertisements in many forms, whether it is through the television, app advertisements, or posters. Because of catchy jingles or catch phrases, convincing statements and constant exposure, people let these advertisements influence their decisions and purchases. If a person hears something many times or from someone or somewhere that they deem reliable, they are more likely to believe it. Also, nowadays advertisements are visually appealing, with famous celebrities or attractive models promoting products, which tell the consumer that to be more attractive or to feel better about oneself, they need to buy said product. Thus, I adamantly believe that advertisements are influencing people more than in the past.

✻ 참고 표현 **influence** 영향을 미치다 **a wide range of** 광범위한 **reliable** 믿을 수 있는 **catchy** 기억하기 쉬운 **appealing** 매력적인 **adamantly** 단호하게

Actual Test 01

본문 P196

♩ 올려 읽기, ↘ 내려 읽기, **Bold** 강조하기, / 끊어 읽기,
‿ 연음, **파란색 글자** 강세에 주의해야 할 어휘

Questions 1-2 Read a text aloud

🎧 S3_Answer 01_01~02

Question 1

> **On Solarite Radio,** / ↘ you **don't** have to fu̲mble / → about the sta̲tions **any**more / → for informa̲tion on co̲ncerts, / ♩ sports, / ♩ mo̲vies, / ♩ lo̲cal news, / ♩ or whatsoe̲ver. // ↘ We have it **all** right here. // ↘ On top, / we note our li̲steners e̲very hour / → on the wea̲ther and tra̲ffic of the a̲rea. // ↘ Now ~ hang around for the news, / ♩ and we'll tell you **all** there is to know / → about toda̲y's impo̲rtant lo̲cal eve̲nts. // ↘

😊 저희 솔라라이트 라디오에서는 더 이상 콘서트, 스포츠, 영화, 지역 뉴스 등의 정보를 위해 다른 방송을 찾아다닐 필요가 없습니다. 여기 다 있습니다. 무엇보다 저희는 매 시간 청취자들께 그 지역의 교통 정보와 날씨를 전해 드립니다. 곧 뉴스가 시작됩니다. 그리고 오늘의 중요한 지역 행사가 어디에서 열리는지 알려 드리겠습니다.

✱ 참고 표현   **fumble** 찾느라고 더듬거리다   **whatsoever** 무엇이든   **note** 알려주다   **hang around** 잠시 기다리다

Question 2

> **We̲**lcome to **Franci̲sco's Ki̲t**chen, / → where in the **first half** of the cou̲rse, / we'll be discu̲ssing juice, / ♩ **juice co̲**cktails, / ♩ and ci̲ders. // ↘ If you're like **most** consu̲mers, / → you may suppo̲se / → there is **no** di̲fference / → in the **three** words. // ↘ **However,** / → they're a̲ctually pretty di̲fferent / → from each o̲ther. // ↘ In the next **45** mi̲nutes, / → we will be dete̲rmining preci̲sely / → what **makes** them di̲fferent. // For that reason, / → **stay** tuned. // ↘

😊 프란시스코의 주방에 오신 것을 환영합니다. 현재 코스의 전반부이고요, 오늘은 주스와 주스 칵테일 그리고 사과 주스에 관해 토론해보고자 합니다. 아마 대부분의 다른 소비자와 같다면 당신도 세 단어의 의미 차이가 없다고 생각하실 수도 있습니다. 하지만 이 단어들은 실제로 서로 상당히 다른 의미입니다. 앞으로 45분간 우리는 이 단어의 차이점에 대해서 자세히 다룰 것입니다. 그러니 채널 고정하십시오.

✱ 참고 표현   **first half** 처음 시작의 반은   **you may suppose** 당신이 생각하기로는   **cider** 사과 주스   **precisely** 정확히

Question 3: Describe a picture

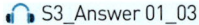 S3_Answer 01_03

모범 답변

This is a picture taken at a bakery. There are two people in the shop. A woman on the left who looks like a customer is about to get a muffin from a clerk. The clerk is standing behind the display and is giving the muffin to the customer. Between them there are various kinds of bread displayed on the counter. It looks delicious and fresh. In the background, I can see some items arranged on the shelves. It must be baking supplies. It reminds me of the bakery where I usually go every morning to buy some fresh bagels.

이 사진은 제과점에서 찍힌 사진입니다. 가게에는 2명의 사람이 있습니다. 왼쪽에 손님처럼 보이는 여자가 가게 점원으로부터 머핀을 받으려 합니다. 점원은 진열대 뒤쪽에 서서 손님에게 머핀을 건네주고 있습니다. 둘 사이에 있는 진열대에 다양한 빵이 진열되어 있습니다. 맛있고 신선해 보입니다. 배경에는 선반에 진열되어 있는 물건을 볼 수 있습니다. 제빵 도구가 틀림없습니다. 매일 아침 신선한 베이글을 사기 위해 가던 제과점을 생각나게 합니다.

✻ 참고 표현   **be getting something** 받다, 얻다   **items arranged** 진열되어 있는 물건

Questions 4-6: Respond to questions

S3_Answer 01_04~06

> Imagine that an American marketing firm is doing research in your country. You have agreed to participate in a telephone interview about recycling.
> 어느 미국 마케팅 회사가 여러분의 나라에서 조사를 하고 있다고 가정해 봅시다. 여러분은 재활용에 관한 전화 인터뷰 참여에 동의했습니다.

Question 4. What do you usually recycle and where?
무엇을 주로 재활용하고 어디에서 하나요?

모범 답변

Generally, I recycle plastic bottles and newspapers at home. These days, we have to separate garbage at the fast food restaurant also, such as straws, cups, and lids.

보통 저는 집에서 물병이나 신문을 재활용합니다. 요즘에는 패스트푸드점에서도 주로 빨대, 컵, 그리고 뚜껑을 분리수거해야 합니다.

Question 5. If you don't know how to recycle items, what would you do?
물건을 어떻게 재활용하는지 모른다면 무엇을 할 것인가요?

모범 답변

In my case, I will ask my mother since she knows about these matters, or look for information on the Internet if I don't know how to recycle items. On the Internet, there are various kinds of information regarding recycling.

제 경우엔, 엄마가 이것을 알고 계시니 엄마에게 물어보거나 아니면 인터넷으로 알아보겠습니다. 인터넷에는 재활용에 관한 다양한 정보가 있습니다.

Question 6. What should be done to encourage people to recycle more?
재활용을 장려하기 위해서 무엇을 해야 하나요?

모범 답변

There are a number of ways to encourage people to recycle. However, in my opinion, cities must charge penalties if people don't recycle appropriately. Moreover, cities must set a day to pick up specific recyclable items and announce the date so people can follow the rules. With these ways, people will recycle more.

재활용을 장려하는 데는 여러 방법이 있습니다. 하지만 제 생각에는 시에서 사람들이 재활용을 잘 이행하지 않으면 벌금을 부과해야 합니다. 또한, 시에서 특정 재활용품을 수거하는 날짜를 정하고 공지하여 사람들이 이를 따르게 하는 것입니다. 이런 방법으로 사람들이 더 재활용을 잘할 것입니다.

※ 참고 표현　**separate garbage** 쓰레기 분리하다　**straw** 빨대　**lid** 뚜껑　**encourage** 권하다　**penalize** 벌금을 징수하다

Questions 7-9: Respond to questions using information provided

🎧 S3_Answer 01_07~09

EDlab New Employee Orientation
September 19, 2008
Location: Wilson Hall 1st floor, One North Conference Room

Time	Event	
8:00 ~ 8:30 a.m.	Elizabeth Lord (Vice President) – Welcome and Introduction	
8:30 ~ 10:30 a.m.	Complete new hire paperwork, benefits, I-9 form and receive EDlab ID card	
10:30 ~ 12:00 p.m.	Mary Johnson (HR Director): Overview of ED Employment - Workplace policies and procedures	
Lunch	EDlab's Cafeteria: Informal discussion	
1:30 ~ 3:00 p.m.	Anthony Norman:	General employee training & review the materials Watch streaming video Appoint to teams
3:00 ~ 3:30 p.m.	Elizabeth Lord:	Wrap-up discussion and Questions

Hello. My name is Ginger Cadenaz. I will be working at EDlab and would like to know what will be happening at the orientation since I haven't received the schedule yet.

EDlab 신입 사원 오리엔테이션	
2008년 9월 19일	
장소: 윌슨 홀 1층, 북쪽 회의실	
시간	행사
8:00 ~ 8:30 a.m.	엘리자베스 로드 (부사장) - 인사와 소개
8:30 ~ 10:30 a.m.	새 고용 문서 작성, 혜택, I-9 양식 서류, ID 카드 수령
10:30 ~ 12:00 p.m.	메리 존슨 (인사 총괄 임원): ED 고용 설명 - 회사 정책과 절차
점심	EDlab 카페테리아에서 비공식 토론
1:30 ~ 3:00 p.m.	앤소니 노먼: 일반 직원 훈련 & 자료 검토 실시간 비디오 시청 팀 구성
3:00 ~ 3:30 p.m.	엘리자베스 로드: 마무리 토론과 질의 응답

안녕하세요. 제 이름은 진저 카데나즈입니다. 앞으로 EDlab에서 일하게 되었는데요, 제가 아직 일정표를 받지 못해서 그러는데 오리엔테이션에서 어떤 행사가 있을지 알려 주실 수 있나요?

Question 7. What time will this orientation start and last until?
이 오리엔테이션은 언제 시작하여 언제 끝나나요?

모범 답변

I am looking at the schedule now and it shows me that the orientation will start at 8 in the morning until 3:30 in the afternoon. It will be held at Wilson Hall 1st floor, One North conference room.

지금 일정표를 보고 있는데 오리엔테이션은 오전 8시에 시작해서 오후 3시 30분까지로 나와 있네요. 장소는 윌슨 홀 1층 북쪽 회의실에서 열릴 예정입니다.

Question 8. Is there a session that I can meet with Mary Johnson, HR Director?
인사 담당자 메리 존슨 씨와 만날 수 있는 강연이 있나요?

모범 답변

Yes, you will have a chance to meet Mary Johnson from 10:30 to 12 p.m. She will be talking about workplace policies and procedures at the session.

네, 오전 10시 30분에서 12시까지 메리 존슨 씨와 만날 수 있습니다. 그분은 강연에서 직장 내 규칙과 절차에 관해 이야기하실 예정입니다.

Question 9. I would like to know everything scheduled for the afternoon since I might leave before lunch.
제가 점심 식사 전에 떠나야 할 수도 있는데 오후 일정을 알 수 있을까요?

모범 답변

Well, if you leave before lunch, you will be missing two sessions. Anthony Norman will be talking about three topics from 1:30 to 3 p.m. He will be talking about general employee training and review the materials, watch streaming videos, and appoint people to teams. And the other session will start at 3:00. Elizabeth Lord will wrap up the orientation by leading a discussion and questions.

만약 점심 전에 떠나시면 2개의 강연을 놓치게 됩니다. 오후 1시 30분에서 3시까지 앤소니 노먼 씨께서 3가지 주제에 대해 강연하실 겁니다. 노먼 씨는 일반적인 직원 훈련과 자료에 대한 검토, 실시간 비디오 시청, 그리고 팀 구성에 대해 다룰 예정입니다. 그리고 나머지 강연은 오후 3시에 시작됩니다. 엘리자베스 로드 씨가 토론과 질의 응답 시간을 가지면서 오리엔테이션을 마무리할 예정입니다.

※ 참고 표현 **looking at the schedule** 스케줄을 보고 있는데 **have chance to** 기회가 주어지다 **wrap up** 마무리 짓다

Question 10: Propose a solution

🎧 S3_Answer 01_10

> Hello, this is Margaret from the Customer Service Department. As you know, self-assembled furniture sales have dramatically increased compared to last year. Its quality is almost as good as old traditional furniture and it is cheaper than at any other places. So it is popular among young generations. However, recently we've got lots of complaints regarding self-assembled furniture. Somehow, many of our customers didn't get the instructions. They told me that it wasn't inside of the package. So they can't do anything about it. I don't know how to correct this situation. I can send them a copy of instructions but I really need to find out where these problems have occurred. Do you have any ideas? Since you are working at the Inventory Control Department, I really need your help. Please call me back when you get this message. Thanks in advance.
>
> 안녕하세요, 저는 고객 서비스 부서의 마가렛입니다. 아시다시피 자가조립 가구의 매출이 작년보다 상당히 증가하였습니다. 이 제품의 품질 또한 전통 방식의 가구와 거의 마찬가지로 우수하며 다른 어느 곳보다 저렴합니다. 따라서 이 제품은 젊은 층에 인기가 있습니다. 그러나 최근에 저희는 자가조립 가구에 관한 불만 접수가 크게 늘었습니다. 그 이유는 알 수 없으나 많은 구매자가 사용 설명서를 받지 못했다고 합니다. 제품 상자 안에 들어 있지 않았다고 말합니다. 그래서 구매자는 아무것도 할 수 없는 것이죠. 이 상황을 어떻게 바로잡아야 할지 모르겠습니다. 제품 사용 설명서를 복사해서 보내 드릴 수는 있지만 어디서 이러한 문제가 발생했는지 알아야 합니다. 무슨 방법이 없을까요? 재고 관리 부서에서 근무하시는 만큼 당신의 도움이 필요합니다. 이 메시지 받으시는 대로 연락 부탁할게요. 감사합니다.

🔷 모범 답변

Hi, Margaret. This is Samuel. I just checked my message and I found out that you are having some problems and you need my help to resolve it, right? First of all, let me confirm your message. You said that there has been a dramatic sales increase on assembled furniture and the problem is that most of our customers didn't get its instructions with the furniture. So, you would like to know where this problem occurred originally. I think the problem occurred at the factory. Before they placed the furniture units, they should have included its instructions. Let me contact the factory first and I will call you back with updated information. In the meantime, please you must send them email with apology and attach the instructions. I will call you back.

안녕하세요 마가렛 씨, 저는 사무엘이라고 합니다. 방금 메시지를 확인했는데 마가렛 씨 부서에서 약간의 문제가 있고 그것을 해결하기 위해 제 도움이 필요하다는 말씀이시죠? 우선, 다시 한 번 메시지 내용을 확인하자면 자가조립 가구의 매출이 많이 상승했으나 문제는 대부분의 가구 구매자들이 사용 설명서를 받지 못했다는 것이죠. 그래서 당신은 어디서 근본적으로 이 문제가 발생했는지 알고 싶다는 말씀이신 것 같습니다. 제 생각으론 이 문제는 공장에서 발생한 것 같습니다. 가구 구성품을 넣기 전에 해당 사용 설명서를 먼저 넣어야 합니다. 우선 제가 공장에 얘기해보고 다시 연락드리겠습니다. 그동안 마가렛 씨는 구매자들에게 사용 설명서가 첨부된 사과 이메일을 보내셔야 합니다. 다시 연락드리겠습니다.

※ 참고 표현 **self-assembled furniture** 조립가구 **dramatically increased** 상당한 증가 **find out** 찾아내다, 알아내다 **confirm the message** 메시지를 확인하다

Question 11: Express an opinion

> If you are given a whole day to take off, where will you spend the least of your free time among three choices? Support your opinion by giving specific reasons or examples.
>
> Playing video games, watching TV, sleeping
>
> 만약 당신에게 하루의 자유 시간이 주어진다면 다음 3가지 중 어느 시간을 줄이겠습니까? 구체적인 이유나 예를 들어 자신의 의견을 뒷받침하세요.
>
> 게임 하기, TV 보기, 잠자기

모범 답변

If I am given a whole day to take off, I will spend the least amount of my free time on sleeping for some reasons. First of all, I don't want to waste my time. Also, if I sleep more than 6 hours, I feel more tired. In my case, I would love to spend time with friends and family that I couldn't do during the day, such as walking around the park and going out for a picnic or taking care of some personal business. Also, my regular daily routine will break if I sleep more than I am used to. It is very hard for me to get back to regular routines. So, in my case, I will spend less time on sleeping for those reasons.

만약 제게 하루의 자유 시간이 생긴다면 저는 자는 시간을 조금 덜 투자하고 싶습니다. 무엇보다 저는 시간을 낭비하기 싫습니다. 또한, 6시간 이상 자면 더 피곤하게 느낄 것입니다. 제 경우에는 낮 동안 하지 못했던 공원 산책이나 소풍 또는 개인적인 업무를 보면서 친구나 가족과 시간을 보내고 싶습니다. 또한, 평소 자던 것보다 많이 자면 규칙적인 일상이 무너질 것입니다. 규칙적인 일상을 되찾는 것은 저에게 매우 힘든 일입니다. 그래서 저의 경우는 이러한 이유로 잠자는 데에 시간을 더 적게 쓸 것입니다.

✱ 참고 표현 **take off** 벗어나다 **walk around** 거닐다 **take care of some personal business** 개인적인 일을 처리하다 **daily routine** 일상 업무

Actual Test 02

본문 P208

♪ 올려 읽기, ↘ 내려 읽기, **Bold** 강조하기, / 끊어 읽기,
‿ 연음, **파란색 글자** 강세에 주의해야 할 어휘

Questions 1-2 Read a text aloud
🎧 S3_Answer 02_01~02

Question 1

> To**da**y, / → it is my **plea**sure to annou‿nce / → that **Bill Murphy** ~ will be our **new** Sales **Ma**nager. / ↘ **Bill** has been with us / → for **five** years. // ↘ He has been with se‿veral **top** so‿ftware firms, / → such as **Eclipse Enterprises**, / ♪ **Spark So‿ftware** / ♪ and **Cloud Deve‿lopment**. // ↘ I have **no** doubt / → that **Bill**'s pre‿sence in our depa‿rtment / → will bring po‿sitive cha‿nges and the **best** resu‿lts. // ↘

✪ 오늘, 우리와 같이 5년 동안 일해 왔던 빌 머피 씨가 새로운 판매부장이 되었다는 사실을 알리게 되어 매우 기쁩니다. 그는 이클립스 엔터프라이즈, 스파크 소프트웨어, 클라우드 디벨롭먼트와 같은 여러 굴지의 소프트웨어 회사에서 근무했습니다. 그러한 빌 씨가 우리 부서에 긍정적인 변화와 최상의 결과를 가져다 줄 것이라 믿어 의심치 않습니다.

✽ 참고 표현 **pleasure** 즐거움 **enterprise** 기업 **doubt** 의문 **presence** 있음 **positive** 긍정적인

Question 2

> Tha‿nks for tuning in to **CJ692**. // ↘ It's just past **six** o'clock / ♪ and we have a great show / → on the way for our li‿steners. // ↘ **Dr. Freedman**, / → au‿thor of "**Hea‿lth World** - **What Our Bodies Need**" / → will be in the stu‿dio toda‿y / → to talk about the book / ♪ and take que‿stions from our li‿steners. // ↘ The show will begi‿n / → in about **two** minutes. // ↘ We we‿lcome li‿steners to call in / → with que‿stions. // ↘

✪ CJ692를 듣고 계시는 여러분 감사합니다. 방금 6시 정각이 지났는데요, 이제 청취자 여러분을 위해 멋진 방송이 준비되어 있습니다. '건강의 세계 – 우리 몸에 필요한 것'의 저자이신 프리드먼 박사님께서 오늘 스튜디오에 나오셔서 책에 대해 이야기를 하고 청취자들의 질문을 받을 예정입니다. 방송은 약 2분 후에 시작됩니다. 전화를 통한 여러분의 많은 질문과 참여를 환영합니다.

✽ 참고 표현 **tune in** 청취하다 **author** 저자 **call in** 전화를 하다

Question 3: Describe a picture
🎧 S3_Answer 02_03

> **모범 답변**

This photo seems to be taken at a conference room and there are 5 people. In the center of this picture, there is a man in a suit standing next to the white chart and pointing at some information on the chart. It looks like he is the manager and leading this meeting. I can see a woman standing next to him. It looks like she is an assistant. In front of them, there are 3 people sitting at the table, listening to their manager's presentation. On the table, I can see a laptop computer and piles of documents and notes. I can feel some tension from this picture since everyone is so focused.

이 사진은 회의실에 5명이 있는 사진 같습니다. 사진의 중간에 정장을 입은 남자가 흰색 차트 옆에 서서 손으로 차트에 적힌 정보를 가리키고 있습니다. 그 남자는 관리자로 보이며 이 미팅을 진행하는 사람인 듯합니다. 그 옆으로 여자가 서 있는데 조수로 보입니다. 그들 앞으로 3명의 사람이 앉아서 관리자의 프레젠테이션에 집중하고 있습니다. 테이블 위에는 노트북 컴퓨터가 있고 문서가 쌓여 있습니다. 사람들이 집중해 있는 것으로 보아 이 사진에서 긴장감이 느껴집니다.

※ **참고 표현** **pointing at** 가리키다 **having a meeting** 미팅을 하다 **giving a presentation** 설명하다, 보고하다 **piles of documents/ some documents** 서류 더미

Questions 4-6: Respond to questions

> Imagine that an Australian marketing firm is doing research in your country. You have agreed to participate in a telephone interview about email.
>
> 어느 호주 마케팅 회사가 여러분의 나라에서 조사를 하고 있다고 가정해 봅시다. 여러분은 이메일에 관한 전화 인터뷰 참여에 동의했습니다.

Question 4. Whom do you usually exchange email with and how often do you use it?
누구와 주로 이메일을 교환하며 얼마나 자주 사용하십니까?

> **모범 답변**

I usually exchange email with my friends and clients at work. I use email when I feel it is necessary. But usually, I use email at least once a day.

저는 보통 친구나 직장의 고객과 이메일을 주고받습니다. 이메일은 필요하다고 느낄 때만 사용합니다. 하지만 보통 적어도 하루에 한 번은 이용합니다.

Question 5. How many emails do you receive in average and do you reply?
평균적으로 얼마나 많은 이메일을 받으며 그 메일에 답장을 하십니까?

> **모범 답변**

On average, I receive at least 10 emails a day and I don't reply unless it is necessary. Mostly, I get advertisements in my email.

평균적으로 저는 하루에 최소 10통의 이메일을 받지만 필요하지 않으면 답장을 하지 않습니다. 대부분 광고 메일이 옵니다.

Question 6. Do you prefer to use cell phones or email?

휴대폰과 이메일 중 어느 것을 더 좋아하십니까?

> **모범 답변**

It depends on the situation. If it is an urgent matter, in that case, I will use my cell phone. It is much faster and convenient to communicate with people. However, if it is work related matter and I need to leave some proof, I will use email. It is much more accurate and precise.

상황에 따라 다릅니다. 만약 급한 용무의 경우 휴대폰을 사용할 것입니다. 그것이 대화하는 데 더 신속하고 간편합니다. 하지만 업무와 관련된 일로 증거를 남길 필요가 있다면 이메일을 사용합니다. 이메일이 더 정확하고 자세하기 때문입니다.

✽ 참고 표현 **exchange email** 이메일을 교환하다 **reply** 답장 **proof** 증거 **accurate** 명확한 **precise** 정확한

Questions 7-9: Respond to questions using information provided

🎧 S3_Answer 02_07~09

Northern Silicon Valley Partnership
Career Strategy Workshop
"New Tools to Promote Your Career"

Wednesday, Sept. 16, 2013
Crowne Plaza Hotel
32083 Alvarado Niles

Time	Event
8:30 a.m.	Registration & Networking
9:15 a.m.	"Job Search Toolkit" Laura Hoffmann, Career Counselor
9:35 a.m.	"Career Transition: Discover Your Ideal Job" Laura Hoffmann, Career Counselor
10:00 a.m.	Break
10:30 a.m.	"Starting a Small Business or Consulting Firm: How to Convert Your Skills" Carlene Crane and Lola Robinson
11:00 a.m.	"Job Search Stress: What to Avoid and Relaxation Techniques" Dr. Terry Day, Clinical Psychologist

* Volunteer HR professionals will be available to review a limited number of résumés, so please bring your résumé if you are interested in this service.

Hello, my name is Mitch Henson. The other day I saw a posting about Career Strategy Workshop. I have a great interest to attend the workshop. I would like to get some detailed information before I make any further plan.

노던 실리콘 밸리 파트너십
취업 전략 워크숍
경력 홍보를 위한 새로운 기술

2013년 9월 16일 수요일
크라운 플라자 호텔
32083 알바라도 나일즈

시간	일정
8:30 a.m.	등록 & 인적 네트워크 형성
9:15 a.m.	'일자리 탐색 도구' 로라 호프만, 직업 상담가
9:35 a.m.	'진로 개발: 이상적인 직업의 발견' 로라 호프만, 직업 상담가
10:00 a.m.	휴식
10:30 a.m.	'소기업 혹은 컨설팅 회사 시작하기: 당신의 능력을 전환하는 방법' 칼린 크레인 & 로라 로빈슨
11:00 a.m.	'직업 찾기 스트레스: 피해야 하는 것과 휴식을 취하는 기법' 테리 데이 박사, 임상 심리학자

* 인력 개발부 자원봉사자들이 이력서를 검토하는 기회가 주어지니 이 서비스를 이용하려면 꼭 이력서를 지참하여 참석하세요.

안녕하세요, 저는 미치 헤슨입니다. 그저께 취업 전략 워크숍에 관한 게시물을 봤습니다. 참석하고 싶은데 구체적인 계획을 잡기 전에 상세한 정보를 받을 수 있을까요?

Question 7. When is the workshop scheduled to start?
워크숍이 언제 시작될 예정입니까?

모범 답변

The workshop is scheduled to start at 8:30 a.m. on Wednesday, Sept. 16. We will have the registration and networking session.

워크숍은 9월 16일 수요일 오전 8시 30분 시작 예정입니다. 등록 및 인적 네트워크 형성 시간이 있을 예정입니다.

Question 8. I might have to leave the workshop for 30 minutes. Is there any break or lunch time we have between the sessions?
워크숍 일정 도중 30분 정도 자리를 비워야 할지도 모릅니다. 강연 사이에 휴식 시간이나 점심 식사 시간이 있습니까?

모범 답변

Yes, we will have break time at 10:00 a.m. And the next session will start 30 minutes later.

네, 오전 10시에 휴식 시간이 있습니다. 그리고 다음 강연은 30분 뒤에 시작합니다.

Question 9. What sessions are scheduled after the break? I will appreciate it if you can tell me in detail.
휴식 시간 이후 예정된 강연은 무엇입니까? 자세히 설명해 주시면 감사하겠습니다.

> **모범 답변**

According to the schedule, there are 2 activities after the break. The first session is about "Starting a Small Business or Consulting Firm." Carlene Crane and Lola Robinson will be talking about "How to Convert Your Skills." The next session is about "Job Search Stress." Dr. Terry Day, a clinical psychologist, will give a speech on "What to Avoid and Relaxation Techniques."

일정표에 따르면 휴식 후 두 가지 일정이 있습니다. 그중 첫 강연은 '소기업 혹은 컨설팅 회사 시작하기'입니다. 칼린 크레인 씨와 로라 로빈슨 씨가 '당신의 능력을 전환하는 방법'에 대해 이야기 나눌 것입니다. 다음 강연은 '구직 스트레스'에 관한 내용이며 임상 심리학자이신 테리 데이 박사님께서 '피해야 하는 것과 휴식을 취하는 기법'에 대해 강연하실 예정입니다.

✻ 참고 표현   **be scheduled to** ~할 예정이다   **give a speech** 연설하다   **career transition** 진로 개발   **convert** 전환시키다   **clinical psychologist** 임상 심리학자

Question 10: Propose a solution 🎧 S3_Answer 02_10

> Hello, this is Jennifer. Next week, we will be installing a new security system and we will update the security policies to ensure safety. So my manager put me in charge of planning a training session for our security guard team. As I am planning this session, I prepared all the documents and planned what we will be discussing at the training session. But the problem is that I just can't set a date to hold the training, since their time schedules are very different from each other. For those reasons, many of them can't attend the training session if the session opens during the regular business hours. It is very important for me to make all the security teams participate in the session. Otherwise, there is no point of changing our system. What should be done to make them participate in this session? I need your urgent reply to this message. They must be informed before we implement this new security system, and we don't have much time. Please, call me with your ideas. My direct number is 324-2132. Thanks in advance.
>
> 여보세요. 저는 제니퍼입니다. 다음 주에 안전 보장을 위해 새 보안 시스템을 설치하고 보안 방침을 갱신할 예정입니다. 그래서 보안 경비팀을 위한 교육을 준비하도록 제 상사로부터 책임을 부여받았습니다. 따라서 모든 서류와 교육하는 동안 다룰 내용을 준비해 두었습니다. 하지만 문제는 서로 일정이 너무 달라 교육 날짜를 정하지 못했습니다. 이 때문에 해당 교육이 일반 업무 시간에 진행된다면 많은 사람이 참석하지 못할 것입니다. 모두가 교육에 참석할 수 있게 하는 일은 저에게 매우 중요한 부분입니다. 그렇지 않으면 저희 시스템을 바꿀 수 없습니다. 이번 교육에 전원이 참석하게 하기 위해서 어떻게 해야 할까요? 메시지 받는 대로 최대한 신속한 답장 부탁드립니다. 우리가 새로운 경비 시스템을 실행하기 전에 그들이 교육받아야 하므로 시간이 촉박합니다. 좋은 아이디어 있으시면 연락 바랍니다. 제 직통번호는 324-2132입니다. 미리 감사드립니다.

> **모범 답변**

Hello, Jennifer. This is Samuel. I am leaving this message as soon as I got your message. I understand that your company will install a new security system and you are in charge of planning a training session from your security team members. But you are having some problem setting up the date and you need my help on this situation, right? Hum… as you mentioned, they have different working hours. I think it would be better to have the training session on the weekend. I know they won't be happy about it. But if the company is willing to give them overtime pay, I am sure the security team will be glad to participate in the session. You must talk with them before you set a day. This way you won't get any complaints and problems later. I wish my idea can help you to resolve the situation and if you need any help, you know where to reach me. Good luck.

안녕하세요, 제니퍼 씨, 저는 사무엘입니다. 메시지 듣는 대로 연락드립니다. 제니퍼 씨 회사에 새로운 경비 시스템을 설치할 예정이고 경비팀원들의 교육 기획을 담당하게 되었다는 사실은 잘 알았습니다. 하지만 날짜를 정하는 데 문제가 있고 제 도움이 필요하시단 말씀이시죠? 음, 이미 말씀하셨다시피 모두 업무 시간이 제각각이라서 제 생각엔 주말에 교육을 하는 게 좋을 것 같습니다. 아마 경비팀원들은 좋아하진 않겠죠. 하지만 만약 회사가 시간 외 업무 수당을 주려고 한다면 경비팀원들은 분명 교육에 참석할 것입니다. 날짜를 정하기 전에 그들과 직접 상의하셔야 합니다. 이렇게 하셔야 나중에 불평불만이 나오거나 문제가 생기지 않을 것입니다. 제 의견이 문제 해결에 도움이 되었으면 좋겠고 도움이 필요하시면 알고 계신 연락처로 연락해 주십시오. 행운을 빕니다.

※ 참고 표현 **security policies** 보안 정책 **training session** 교육 **participate** 참여하다 **implement** 시행하다 **in charge of** ~을 맡아서, 담당하는 **set up** 설정하다 **overtime** 시간 외 수당

Question 11: Express an opinion

🎧 S3_Answer 02_11

> If you have to minimize your expenses to save some money, where would you consider spending less? Support your opinion by giving specific reasons or examples.
>
> Clothes, food, books
>
> 만약 당신의 지출을 최소화하여 저축을 하고 싶다면 어느 부분의 지출을 줄일 것입니까? 구체적인 이유와 예를 들어 자신의 의견을 뒷받침하세요.
>
> 옷, 음식, 책

모범 답변

There are a number of ways we can minimize our expenses. But if I have to choose from three options where I would spend less, I will say food since I have spent too much money on food. First of all, I enjoy eating out with friends. Also, I often order some food at home instead of cooking. I probably use 1/3 of my paycheck on food. I should try not to eat out with friends as much as before and cook meals at home. Since I spend too much money on buying coffee every morning, I should make coffee at home and carry it in my tumbler. I think with these ways, I will have a chance to minimize my expenses a lot, so I would definitely consider spending less on food.

소비를 줄일 수 있는 방법에는 여러 가지가 있습니다. 하지만 만약 제가 지출을 줄여야 할 부분을 3가지 선택지 중에 골라야 한다면, 음식을 고르겠습니다. 그 이유는 먹는 것에 너무 많은 돈을 쓰고 있기 때문입니다. 우선, 저는 친구들과 외식하는 것을 좋아합니다. 또한 저는 집에서 요리를 하는 것보다는 배달 주문이 더 익숙합니다. 아마도 월급의 1/3을 음식에 쓰는 것 같습니다. 저는 예전처럼 자주 친구들과 외식을 하지 않고 집에서 요리를 하도록 노력해야 합니다. 그리고 매일 아침 커피를 사는 데 돈을 너무 많이 지출하기 때문에 집에서 커피를 만들어서 텀블러에 가지고 갈 것입니다. 이러한 방법을 통해 지출을 줄이고 음식에 대한 소비를 최소화할 수 있을 것입니다.

※ 참고 표현 **minimize** 최소화하다 **eat out** 외식하다 **paycheck** 급여 **cook meals at home** 집에서 요리하다

Actual Test 03

본문 P220

♪ 올려 읽기, ↘ 내려 읽기, **Bold** 강조하기, / 끊어 읽기,
~~~ 연음, **파란색 글자** 강세에 주의해야 할 어휘

Questions 1-2 Read a text aloud

🎧 S3_Answer 03_01~02

Question 1

> We are thrilled to announce / → the promotion of **Jane Parker** ~ to **Director of Marketing** / → in the **Corporate Communications** department. // ↘ **Jane** joined the company **five** years ago / ♪ and has held positions / → in both the **Advertising and Sales departments**. // ↘ She brings a wealth of experience / → to her new role. // ↘ Please ~ **join** us in welcoming **Jane to Corporate Communications** / ♪ and congratulating her on the promotion. // ↘

⭐ 우리는 오늘 기업 홍보부서의 제인 파커 씨가 마케팅 이사로 승진했다는 사실을 알리게 되어 매우 기쁩니다. 제인 씨는 5년 전 입사하였고 광고와 영업, 2개 부서에서 일하였습니다. 제인 씨는 풍부한 경험을 통해 새로운 직책을 맡게 될 것입니다. 우리 모두 제인 씨가 기업 홍보부서에서 일하게 된 것을 환영하며 그녀의 승진을 함께 축하합시다.

✱ 참고 표현 **thrill** 흥분하다 **promotion** 승진 **wealth of experience** 풍부한 경험 **hold positions** 직책에 있다

Question 2

> **Ladies and gentlemen**! // ↘ **Now**, you have the power / → to change the political **landscape** of **America** / ↘ and our country has come to a crossroad. // ↘ As I have said **time** and **time** again, / ↘ if you elect me to be your face in congress, / ↘ there are several things / → I will do to ensure / → that your needs are met **day** in and **day** out across this land. // ↘ If elected, / → I promise to give my **all** to my elected **position** / ♪ and make sure your issues and concerns are fully addressed / → at the **local** and **national** level. // ↘ **Thank** you. // ↘

⭐ 신사 숙녀 여러분! 이제 여러분은 미국의 정치적 상황을 변화시킬 힘을 가지고 계시며 우리나라는 교차로에 서 있습니다. 몇 번이고 계속해서 말씀드렸듯이, 만약 제가 의회에서 여러분의 대표가 될 수 있도록 저에게 투표해주신다면 여러분의 요구가 매일매일 이루어지도록 해 드릴 것이라 보장합니다. 만약 제가 당선된다면 제 자리에서 최선을 다할 것을 약속드리며 여러분의 화제와 근심을 지역, 그리고 국가적 차원에서 고심해 다룰 것입니다. 감사합니다.

✱ 참고 표현 **political landscape** 정치적 상황 **crossroad** 교차로 **congress** 의회 **time and time again** 몇 번이고 계속해서 **needs are met** 요구가 부합되다 **day in and day out** 매일매일 **local and national** 지방과 전국의

Question 3: Describe a picture

모범 답변

This is a picture of people in a café. In the middle of this picture, there is a customer standing in front of the counter and getting his coffee from the clerk who is standing behind the counter. Between them, there is a showcase where various cakes or pies are displayed. And I can see some take-out cups. In front of the showcase, there are a number of customers deciding what to buy while they are waiting in a line. In the background, a woman in casual clothes is looking at her phone. It reminds me of the café that I usually go to every morning to get fresh coffee near my house.

사람들이 카페에 있는 사진입니다. 사진의 중간에 한 손님이 계산대 앞에 서서 점원이 건네주는 커피를 받고 있습니다. 그 둘 사이에는 다양한 케이크와 파이가 진열된 진열장이 있습니다. 그리고 테이크 아웃 컵들이 보입니다. 진열장 앞에서는 손님들이 기다리는 동안 진열장 안을 바라보며 무엇을 구입할지 고르고 있습니다. 사진의 뒤로는 캐주얼한 옷을 입은 여자가 전화기를 보고 있습니다. 이 사진은 제가 매일 아침 커피를 구입하러 가는 집 근처 카페를 생각나게 합니다.

✻ 참고 표현 **looking inside the showcase** 진열장 안을 바라보다 **getting something** 무언가를 받다 **assisting customer** 고객을 돕다 **serving customer** 서빙하다 **standing at the back of the store** 뒤쪽에 서 있다 **looking at her phone/ checking her phone** 전화를 확인하다 **waiting in a line** 줄을 서서 기다리다

Questions 4-6: Respond to questions

> Imagine that an Australian marketing firm is doing research in your country. You have agreed to participate in a telephone interview about swimming pools vs. beaches.
>
> 어느 호주 마케팅 회사가 여러분의 나라에서 조사를 하고 있다고 가정해 봅시다. 여러분은 수영장과 해변에 관한 전화 인터뷰 참여에 동의했습니다.

Question 4. Where would you prefer to go swimming, a pool or beach?

수영장에서 수영하는 것과 해변 어느 쪽을 선호하십니까?

모범 답변

I prefer to go to a swimming pool since it is located in many places, such as the YMCA and community centers. So it is more convenient for me to go and enjoy myself.

저는 수영장에 가는 것을 더 좋아합니다. 그 이유는 수영장이 YMCA나 주민 센터와 같이 많은 곳에 있어 가서 놀기에 편하기 때문입니다.

Question 5. When you go to a swimming pool or beach, what do you usually take?
수영장이나 해변에 갈 때 보통 무엇을 가지고 가십니까?

> 모범 답변

When I go to a swimming pool, I usually take a towel for taking a shower after swimming, since most of them provide shower facilities and amenities.

저는 수영장에 갈 때, 주로 수영 후 샤워에 필요한 수건을 가져갑니다. 대부분의 수영장에 샤워 시설이나 편의 시설이 갖추어져 있기 때문입니다.

Question 6. What do you usually consider before you go to a swimming pool or beach?
수영장이나 해변에 가기 전 주로 무엇에 관해 고려합니까?

> 모범 답변

Before I go to a swimming pool or beach, there are a number of things I consider. But the most important thing is its location. First, I don't have a car so the place must be easy to access from public transportation. Moreover, I don't like places where many people hang around. So the place must be tranquil.

수영장이나 해변에 가기 전에 고려하는 점이 몇 가지 있습니다. 하지만 가장 중요한 점은 위치입니다. 첫째, 저는 차가 없어서 대중교통을 이용해서 쉽게 갈 수 있는 곳이어야 합니다. 게다가 저는 사람이 많은 곳을 좋아하지 않아서 조용한 장소여야 합니다.

❋ 참고 표현 **shower facilities and amenities** 샤워 시설과 편의 시설 **location** 위치 **hang around** 자주 드나드는 **tranquil** 조용한

Questions 7-9: Respond to questions using information provided

🎧 S3_Answer 03_07~09

Current Technology National Conference
February 9th – 10th
Rosedale Conference, Las Vegas, NV

Feb 9	
9:30 a.m.	Registration
10:45 a.m.	Welcome & Inauguration
11:45 a.m.	Panel Discussion on "Top 10 Strategic Technology Trends study" - Gardener
12:45 p.m.	Mobile Banking Payment System: Opportunities & Treats - Samantha Bank
Feb 10	
9:30 a.m.	Panel Discussion on "Emerging Role of CIO's in Difficult Times" – Mark Anthony
11:15 a.m.	Identity Management – Tomas Jacob
11:45 a.m.	Emerging Opportunities in Analytics and Forensics – Rosaline Bake

Hello. The other day, I read an article about the conference on the newspaper. There were some sessions that I would like to participate in. I am calling you to get some detailed information in order to plan my trip.

국제 최신 기술 회의
2월 9일 - 10일
로즈데일 회의장, 라스베이거스 네바다 주

2월 9일

9:30 a.m.	등록
10:45 a.m.	인사 & 취임식
11:45 a.m.	패널 토론 '10가지 전략 기술 경향' – 가드너
12:45 p.m.	모바일 뱅킹 결제 시스템: 기회 & 관리 – 사만다 뱅크

2월 10일

9:30 a.m.	공개 토론 '어려운 시기에 부상하는 최고 정보 관리자의 역할' – 마크 앤소니
11:15 a.m.	계정 관리 – 토마스 제이콥
11:45 a.m.	분석학과 법의학의 새로운 기회 – 로잘린 베이크

안녕하세요. 지난번 신문에서 회의에 관한 기사를 읽었습니다. 참여하고 싶은 강연이 몇 개 있습니다. 제 여행 일정을 짜기 위해 필요한 정보를 얻고자 연락드렸습니다.

Question 7. What's the venue and when does it start?
개최 장소는 어디이며 언제 시작합니까?

모범 답변

The conference will take place at Rosedale Conference in Las Vegas, Nevada. It will be held for two days and will start at 9:30 a.m.

회의는 네바다 주 라스베이거스의 로즈데일 회의장에서 열립니다. 이틀에 걸쳐 열리며 오전 9시 30분에 시작합니다.

Question 8. Last year, there was a presentation by Samantha Bank. Is there any session that she will be appearing?
작년 사만다 뱅크 씨가 프레젠테이션을 했습니다. 사만다 씨가 나오는 강연이 있습니까?

모범 답변

I am glad that you enjoyed Mrs. Bank's presentation last year. Yes, this year she will give a presentation on Feb 9th at 12:45 p.m. She will talk about Opportunities and Treats regarding the Mobile Banking Payment System presentation.

작년 사만다 뱅크 씨의 프레젠테이션이 인상 깊었다니 기쁘군요. 네, 올해 그녀는 2월 9일 오후 12시 45분에 발표할 예정입니다. 그녀는 '모바일 뱅킹 결제 시스템에 관한 기회와 관리'에 대해 발표할 예정입니다.

Question 9. I would like you to tell me the entire schedule on Feb 10th.
2월 10일의 전체 일정을 알려 주셨으면 좋겠습니다.

모범 답변

On Feb 10th, we will have 3 sessions. The first session will start at 9:30 a.m. There is panel discussion and Mark Anthony will be talking about "Emerging Role of CIO's in Difficult Times". After the session, at 11:15 a.m., Tomas Jacob will give a speech on Identity Management.

And the last session will start at 11:45 a.m. and Rosaline Bake will speak about "Emerging Opportunities in Analytics and Forensics".

2월 10일에는 총 3개의 강연이 있습니다. 첫 번째 강연은 오전 9시 30분에 시작합니다. 공개 토론이 있을 예정이며 마크 앤소니 씨가 '어려운 시기에 부상하는 최고 정보 관리자의 역할'에 대해 이야기할 것입니다. 그 후 오전 11시 15분에 토마스 제이콥 씨가 '계정 관리'에 대해 강연할 것입니다. 그리고 마지막 강연은 오전 11시 45분에 시작하며 로잘린 베이크 씨가 '분석학과 법의학의 새로운 기회'에 대해 강연할 것입니다.

✳ 참고 표현   inauguration 취임식   panel discussion 공개 토론회   strategic 전략상 중요한   emerging 최근 생겨난   analytics 분석학   forensics 법의학

Question 10: Propose a solution   🎧 S3_Answer 03_10

Hello, Mark. This is Gary from the Marketing Department. I am calling you to get some ideas on how we can resolve this situation. As you know, we will be holding the 2013 Stone Music Festival. This is a two-day super concert and there will be famous musicians on stage. This will be quite a festival. The problem is that Blooming Dale Hall can't hold more than 800 but we are expecting more than that. And as you know Blooming Dale is the biggest hall we have. We can't afford to lose this business and we must find a way to allocate places for people. It is very important that we come up with a solution since this event will bring more business in the future and will get a lot of attention from the media. We can't really miss this opportunity. I am sure you will puzzle out this situation. Please call me. I will wait for your call.

안녕하세요, 마크 씨. 마케팅 부서의 게리입니다. 어떻게 하면 이 상황을 해결할 수 있을지 조언을 얻기 위해서 전화했습니다. 아시다시피 우리는 2013 스톤 뮤직 페스티벌을 개최할 예정입니다. 이는 이틀 내내 개최하는 대규모 콘서트이고 유명한 뮤지션들도 올 것입니다. 정말 엄청난 페스티벌이 될 것이라고 생각합니다. 문제는 블루밍 데일 홀이 800명 이상 수용할 수 없는데 그보다 더 많은 사람이 올 것으로 예상합니다. 그리고 아시다시피 블루밍 데일이 우리가 찾을 수 있는 가장 큰 장소입니다. 이번 프로젝트를 놓칠 수 없고 사람을 분산시킬 방법을 찾아야 합니다. 이 사업은 앞으로 더 많은 사업을 가져다줄 수 있고 엄청난 대중매체의 주목을 받을 것이기 때문에 반드시 해결책을 찾아야 합니다. 우리는 정말 이 기회를 놓치고 싶지 않습니다. 아마 이 상황이 상당히 당황스러우실 줄로 압니다. 연락 주십시오. 연락 기다리겠습니다.

모범 답변

Hi, Gary. This is Mark from the Reservation Department. I am glad that you brought out this issue. When I checked the message, I also agreed that we must settle this matter. As you said, we will be holding a festival which will bring lots of people. And the problem is that we don't have enough space for all the people who will be attending the festival in the hall. I thought about this matter and came up with a solution. As you know the Blooming Dale hall can be combined with Rosedale Hall which is located right next to it. We just need to remove the patrician between the two rooms. That way we can have enough spaces to hold this festival. I've already told our staff to work on that site. So don't worry too much and we need to focus on how we can successfully lead this event. If you need more help or need to talk to me, you can reach me at 984-3754. This is my direct number. Good luck and talk to you later.

안녕하세요, 게리 씨. 예약 부서의 마크입니다. 이 안건에 대해 저에게 말씀해 주시니 기쁩니다. 메시지를 들었을 때 저 또한 이 문제를 해결해야 한다는 상황에 대해 공감했습니다. 말씀하셨듯이 저희는 많은 사람들이 모이는 페스티벌을 개최할 예정입니다. 그리고 문제는 홀에 사람을 수용할 충분한 공간이 없다는 것입니다. 이 문제에 대해 고민하다 해결책을 떠올렸습니다. 아시다시피 블루밍 데일 홀은 바로 옆 로즈데일 홀과 연결할 수 있습니다. 2개 공간의 칸막이를 제거하기만 하면 됩니다. 그렇게 하면 이번 페스티벌을 개최할 만한 충분한 공간이 생깁니다. 이미 제가 저희 직원들에게 작업하라고 지시해 놓았습니다. 그러니 너무 걱정하지 마시고 어떻게 하면 이번 행사를 성공적으로 이끌 수 있을지에 대해 집중해 주시기 바랍니다. 만약 도움이 필요하거나 연락할 일이 있으면 984-3754로 연락 주세요. 직통 번호입니다. 행운을 빌며 다시 연락드리겠습니다.

* 참고 표현   **afford to lose** 잃을 형편이 아니다   **allocate** 할당하다   **bring more business** 더 많은 사업을 끌어들이다   **get attention** 주목을 받다   **puzzle out** 생각해 내다   **settle** 해결하다   **combine** 결합하다

Question 11: Express an opinion

S3_Answer 03_11

> Compared to the past, parents are having difficulties to teach their children how to harmonize with others. Do you agree or disagree with the statement?
> 과거와 비교했을 때 부모들은 그들의 자녀가 다른 아이들과 잘 어울릴 수 있도록 가르치는 데 어려움을 겪고 있습니다. 이 내용에 찬성하십니까 혹은 반대하십니까?

모범 답변

In my opinion, parents are having difficulty teaching their children how to harmonize with others compared to the past. There are a number of factors but I think the main reason for this is that their parents are too busy with their work to support their family. Because of that children don't learn how to communicate with others and they become addicted to their electronic devices. Since parents can't take care of their children or don't have enough time to spend with their children, they are more likely to play games on the Internet or smart-phone because there is no one to control them. From this, they end up spending time alone rather than spending time with their peers which is causing their lack of communication skills. It is critical for them to develop communication skills in order to harmonize with others.

제 생각에는 과거와 비교했을 때 확실히 부모들이 자녀가 다른 아이들과 잘 어울릴 수 있도록 교육하는 데 어려움을 겪고 있는 것 같습니다. 여러 요인이 있지만 가장 큰 이유는 부모들이 가족을 보살피기에는 일로 너무 바쁘기 때문입니다. 이 때문에 아이들은 다른 사람들과 대화하는 법을 배우지 못하며 전자 기기에 빠지게 됩니다. 부모가 자녀를 돌보지 못하거나 자녀와 충분한 시간을 보내지 못하기 때문에 제재를 가할 사람이 없으므로 더 쉽게 자녀는 인터넷이나 스마트폰으로 게임을 하게 됩니다. 결국 아이들은 그들 또래와 지내기보다는 혼자서 시간을 보내게 되며 이는 의사소통 능력의 부재를 초래합니다. 또래 다른 아이들과 잘 어울리기 위해 의사소통 능력을 개발하는 것은 그들에게 매우 중요합니다.

* 참고 표현   **harmonize** 조화를 이루다   **be busy with** ~으로 인해 바쁘다   **be addicted with** ~에 중독되어 있다   **more likely** 아마, 십중팔구   **peer** 또래   **critical** 중대한

Actual Test 04

본문 P232

♩ 올려 읽기, ↘ 내려 읽기, **Bold** 강조하기, / 끊어 읽기,
~~~ 연음, 파란색 글자 강세에 주의해야 할 어휘

Questions 1-2 Read a text aloud

🎧 S3_Answer 04_01~02

Question 1

> Are **you** looking for a **cha**llenging su**mm**er **job**? // ♩ If so, / → look **no fur**ther than **Banff Spruce Ho**tel. // ↘ We are **cu**rrently **hi**ring **wait** staff / → to work in our **five-star ho**tel restaurant. // ↘ We are looking for ener**ge**tic **staff** members / → with at least **six** months ex**pe**rience / → working in the **hos**pi**ta**lity in**dus**try. // ↘ In**te**rested ap**pli**cants should **e**mail their ré**su**més / to ca**rree**rs / **@sprucehotel.org**. // ↘

⭐ 혹시 새로이 도전할 여름 아르바이트를 찾고 계십니까? 만약 그렇다면 밴프 스푸르스 호텔보다 더 좋은 곳은 없습니다. 현재 저희 5성급 호텔 레스토랑에서 일할 종업원을 모집하고 있습니다. 활기 넘치고 호텔관광 업계 6개월 이상의 경험이 있는 지원자를 찾습니다. 관심 있는 지원자들은 carreers@sprucehotel.org로 이력서를 보내 주시기 바랍니다.

✻ 참고 표현　**hospitality industry** 관광 산업　**wait staff** 종업원　**energetic** 활동적인　**applicant** 지원자

Question 2

> This is a **me**ssage / → for all **Kelvin Microchips Inc.** ~ employ**ees**. // ↘ Please ~ be re**mi**nded / → that there will be a **s**che**d**uled monthly **che**ckup / → of the **ce**ntral **coo**ling unit ~ this **Sa**turday after**noo**n. // ↘ For the **che**ckup, / → **all** the air con**di**tioners / → will be **tu**rned off from **2** to **5** p.m. // ↘ If **any**one is planning to work ~ **o**vertime on **Sa**turday, / → please ~ in**fo**rm the **per**sonnel in the **Maintenance Department** / → a day in ad**va**nce. // ↘ **Thank** you for your coope**ra**tion. // ↘

⭐ 켈빈 마이크로칩 주식회사 전 직원들에게 알립니다. 이번 토요일 오후에 중앙 냉방 시설 월별 점검이 예정되어 있음을 다시 알려 드립니다. 점검을 위해서 오후 2시에서 5시까지 모든 냉방기를 꺼두어야 합니다. 만약 토요일에 야근할 계획이 있는 사람은 미리 유지 관리부 직원에게 알려 주시기 바랍니다. 협조 감사합니다.

✻ 참고 표현　**Inc. (incorporated)** 주식회사　**checkup** 검사　**turn off** 끄다　**overtime** 초과 근무　**personnel** 인사과　**in advance** 사전에

Question 3: Describe a picture

> 모범 답변

What I can see from this picture is that three people are in an office. A man on the left is sitting at the conference table. He is talking on the phone while pointing at the laptop computer on the desk. I think he is giving directions or explaining something on the computer to the other two who are standing next to him. Both of them are holding a coffee and listening to the man's explanation. I think they are having a discussion in the middle of their break time. In the background, I can see some buildings and trees through the large window. Overall, it reminds me of the conference room at my company.

이 사진에는 3명의 사람이 사무실에 있습니다. 왼쪽에 회의실 테이블 앞에 한 남자가 앉아 있습니다. 그는 전화 통화를 하면서 테이블 위에 놓여 있는 노트북 컴퓨터를 손으로 가리키고 있습니다. 아마도 그의 옆에 서 있는 2명의 여자에게 지시를 하거나 컴퓨터의 무언가를 설명하고 있는 듯합니다. 2명의 여자는 커피를 마시면서 그의 설명을 듣고 있습니다. 쉬는 시간에 잠시 회의를 하고 있는 것 같습니다. 사진 뒤로 큰 창문 밖으로 건물들이 보입니다. 전체적으로 우리 회사 회의실을 연상시킵니다.

* 참고 표현 **talking on the phone/ on the phone** 전화 통화하고 있다   **having discussion** 토의하다   **through the window** 창문을 통해   **overall** 전반적으로

Questions 4-6: Respond to questions

> Imagine that an Australian marketing firm is doing research in your country. You have agreed to participate in a telephone interview about text messaging.
> 어느 호주 마케팅 회사가 여러분의 나라에서 조사를 하고 있다고 가정해 봅시다. 여러분은 문자 보내기에 관한 전화 인터뷰 참여에 동의했습니다.

Question 4. Who do you usually text message?
주로 누구에게 문자를 보냅니까?

> 모범 답변

I usually exchange text messages with friends and family rather than call them since they prefer to get text messages. So I use it very often.

친구와 가족들이 문자를 받는 것을 더 좋아하기 때문에 저는 주로 전화를 하는 대신 문자를 주고받습니다. 그래서 아주 자주 사용합니다.

Question 5. Do you text people more than in the past?
과거보다 문자를 더 많이 사용하십니까?

모범 답변

Yes, I text people more than in the past. Its service charge is much cheaper than before and it is a polite way to contact people especially for business reasons.

네, 저는 전보다 더 많이 문자를 보냅니다. 문자 서비스는 과거보다 더 저렴해졌고 특히 업무상의 이유로 연락할 때에는 더 공손한 방법이기 때문입니다.

Question 6. What are some advantages of using text messaging?

문자를 사용하는 것의 장점은 무엇입니까?

모범 답변

There are a number of advantages of using text messaging. First of all, the service charge is cheaper than using the calling service. Moreover, it is the safest way to pass important messages to people since it is in text. There are many advantages but I think these are the key factors why people send text messages.

문자를 이용하는 것에는 여러 가지 장점이 있습니다. 우선, 통화 요금보다 저렴합니다. 게다가 기록되는 것이기 때문에 다른 사람에게 중요한 내용을 전달하기에 가장 안전한 방법입니다. 많은 장점이 있지만 이것이 주로 사람들이 문자를 보내는 가장 중요한 요인이라고 생각합니다.

※ 참고 표현 **rather than** ~보다는   **polite** 정중한   **especially** 특히   **key factor** 주요한 요인

Questions 7-9: Respond to questions using information provided

🎧 S3_Answer 04_07~09

Sugar Sweet Cosmetics
Investors' Meeting
Pebble Beach, March 23rd 2013

8:00 a.m. – 8:15 a.m.	Opening	Robert Kline, CEO
8:15 a.m. – 9:00 a.m.	Financial Update of 2012	John Hayden, President of Investments
9:00 a.m. – 9:45 a.m.	Stocks and Shareholders Discussion	John Hayden, President of Investments
9:45 a.m. – 10:00 a.m.	Break	
10:00 a.m. – 10:50 a.m.	New Product Introduction	Thomas Helen, President Research & Development
10:50 a.m. – 11:30 a.m.	Marketing Strategies	Carol Sugarman, Marketing & Advertising Director
11:40 a.m. – 12:00 p.m.	Closing	Robert Kline, CEO

* After Closing session, we will have lunch at Pebble Beach Executive Club house.

Hello, my name is Casey Batwing. I am supposed to attend the investors' meeting next week. I received the schedule with invitation but somehow, I misplaced it. I would like to ask some questions regarding the schedule.

슈가 스윗 코스메틱스
투자자 회의
페블 비치, 2013년 3월 23일

시간	내용	담당
8:00 a.m. – 8:15 a.m.	개회식	로버트 클라인, 대표
8:15 a.m. – 9:00 a.m.	2012년 재정 보고	존 헤이든, 투자 부문 대표
9:00 a.m. – 9:45 a.m.	주식에 관한 주주 토론	존 헤이든, 투자 부문 대표
9:45 a.m. – 10:00 a.m.	휴식	
10:00 a.m. – 10:50 a.m.	신제품 소개	토마스 헬렌, 연구 개발 대표
10:50 a.m. – 11:30 a.m.	마케팅 전략	캐럴 슈가먼, 홍보 & 마케팅 이사
11:40 a.m. – 12:00 p.m.	폐회식	로버트 클라인, 대표

* 폐회식 이후에는 페블 비치 이사회 클럽 하우스에서 점심 식사를 할 예정입니다.

안녕하세요, 제 이름은 케이시 배트윔입니다. 저는 다음 주 투자자 회의에 참가하게 되었습니다. 초대장과 일정표를 받았는데 잃어버린 것 같습니다. 일정에 관해서 몇 가지 질문을 하고 싶습니다.

Question 7. Where is it going to take place and what time should I be there to participate?
회의가 어디서 열리며 참가하려면 언제까지 도착해야 합니까?

모범 답변

The investors' meeting will take place at Pebble Beach and you must be there by 8 in the morning. There will be an opening session and Robert Kline, the CEO, will give an opening speech.
투자자 회의는 페블 비치에서 열릴 예정이며 오전 8시까지 오셔야 합니다. 로버트 클라인 대표께서 개회식에서 연설하실 예정입니다.

Question 8. At last year's meeting, we finished before lunch so we didn't have lunch together. Is it the same this year?
작년 회의에서는 점심 이전에 끝이 나서 점심을 같이 하지 못했습니다. 올해도 마찬가지인가요?

모범 답변

Well, the meeting will finish by 12 p.m. same as last year. However, we will have lunch at Pebble Beach Executive Club house.
회의는 작년과 마찬가지로 정오에 끝날 예정입니다. 하지만 페블 비치 이사회 클럽 하우스에서 점심을 먹을 예정입니다.

Question 9. I know that John Hayden is scheduled to hold meetings. I need to attend his meeting. Is it possible for you to tell me all the meetings that will be led by him? I will appreciate it.
존 헤이든 씨가 회의를 여는 걸로 알고 있는데요. 존 헤이든 씨의 회의에 참석해야 합니다. 그를 만날 수 있는 모든 회의에 대해 말씀해 주시면 정말 감사하겠습니다.

모범 답변

There are two meetings by John Hayden who is president of Investments. At the first meeting he will provide us a 2012 financial update from 8:15 to 9 a.m. After that he will lead a discussion on stocks with shareholders from 9:00 to 9:45 a.m. After those meetings, we will have a break time for 15 minutes.

투자 부문 대표 존 헤이든 씨가 여는 회의는 2개입니다. 첫 번째 회의는 오전 8시 15분부터 오전 9시까지 2012년 재정 상황에 대해 말할 예정입니다. 그 이후 오전 9시부터 9시 45분까지 주주들과 주식에 관해 토론할 예정입니다. 두 회의가 모두 끝난 후 15분간 휴식 시간입니다.

✱ 참고 표현 shareholder 주주   financial update 재정 보고   finish by ~까지 끝내다

Question 10: Propose a solution

> Hello, Akins here. Since spring is coming and our gym needs to attract more people to join, we are planning to open a number of new classes. Many people will start to work out and are looking for a place to exercise. So I think we need to draw their attention since our competitors will also start some promotions to lure people. We will have new fusion style yoga with Hatha yoga classes to attract different age groups. Also we will offer spinning classes for people who are focusing on losing weight. I am sure many people are looking for type of these classes. But we don't have any ideas on how to advertise our new programs effectively. What would you recommend me do? I think you might have an idea to make things happen here. Call me when you get this message. You can reach me at 342-4325 extension 098. I will be in the office between 6 a.m. and 4 p.m. Keep that in mind just in case you would like to drop by my office to discuss this matter.
>
> 안녕하세요, 저는 애킨스입니다. 봄도 다가오고 해서 우리 헬스장에 더 많은 회원을 유치해야 할 것 같습니다. 그래서 많은 새로운 수업을 개설할 계획입니다. 많은 사람들이 운동을 시작하고 운동할 곳을 찾고 있습니다. 경쟁 업체 또한 회원 유치를 위한 홍보를 시작할 것이기 때문에 사람들의 관심을 끌어야 한다고 생각합니다. 저희는 다른 연령대의 고객을 유치하기 위해 하타 요가 방식을 접목한 새로운 퓨전 스타일의 요가 수업을 시작할 것입니다. 또한, 체중 감량에 초점을 둔 고객을 위한 스피닝 수업도 개설할 것입니다. 사람들이 이러한 수업을 원한다고 확신합니다. 하지만 우리의 새로운 프로그램을 효과적으로 홍보할 아이디어가 떠오르지 않습니다. 저에게 무엇을 추천해 주시겠습니까? 당신은 어떤 일도 일어나게 할 아이디어가 있으실 것 같습니다. 메시지 받으면 연락 주십시오. 342-4325번이고 내선 번호 098번으로 연락 주시면 됩니다. 오전 6시부터 오후 4시까지 사무실에 있을 것입니다. 혹시 이 내용에 대해 논의하기 위해 제 사무실에 들르시게 될 때 알아 두시기 바랍니다.

모범 답변

Hello, Akins. This is Paul returning your call. As I understand, your gym is staring new programs to make people join the gym. And the problem is that you don't have any ideas on how to advertise these new changes and want your advertisements to stand out among the other competitors' ads. So you would like to get some professional tips and ideas on this matter. Well, I definitely have an idea. First of all, you may use text message services to send out your new changes to regular members. That way word will get around. Also, print out some flyers and hand them out to people. These two methods can help you advertise your new changes time-wise and cost-wise. I hope my solutions eased your stress and if you need more help, please don't hesitate to contact me. Good luck.

안녕하세요, 애킨스 씨. 저는 폴이고, 연락받고 전화드립니다. 제가 이해한 바로는 당신의 헬스장이 회원 유치를 위해 새로운 프로그램을 시작한다고 하신 것 같습니다. 문제는 새로운 변경 사항을 어떻게 홍보할지에 대한 아이디어가 없으며 광고는 다른 경쟁 업체보다 뛰어나야 한다는

점입니다. 그래서 전문적인 조언과 아이디어를 받고 싶으시다고요. 저에게 좋은 생각이 있습니다. 우선, 기존 회원들에게 변경 사항에 관한 문자 메시지를 보내 입소문이 퍼지게 합니다. 또한, 전단지를 인쇄하여 사람들에게 나눠 주십시오. 이 2가지 방법으로 시간과 비용을 절약하여 새로운 강좌에 대해 홍보할 수 있습니다. 제 생각이 조금이나마 도움이 되었으면 좋겠습니다. 만약 더 도움이 필요하시다면 주저하지 마시고 연락 바랍니다. 행운을 빕니다.

* **attract** 끌어 모으다　**work out** 운동하다　**draw their attention** 관심을 끌다　**spinning** 운동용 자전거 타기　**focus on** 초점을 맞추다　**keep in mind** 명심하다　**stand out** 눈에 띄다　**flyer** 전단지　**time-wise** 시간적으로　**cost-wise** 가격 면으로　**hesitate** 망설이다

Question 11: Express an opinion　　🎧 S3_Answer 04_11

> There are many people who have different levels of experience and skills out there who are looking for jobs. To attract competent and experienced candidates, should companies offer private offices or education expenses? Support your opinion by giving specific reasons or examples.
>
> Private office, education expenses
>
> 세상에는 다양한 수준의 경험과 능력을 갖춘 많은 사람들이 구직 활동을 하고 있습니다. 유능하고 경험이 많은 구직자를 유치하기 위해서 회사는 개인 사무실을 제공해야 할까요 교육 수당을 제공해야 할까요? 구체적 이유와 예를 들어 자신의 의견을 뒷받침하세요.
>
> 개인 사무실, 교육 수당

모범 답변

It is very difficult to make a choice since both are important benefits that many candidates are looking for when they make decisions on what company to apply to. But if I had to choose one, I would say education expenses. The main reason is that people know that they have to continue their learning in order to keep their jobs and it costs more than what they expect since this is an on-going process. Also, if a company offers these kinds of benefits, it shows that the company is financially stable and cares for their employees. Moreover, education expenses are the basic benefits that most companies are offering nowadays. So if a company would like to attract competent and experienced candidates, they must offer education expenses.

두 가지 모두, 많은 지원자들이 어떤 회사에 지원할지 결정할 때 기대하는 중요한 혜택 요건이기 때문에 선택하기가 매우 어렵습니다. 하지만 만약 하나를 꼽으라면 교육 수당일 것입니다. 사람들은 자신의 직업을 유지하기 위해 끊임없이 배워야 한다는 사실을 알고 있으며 지속적으로 해야 하는 과정이기 때문에 그 비용이 항상 생각보다 많이 듭니다. 또한, 만약 회사가 이러한 혜택을 제공한다면 이는 회사가 자산 면에서 탄탄하며 직원들을 신경 쓴다는 사실을 보여 줍니다. 게다가 교육 수당은 기본적으로 대부분 회사가 제공하고 있는 혜택입니다. 따라서 능력 있고 경험이 풍부한 구직자를 유치하기 위해서는 교육 수당을 제공해야 합니다.

* **참고 표현**　**out there** 거기서　**competent** 유능한, 능숙한　**offer** 제공하다　**on-going** 지속적인　**education expenses** 교육비

Actual Test 05

본문 P244

♪ 올려 읽기, ↘ 내려 읽기, **Bold** 강조하기, / 끊어 읽기,
~~~ 연음, **파란색 글자** 강세에 주의해야 할 어휘

Questions 1-2 Read a text aloud
🎧 S3_Answer 05_01~02

Question 1

Are **you** looking for things to do ~ this **su**mmer? // ♪ Come down to **Downing Creek** / ♪ and en**jo**y **water** sports ~ you have **always** wanted to try / at an in**cre**dible price. // ↘ You can enjoy **water** skiing, / ♪ **wake** boarding / ♪ and **scu**ba diving / → only for **$10** per hour. // ↘ **Don't** be sur**pri**sed yet! // ↘ **All** the e**qui**pment is offered / → at **no** ad**di**tional cost. // ↘ So this **su**mmer, / → **don't** go far to get a**wa**y from the heat. // ↘ **Come to** the **lo**cal creek and blast the **su**mmer away! ↘

❇ 올여름 무엇을 할지 찾고 계신가요? 다우닝 크릭에 오셔서 항상 하고 싶어 하셨던 수상 스포츠를 놀라운 가격에 체험해 보세요. 수상 스키와 웨이크 보드 그리고 스쿠버 다이빙을 시간당 단 10달러로 즐기실 수 있습니다. 아직 놀라긴 이릅니다! 모든 장비가 추가 비용 없이 제공됩니다. 올여름 피서로 멀리 떠나지 마십시오. 다우닝 크릭으로 오셔서 여름을 날려 버리십시오!

✳ 참고 표현 **come down** 오다 **incredible** 믿을 수 없는 **get away** 탈출하다 **blast** 날려 버리다

Question 2

General **ca**mpus tours / ♪ and **li**mited **fa**culty spe**ci**fic ac**ti**vities / → are being **o**ffered during **Spring Break**. // ↘ **Choose** ~ from **one** of the **three o**ptions / → de**fi**ned be**lo**w. // ↘ Ad**van**ce booking is re**qui**red. // ↘ **Each** pros**pe**ctive **stu**dent / → should sub**mi**t a se**pa**rate **registra**tion form. // ↘ **Once** re**gi**stered, / → you will re**cei**ve an **e**mail / → con**fir**ming your **vi**sit, / ♪ and pro**vi**ding you ~ with di**re**ctions and **parking** ins**tru**ctions / → specific to **Spring Break** week. // ↘

❇ 봄방학 기간 일반인을 위한 캠퍼스 투어와 특정 학부 활동이 제공됩니다. 아래의 3가지 방문 선택지 중에서 하나를 선택하세요. 예약은 필수입니다. 모든 예비 학생은 각각 등록 서류를 제출해야 합니다. 등록되면 방문에 관한 확인과 봄방학 주간에만 한정된 노선과 주차 안내문을 이메일로 받게 됩니다.

✳ 참고 표현 **faculty** 교수진 **Spring Break** 봄방학 **prospective** 유망한 **submit** 제출하다 **instruction** 설명서

Question 3: Describe a picture

> 모범 답변

This is a picture of people on the street. In the middle of this picture, there is a blue truck parked along the sidewalk. It looks like a food truck selling hotdogs with fries. In front of the truck, I can see a number of people waiting in line to order some food. Some of them are on bikes while they are waiting. There is also an ice cream truck parked in front of the blue truck. I think it must be around lunch time since there are many people trying to get some food. This is the scene that I usually see every day in front of my university where people are buying food for their lunch.

이 사진에는 몇 명의 사람들이 길거리에 있습니다. 사진의 중간에 파란색의 트럭이 보도를 따라 주차되어 있습니다. 음식을 파는 트럭 같은데 핫도그와 감자 튀김을 파는 것 같습니다. 트럭 앞에는 음식을 사려고 기다리는 몇 명의 사람들이 한 줄로 서 있습니다. 몇 명은 자전거를 타고 기다립니다. 파란 트럭 앞으로는 아이스크림을 파는 트럭도 있습니다. 많은 사람들이 음식을 사는 것으로 보아 아마도 점심시간 때인 듯합니다. 매일같이 우리 학교 앞에서 사람들이 점심시간에 음식을 사는 모습입니다.

※ 참고 표현　**sidewalk** 보도, 인도　**food truck** 이동식 음식 파는 트럭　**waiting in a line** 줄 서서 기다리다

Questions 4-6: Respond to questions

> Imagine that an American marketing firm is doing research in your country. You have agreed to participate in a telephone interview about leadership.
>
> 어느 미국 마케팅 회사가 여러분의 나라에서 조사를 하고 있다고 가정해 봅시다. 여러분은 리더십에 관한 전화 인터뷰 참여에 동의했습니다.

Question 4. How often do you work in a group?
얼마나 자주 팀으로 일합니까?

> 모범 답변

I work in a group whenever I am assigned a project since working as a group helps to work on the project more efficiently and productively.

저는 하나의 프로젝트를 맡을 때마다 그룹으로 업무를 진행합니다. 그룹으로 일하면 프로젝트를 보다 효율적이고 생산적으로 진행할 수 있기 때문입니다.

Question 5. When was the last time you have been a leader and how did you become a leader?
마지막으로 리더였던 적이 언제였으며 어떻게 리더가 되었습니까?

Actual Test 05

본문 P244

↗ 올려 읽기, ↘ 내려 읽기, **Bold** 강조하기, / 끊어 읽기,
‿ 연음, **파란색 글자** 강세에 주의해야 할 어휘

Questions 1-2 Read a text aloud 🎧 S3_Answer 05_01~02

Question 1

Are **you** looking for things to do ‿ this **su**mmer? // ↗ Come down to **Downing Creek** /↗ and en**jo**y **water** sports ‿ you have **always** wanted to try / at an in**cre**dible price. // ↘ You can enjoy **water** skiing, /↗ **wake** boarding /↗ and **scu**ba diving / → **only** for **$10** per hour. // ↘ **Don't** be sur**pri**sed **yet**! // ↘ **All** the e**qui**pment is offered / → at **no** ad**di**tional cost. // ↘ So this **su**mmer, / → **don't** go far to get a**wa**y from the heat. // ↘ **Come to** the **lo**cal creek and blast the **su**mmer away! ↘

✪ 올여름 무엇을 할지 찾고 계신가요? 다우닝 크릭에 오셔서 항상 하고 싶어 하셨던 수상 스포츠를 놀라운 가격에 체험해 보세요. 수상 스키와 웨이크 보드 그리고 스쿠버 다이빙을 시간당 단 10달러로 즐기실 수 있습니다. 아직 놀라긴 이릅니다! 모든 장비가 추가 비용 없이 제공됩니다. 올여름 피서로 멀리 떠나지 마십시오. 다우닝 크릭으로 오셔서 여름을 날려 버리십시오.

✽ 참고 표현　**come down** 오다　**incredible** 믿을 수 없는　**get away** 탈출하다　**blast** 날려 버리다

Question 2

Ge**ne**ral **ca**mpus tours /↗ and **li**mited **fa**culty spe**ci**fic ac**ti**vities / → are being **o**ffered during **Spring Break**. // ↘ **Choose** / → from **one** of the **three** **o**ptions / → de**fi**ned be**lo**w. // ↘ Ad**va**nce booking is re**qui**red. // ↘ **Each** prospe**ctive** stu**dent** / → should sub**mit** a se**pa**rate **registration** **form**. // ↘ **Once** re**gi**stered, / → you will re**ceive** an **e**mail / → con**fir**ming your **vi**sit, /↗ and pro**vi**ding you ‿ with **di**rections and **par**king in**stru**ctions / → specific to **Spring Break** week. // ↘

✪ 봄방학 기간 일반인을 위한 캠퍼스 투어와 특정 학부 활동이 제공됩니다. 아래의 3가지 방문 선택지 중에서 하나를 선택하세요. 예약은 필수입니다. 모든 예비 학생은 각각 등록 서류를 제출해야 합니다. 등록되면 방문에 관한 확인과 봄방학 주간에만 한정된 노선과 주차 안내문을 이메일로 받게 됩니다.

✽ 참고 표현　**faculty** 교수진　**Spring Break** 봄방학　**prospective** 유망한　**submit** 제출하다　**instruction** 설명서

Question 3: Describe a picture

모범 답변

This is a picture of people on the street. In the middle of this picture, there is a blue truck parked along the sidewalk. It looks like a food truck selling hotdogs with fries. In front of the truck, I can see a number of people waiting in line to order some food. Some of them are on bikes while they are waiting. There is also an ice cream truck parked in front of the blue truck. I think it must be around lunch time since there are many people trying to get some food. This is the scene that I usually see every day in front of my university where people are buying food for their lunch.

이 사진에는 몇 명의 사람들이 길거리에 있습니다. 사진의 중간에 파란색의 트럭이 보도를 따라 주차되어 있습니다. 음식을 파는 트럭 같은데 핫도그와 감자 튀김을 파는 것 같습니다. 트럭 앞에는 음식을 사려고 기다리는 몇 명의 사람들이 한 줄로 서 있습니다. 몇 명은 자전거를 타고 기다립니다. 파란 트럭 앞으로는 아이스크림을 파는 트럭도 있습니다. 많은 사람들이 음식을 사는 것으로 보아 아마도 점심시간인 듯합니다. 매일같이 우리 학교 앞에서 사람들이 점심시간에 음식을 사는 모습입니다.

※ 참고 표현 **sidewalk** 보도, 인도   **food truck** 이동식 음식 파는 트럭   **waiting in a line** 줄 서서 기다리다

Questions 4-6: Respond to questions

> Imagine that an American marketing firm is doing research in your country. You have agreed to participate in a telephone interview about leadership.
> 어느 미국 마케팅 회사가 여러분의 나라에서 조사를 하고 있다고 가정해 봅시다. 여러분은 리더십에 관한 전화 인터뷰 참여에 동의했습니다.

Question 4. How often do you work in a group?
얼마나 자주 팀으로 일합니까?

모범 답변

I work in a group whenever I am assigned a project since working as a group helps to work on the project more efficiently and productively.

저는 하나의 프로젝트를 맡을 때마다 그룹으로 업무를 진행합니다. 그룹으로 일하면 프로젝트를 보다 효율적이고 생산적으로 진행할 수 있기 때문입니다.

Question 5. When was the last time you have been a leader and how did you become a leader?
마지막으로 리더였던 적이 언제였으며 어떻게 리더가 되었습니까?

> **모범 답변**

I have been a leader for a number of times and the last time was a couple of month ago. I had to lead very important project and there were 5 people in the group.

저는 여러 번 리더를 맡았던 적이 있으며 최근에 맡았던 것은 몇 달 전입니다. 저는 아주 중요한 프로젝트를 이끌어 가야 했고 그 당시 5명이 그룹에 있었습니다.

Question 6. As a leader, what are some things you have to challenge?

리더로서 노력해야 하는 일은 무엇입니까?

> **모범 답변**

As a leader, there are a number of things that I have to challenge. First of all, I must challenge people to find the best solutions and I must make the decisions. Leaders shouldn't be afraid of hard work or facing difficult situations. These are the two things that I must challenge as a leader.

리더로서 노력해야 하는 일은 여러 가지가 있습니다. 우선, 리더는 조원들이 최상의 해결책을 찾고 선택할 수 있도록 도와야 합니다. 또한, 힘든 일에 도전하거나 어려운 상황을 맞닥뜨리는 것을 두려워해서는 안 됩니다. 이 두 가지가 리더로서 노력해야 하는 점입니다.

✽ 참고 표현 **be assigned to** ~에 선임되다 **productively** 생산적으로 **a number of times** 몇 번이고 **challenge** 도전 **face** ~을 맞서다

Questions 7-9: Respond to questions using information provided

🎧 S3_Answer 05_07~09

Business Trip Itinerary for Jacob Butler

Mon Dec. 14

8:00 a.m.	Depart: Los Angeles (American Airlines Flight No. 542)
2:30 p.m.	Arrive: Buffalo (Royal York Hotel)
4:00 p.m.	Meeting – American Marketing Association: Financial Forecasting & Strategies
6:30 p.m.	Dinner – Oliver Garden in Town with AMA Executives

Tue Dec. 15

9:00 a.m.	Meeting with Financial Director of AMA
12:00 p.m.	Lunch with Members
4:00 p.m.	Depart: Buffalo (American Airlines Flight No. 454)

Hi, this is Jerod Mitch, and I just wanted to confirm some of the details of my manager's business trip.

제이콥 버틀러의 출장 일정	
12월 14일 월요일	
8:00 a.m.	출발: 로스앤젤레스 (아메리칸 항공 542편)
2:30 p.m.	도착: 버펄로 (로열 요크 호텔)
4:00 p.m.	회의 – 미국 마케팅 협회: 재무 예측과 전략
6:30 p.m.	저녁 식사 – 미국 마케팅 협회 경영진과 올리버 가든에서 식사
12월 15일 화요일	
9:00 a.m.	미국 마케팅 협회 재무 이사와 회의
12:00 p.m.	협회원들과 점심 식사
4:00 p.m.	출발: 버펄로 (아메리칸 항공 454편)

안녕하세요. 전 제로드 미차라고 합니다. 저희 부장님의 출장 세부 내용을 확인하고 싶습니다.

Question 7. When does he arrive in Los Angeles, and where is he staying?
언제 로스앤젤레스에 도착하며 어디서 묵게 되나요?

모범 답변

He will arrive from Los Angeles at 2:30 p.m. on Monday December 14th. He will be staying at Royal York Hotel during his trip.

그는 로스앤젤레스로부터 2시 30분에 도착하며 일정 동안 로열 요크 호텔에서 머물게 될 것입니다.

Question 8. I think he has personal engagement on Monday evening. Does he have anything scheduled after his meeting with Marketing Association?
그가 월요일 저녁에 개인적인 약속이 있는 것 같습니다. 마케팅 협회와의 회의 이후에 다른 일정이 있습니까?

모범 답변

I am sorry to tell you that he is scheduled to have dinner at 6:30 p.m. with AMA Executives at Oliver Garden in town. He may have to cancel his personal arrangement.

죄송하지만 그는 저녁 6시 30분에 미국 마케팅 협회 경영진과 시내 올리버 가든에서 저녁 식사 스케줄이 잡혀 있습니다. 아마도 개인적은 약속은 취소하셔야 할 것 같습니다.

Question 9. Could you tell me all about his last day in Los Angeles?
로스앤젤레스에서의 마지막 날 일정을 말씀해 주실 수 있습니까?

모범 답변

On his last day, he has two things scheduled before departing to Los Angeles. He has a meeting with the Financial Director of AMA. Right after that he is scheduled to have lunch with members at 12:00 p.m. Then he will depart from Buffalo at 4 p.m.

마지막 날 로스앤젤레스로 떠나기 전 2개의 스케줄이 있습니다. 그는 미국 마케팅 협회 재무 이사와 회의가 있습니다. 뒤이어 12시에 회원들과 점심 스케줄이 잡혀 있습니다. 그리고 4시에 버펄로에서 출발하실 겁니다.

Question 10: Propose a solution

🎧 S3_Answer 05_10

> Hello, Cindy. This is Luna from the General Affairs Department. I am calling to get some advice on recycling ink-cartridges. Lately, we've noticed that our employees are using ink-cartridges rashly. People print documents without care and it went over our budget limits. So at the last meeting we've decided to recycle the ink-cartridges as a new campaign. People are supposed to bring the used ink-cartridges to me to get them refilled. It's been a month now and I found out that people don't seem to care about this new campaign and I only recycled a couple of cartridges. What do you think we can do to make people recycle them? Is there any other effective way to do it? It is very frustrating. I would really like you to give some advice on this matter. Otherwise I will be in trouble at the end of this month since I have to report to my manager about this campaign. Please, call me back when you get this message. I look forward to hearing from you.
>
> 안녕하세요, 신디 씨. 저는 총무부의 루나입니다. 잉크 카트리지 재활용에 관한 조언을 구하고자 연락드렸습니다. 최근 저희는 직원들이 잉크 카트리지를 무분별하게 사용하고 있다는 사실을 알게 되었습니다. 직원들이 부주의하게 인쇄를 했고 지출 예산을 초과했습니다. 그래서 지난 회의에서 잉크 카트리지를 재활용하는 새로운 캠페인을 벌이기로 했습니다. 직원들이 사용한 잉크 카트리지를 저에게 가지고 오면 제가 다시 충전해 드리는 캠페인입니다. 시작한 지 한 달이 지났고 사람들은 캠페인에 관심이 없으며 제가 충전한 카트리지는 겨우 몇 개밖에 안 됩니다. 어떻게 하면 직원들이 재활용에 동참할 수 있게 할 수 있겠습니까? 정말 절망적입니다. 이 문제에 조언을 구하고 싶습니다. 한편, 이번 달 말에 캠페인 결과를 상사에게 보고해야 하는 상황이라 곤란한 입장입니다. 메시지 듣는 대로 전화 주십시오. 전화 기다리겠습니다.

모범 답변

Hello, Luna. This is Cindy calling. I am sorry to hear that you are going through a difficult time. Yes, I know our company started a new campaign by recycling the cartridges. However, it is not easy to make people to follow the campaign. And you would like to get some advice to successfully lead this campaign. Well, don't worry. I have a great idea for you. I think you should make a stamp and a card. Distribute the card to each department. So whenever people bring the ink-cartridges to get refilled, you stamp their card and if they get 10 stamps on the card, the company should reward them or give compensation for it. That way, we can encourage people to follow the campaign. What do you think? I would like you to call me back and let me know what you think about this idea. Talk to you soon, bye.

안녕하세요, 루나 씨. 신디입니다. 힘든 시간을 보내고 있다니 유감입니다. 네, 저는 회사가 잉크 카트리지 재활용 캠페인을 시작한 것을 알고 있습니다. 그러나 직원들을 캠페인에 참여하게 하는 일은 쉽지 않습니다. 그래서 이 캠페인을 성공으로 이끌기 위한 조언이 필요하다는 말씀이신 것 같습니다. 걱정하지 마십시오. 도움이 될 만한 좋은 생각이 있습니다. 스탬프와 카드를 만들어서 각 부서에 그 카드를 나눠 주십시오. 그래서 직원들이 잉크 카트리지를 충전하러 올 때마다 직원 카드에 스탬프를 찍어주고 10개의 스탬프를 모은 직원에게 회사가 시상을 하거나 어떠한 형태로 보상을 해야 합니다. 이렇게 하면, 직원들이 캠페인에 참가하도록 격려할 수 있습니다. 어떻게 생각하십니까? 나중에 다시 연락 드리겠으니 이 아이디어에 대해 어떻게 생각하는지 알려 주십시오. 곧 다시 연락드리겠습니다.

✳ 참고 표현 **General Affair Department** 총무부 **rashly** 무분별하게 **careless** 부주의한 **refill** 다시 채우다

Question 11: Express an opinion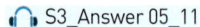

> These days there are tons of advertisements overflowing everywhere. And it has a greater effect on people more than ever. Do you agree or disagree with the statement? Please support your opinion by giving specific reasons and ideas.
>
> 요즘 곳곳에 엄청난 양의 광고가 범람하고 있고 광고는 사람들에게 전보다 더 큰 영향을 미치고 있다. 이 진술에 찬성하십니까 반대하십니까? 구체적인 이유와 의견을 들어 자신의 의견을 뒷받침하세요.

모범 답변

Yes, there are tons of advertisements overflowing everywhere and it has great effect on people more than ever. First of all, people got smarter than before and it creates competition among companies. For instance, advertisements are good source of gathering information for many people. It provides information that people need to know as consumers so that they can get better products and services. Moreover, companies are trying to produce better products and provide better services to consumers since they are trying to attract more people by providing trustful information. If companies are not honest about what they advertise, people will find out about it sooner or later since they have access to various sources of information on the Internet. Their information can't be trusted 100 percent, but it has definitely improved since the past. So, I think, advertisements are definitely influencing people more than before.

네, 엄청난 양의 광고가 곳곳에 넘쳐나며 과거보다 사람들에게 더 큰 영향을 미칩니다. 우선, 사람들은 전보다 더 똑똑해졌으며 이는 회사 간에 경쟁 구도를 만들어 냈습니다. 예를 들어, 광고는 많은 사람들에게 있어 정보를 수집하는 좋은 정보원입니다. 광고는 소비자인 사람들이 알고 싶어 하는 정보를 제공하여 더 나은 서비스와 제품을 선택할 수 있도록 해줍니다. 게다가, 회사들은 더 나은 제품과 서비스를 소비자에게 제공하기 위해 노력하고 있으며 이는 믿을 수 있는 정보를 제공함으로써 더 많은 소비자를 확보하기 위해 노력하기 때문입니다. 만약 해당 회사에서 광고하는 내용이 사실이 아니라면 소비자는 금방 그 사실을 알게 될 것입니다. 이는 인터넷에서 다양한 소스를 통해 정보를 얻을 수 있기 때문입니다. 그들이 제공하는 정보를 전부 신뢰할 수 있는 것은 아니지만 과거보다 확연히 개선되었습니다. 그래서 저는 광고가 과거보다 사람들에게 더 큰 영향을 미친다고 생각합니다.

※ 참고 표현 **overflow** 넘치다 **tons of** 많은 **trustful** 신뢰할 수 있는 **honest** 정직한 **sooner or later** 곧 **influence** 영향을 끼치다

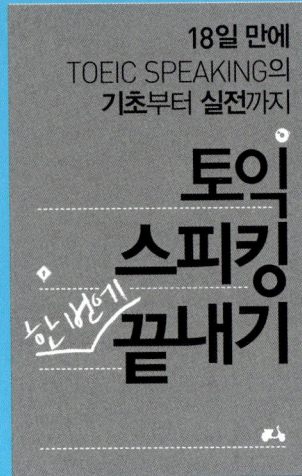

18일 만에 토익 스피킹
Level 6~7을 달성하는 토익 스피킹 종합서

실제 강의실에서 들려주는 생생한 학원 강의
토익 스피킹 전문가의 파트별 유형 접근 전략과 답안 분석
전략을 반복적으로 연습할 수 있는 9회분 Practice Test
실제 시험 환경을 가장 잘 구현한 최신 기출 변형 10회분 Actual Test

www.nexusbook.com
다양한 원어민의 발음을 들을 수 있는 본문 MP3
현재 학원 강의실의 생생한 수업을 담은 동영상
실제 시험 환경을 가장 잘 구현한 10회분의 Actual Test

MP3 & 동영상
바 로 듣 기

수준별 TOEIC 맞춤 특별 학습 프로그램

www.nexusbook.com

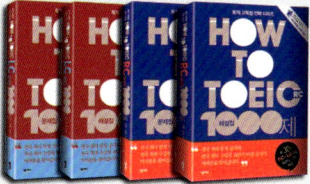

실전서

도서명	저자	판형	쪽수	가격
시험 직전 토익 실전 5회	홍진걸 · 넥서스 TOEIC연구소 지음	사륙배판	356쪽	13,000원
토익 실전 문제집 6회 1200제	넥서스 TOEIC연구소 지음	사륙배판	428쪽	15,000원
토익 실전 모의고사 5회 (LC+RC 1000제)	홍진걸 · 넥서스 TOEIC연구소 지음	사륙배판	348쪽	12,000원
토익 Actual Test 5회분	김영준 · 넥서스 TOEIC연구소 지음	사륙배판	360쪽	12,000원
토익 실전 1000제 RC	넥서스 TOEIC연구소 · 강수완 지음	사륙배판	416쪽	12,000원
토익 실전 1000제 LC	넥서스 TOEIC연구소 · 김승현 지음	사륙배판	312쪽	12,000원
깔때기 토익 (실전 모의고사 3회분)	넥서스콘텐츠개발팀 지음	국배판	144쪽	8,500원
NEXUS TOEIC (실전 모의고사 2회분)	넥서스콘텐츠개발팀 지음	국배판	96쪽	6,500원
손오공 토익 LC PART 1/2/3/4	강희선 지음	사륙배판	344쪽	16,500원(MP3 CD 1장 포함)
손오공 토익 RC PART 5/6	강희선 지음	사륙배판	248쪽	11,000원
HOW TO TOEIC 1000제 LC 문제집/해설집	김대중 · 김정민 · Kai · 홍상협 지음	사륙배판	362쪽/ 448쪽	14,500원 / 18,500
HOW TO TOEIC 1000제 RC 문제집/해설집	김대중 · 김정민 · Kai · 홍상협 지음	사륙배판	424쪽/ 624쪽	14,500원 / 21,000원
HOW TO TOEIC 기출모의 1200제 문제집/해설집	엄대섭 · 강진오 · 강원기 지음	사륙배판	352쪽/ 480쪽	15,000원 / 18,900원

스피킹 & 라이팅 & 어휘

도서명	저자	판형	쪽수	가격
토익 스피킹 실전 모의고사 15회	Stella (한숙종) 지음	사륙배판	212쪽	13,500원(MP3, 온라인 테스트 제공)
토익 스피킹 한 번에 끝내기	플랜티 어학연구소 지음	사륙배판	344쪽	18,000원(MP3, 온라인 테스트 제공)
기출모의 TOEIC SPEAKING	넥서스콘텐츠개발팀 지음	사륙배판	276쪽	15,000원(MP3 CD 1장 포함)
HOW TO TOEIC SPEAKING	이기택 · Alex Pole 지음	사륙배판	224쪽	15,000원(온라인 테스트 CD 1장 포함)
HOW TO TOEIC WRITING	이기택 · Alex Pole 지음	사륙배판	228쪽	15,000원(온라인 테스트 CD 1장 포함)
토익 단어장	넥서스 TOEIC연구소 지음	신국판 변형	384쪽	10,000원
HOW TO TOEIC VOCA	넥서스콘텐츠개발팀 지음	신국판 변형	392쪽	11,000원(MP3 CD 1장 포함)
HOW TO TOEIC FINAL VOCA	넥서스콘텐츠개발팀 지음	신국판 변형	196쪽	9,000원(MP3 CD 1장 포함)